『입중론』「현전지」 연구

불교연구총서 ⑬

입중론 현전지 연구

김현구 저

십지경의 「현전지」는 십바라밀의 차제에 의해 반야바라밀을 완성하는 과정이다. 마찬가지로 입중론의 「현전지」는 법무아(法無我)와 인무아(人無我)를 통한 반야바라밀의 완성을 강조한다.

씨아이알

본 불교연구총서는 사단법인 불교학연구지원사업회에서 추진하는 교육불사의 일환으로 불교학의 학문적 발전을 위한 시도로 기획된 것입니다. 사단법인 불교학연구지원사업회는 불교를 연구하는 소장학자들을 위해 스님들과 신도들이 뜻을 한데 모아 설립한 단체입니다.

저자의 글

이 책은 선지식을 동경하며 그들의 생각과 말을 따라 배우는 과정에서 쓰였다. 책 출간을 앞두고 이 책이 나오기까지 어떤 여정을 거쳤는지 문득 돌아보게 되었다. 어린 시절 대흥사 경내를 뒷동산 놀이터처럼 뛰어다니며 살았던 덕에 학생기록부 종교란에 항상 불교라고 써왔다. 평범한 군대 생활에서도 기억에 남는 일은 종교 활동 시간에 오지 산골이라 군법당도 없던 곳에서 포대 군종병을 자처하며, 고참들에게 물려받은 야단법석을 이어왔던 사건이다.

나는 그렇게 나의 정체성을 불교와 분리하지 못한 채로 20대를 보내다, 불교를 철학으로서도 종교로서도 그 가치를 입증하는 길을 찾으려고 고민하기 시작했다. 그 고민의 첫발은 불교를 전문적으로 공부해보려는 바람에서 전남대학교 철학과 대학원 과정에 진학하는 것이었다. 특히 중관철학에 대한 흥미는 석사과정을 끝내고 인도 다람살라에서 지낼 때 무르익었다.

그 당시 티베트 강원 교과과정을 눈여겨보면서 그 전통에서 가장 중요하게 생각하는 교학 전통을 파악하고 틈틈이 수학할 기회를 엿보게 되었다. 그 당시 내 눈에 들어온 교육과정을 간략히 소개하면 다음과 같다. 체니롭타는 사라학교의 낭도릭빠에서 인식논리학 기초 과정으로 <뒤다>, <로릭>, <따릭>과 불교학 입문과정으로 <둡타>, <싸람>, <된듄쮸> 등을 공부하며 경량부의 관점에서 토론 수업을 한다. 그런 다음 맥글로간지의 본교로 옮

겨와 반야바라밀반 과정 6년 동안 『현관장엄론』을 중심으로 공부하며 중관자립논증학파의 관점에서 토론 수업을 진행한다. 이 과정에서 『집량론』도 학습하여 인도불교 인식논리학의 관점을 수립한다. 다음 중관반에서는 『입중론』에 관한 쫑카빠 대사의 『의취선명』이라는 주석서를 중심으로 중관사상을 3년 동안 공부하여 비로소 중관귀류논증학파의 관점을 터득한다. 이후 구사반으로 진학하여 2년 동안 『구사론』을 수학한다. 그리고 계율반은 1년의 과정으로 겔룩, 까규, 닝마, 샤꺄의 율장을 공부하는 것으로 게와쉐넨(선지식) 자격을 위한 기본과정이 끝난다. 그리고 이 과정 수료 후 게와쉐넨들 가운데에서 하람빠(lha ram pa) 등이 나온다.

인도에 머무를 수 있는 시간이 한정되어 있다 보니 무모하지만 야심차게 강원 상급반 과정에 속하는 짠드라끼르띠 논사의 『입중론』을 선택했고, 중관의 이해에 들고자 『입중론』 게송부터 읽어가며 여러 선생님들로부터 그 의미를 파악하는 데 주력하였다. 하지만 게송만으로 온전한 의미 파악이 어렵다고 판단하기도 하였으나, 소중한 선지식들과의 인연이 다시 주어지리라는 보장이 없었기에 인도에서 체류 기간을 1년 더 연장하였다. 그리고 하람빠(lha ram pa)이신 롭상 닥바 스님께 청하여 인식논리학 기초과정인 <뒤다>, <로릭>, <따릭>과 불교학 입문과정으로 <듑타>, <싸람>, <된듄쮸> 등을 수학하면서 티베트 불교의 관점에서 중관사상을 이해하려는 노력을 기울였다. 그리고 조금씩 짠드라끼르띠 논사의 『입중론』 주석을 읽어가면서 그 의미를 파악하였다. 한국에 돌아온 이후로도 서울대 안성두 교수님 강독에서 『입중론』「현전지」 장의 논의를 새길 기회가 주어졌다.

이 탐구의 과정에서 짠드라끼르띠 논사의 사상적 입장을 중관 귀류전통에서도 확인하였지만 그 비판의 대상인 유식사상을 재조명하는 데 공을 들였다. 이 시기가 가장 힘들었고 여전히 유식사상을 잘 안다고 할 수는 없지만 무착논사의 『섭대승론』을 대학원 도반들과 2년이 넘는 시간 동안 강독하면서 조금씩 유식사상의 윤곽을 그릴 수 있게 되었다. 또한 유식사상에 대한 이해를 도모하고자 박창환 선생님과 『유식이십송』, 『삼십송』을 읽으면서 디그나가 이전 유식사상을 시야에 담아보려고 노력하였다. 특히 유식사상에 관한 포괄적 이해는 안성두 선생님과 금강대학교 김성철 선생님의 저술들을 보면서 얻었다.

이 글에서는 바비베까와 짠드라끼르띠의 사상을 시야에 두려고 노력하였다. 이미 고인이 되신 이현옥 선생님께도 중관사상가로서 바비베까의 입장을 이해할 수 있도록 학문적 업적을 남겨주신 점에 대해 감사드린다. 또한 위덕대학교 이태승 선생님께서 산타락쉬타와 까말라실라의 철학으로 이어지는 짠드라끼르띠의 사상이라는 점을 주지시켜주셔서 틈틈이 선생님의 연구를 참고하였다. 그리하여 나는 이러한 시각에 토대해 인도에서 벌어졌던 중관사상과 유식사상 사이의 충돌을 섬세하게 다루어보려고 했다.

이 책은 인도불교 중관사상과 유식사상의 정수를 알고자 부단히 노력한 결과물이지만 나 혼자서는 여기까지 올 수 없었으며 선지식들과 도반들의 도움으로 이룬 것이다. 또한 그 여정에 이정표가 되어주신 수많은 불교학 연구자들의 논문과 책이 있었다. 이제 이 책이 나오기까지 감사해야 하는 분들을 떠올려보니 누구 한 분 소홀히 지나칠 수 없다는 사실을 자각하게 되었다. 처음 학문의 길로 들어선 무지렁이를 지금의 길로 이끌어주신 전남대학교 이중표 교수님, 조윤호 교수님께 깊이 감사드린다. 마지막으로 출간의 인연은 사단법인 불교학연구지원사업회가 공모한 제9회 불교소장학자 지원사업에 선정되어 이뤄지게 되었다. 법인의 이사장이신 법상스님께서 불교학자들의 고충을 헤아려 지원을 아끼지 않으시며 이런 회향의 기회를 주셨으니 지면을 빌려 그 고마움을 전한다. 또한 도서출판 씨아이알 김성배 사장님, 박영지 편집장님 그리고 섬세한 편집과 교열을 통해 이 책을 다듬어 출판까지 수고하신 최장미 님 이하 관계자분들에게 깊이 감사드린다. 이 책 역시 누군가에게 불교학을 탐구하는 데 옳은 이정표가 되길 새삼 기대해보지만 한국의 독자들에게 동아시아 불교 전통으로 편입된 적이 없는 짠드라끼르띠 논사의 사상을 소개할 기회를 갖게 된 것만으로도 더없이 기쁘게 생각한다. 지금까지 자리의 기쁨은 나만의 몫이었다. 이제 이타의 몫을 생각해보련다.

2017. 12. 23.

지산(智山) **김현구** 합장

요약문

『중론(中論)』「관거래품(觀去來品)」의 거·래에 관한 논의에서 나가르주나(Nāgārjuna)는 '실체의 속성' 혹은 '실체의 변화'에 관한 주장이 봉착하는 모순을 도출한다. 이를 위해 가는 자(gantṛ)는 가는 자를 주체로서 실체화했을 때, 가는 자로서의 실체와 감이라는 속성이 이분화되는 과정과 다시 실체가 속성의 소유자가 되는 과정을 보여준다. 구체적으로 그에게 연기(緣起)한 현상이란 실체성을 부정하는 공성(空性)이다. 즉 '일체는 공(空)한 것'이며, 조건에 의해 시설(施設)된 것은 가명(假名)이며 그리고 가명의 의지처는 무자성(無自性)한 것이다. 이와 같은 나가르주나의 주장을 계승한 중관학파는 실체성의 부정에 의해 공성의 역할을 끝내는 '비정립적 부정'(非定立的否定)에 의한 공성 해석을 정설로 받아들인다.

유식학파는『유가사지론(瑜伽師地論)』「진실의품(眞實義品)」에서 언어적 표현을 떠난 최고의 진실을 논리적으로 증명하고, 중관학파에 대해 모든 것을 비존재로 매도하는 악취공(惡取空)자로 규정한다. 그들은 시설된 언어와 조건에 의한 사태(事態)를 구별한다. 그들의 주장에 따르면 언어는 반드시 무언가에 의지해야 한다. 다시 말해 언어가 의지하는 사태는 존재한다. 이런 이유에서 그들은 실체성의 부정에 의해 남겨진 것을 긍정하는 '정립적 부정'(定立的否定)을 공성 해석의 정설로 선택한다.

유식학파는 언어와 실재의 관계에 관한 사유를 통해 언어의 작용과 기능에 대해 긍정적으로 평가하고, 중관학파의 비정립적 부정을 비판한다. 그들은 설일체유부의 실체론적 해석과 언어의 비실유성을 주장하는 중관학파를 지양해야 할 유(有)·무(無)의 양극단으로 보고, 중도(中道)를 통해 종합한다. 그들은 자신들의 시도를 소위 삼성(三性) 또는 삼상(三相)의 이론으로 표현한다.

바비베까(Bhāviveka)는 이와 같은 유식학파의 주장을 비판한다. 그는 이론적 근거에 의한 논증으로서의 이증(理証)과 경전적 근거에 의한 논증으로서의 교증(教証)을 통해 유식학파를 비판한다. 이증에서 그는 변계소집(遍計所執)을 범부의 실제 인식으로, 의타기(依他起)를 논리적으로 추론된 것으로 파악한다. 그는 의타기성의 무용성을 주장하면서 유식삼성설에서 의타기성을 배제하고, 변계소집과 원성실(圓成實)만을 인정함으로써 삼성설을 이제(二諦)설로 해석한다. 교증에서 그는 『십지경(十地經)』과 『입능가경(入楞伽經)』의 재해석을 바탕으로 유식설 비판을 시도하고, 공성에 관한 두 학파의 입장 차이를 확인한다.

짠드라끼르띠(Candrakīrti)도 중관학파와 유식학파 사이의 대립 구도 위에서 유식사상을 비판한다. 그러나 그는 바비베까와는 다른 각도에서 유식학파의 한계를 지적한다. 그는 『입중론(入中論)』에서 유식학파의 '알라야식'(ālayavijñāna)을 주된 비판의 표적으로 삼는다. 유식학파는 알라야식설을 바탕으로 세계와 자아를 설명하면서, 알라야식의 실재만을 주장한다. 외적인 대상의 존재성을 부정하고 인식 주관만을 인정하는 유식학파는 외계의 대상 없이 대상에 대한 인식의 성립을 해명해야 했다. 그들은 자신들의 인식론이 안고 있는 문제를 해결하기 위해 '공능'(功能)과 '자증분'(自證分)을 주장한다. 이것은 모든 현상을 주관적 경험으로 해석하는 주장이며, 외계 비실재론의 증명수단이다. 즉 유식학파는 공능과 자증분을 통해서 인식의 발생 조건을 설명한다. 이에 대해 짠드라끼르띠는 의타기성으로서의 알라야식과 의타기성으로서의 자증분을 비판한다.

바비베까와 짠드라끼르띠는 의타기성을 비판하지만, 그 내용에 차이가 있다. 바비베까는 의타기성의 무용성과 외계 비실재론을 별개의 맥락에서 비판하지만, 짠드라끼르띠는 인식론이 결합된 의타기성, 즉 외계 비실재론의 인식론적 근거라고 할 수 있는 의타기성으로서의 알라야식과 의타기성으로서의 자증분을 비판한다. 그리고 바비베까는 자신의 입장을 적극적으로 논증하지만, 짠드라끼르띠는 대론자의 주장을 철저히 귀류적으로 논증한다. 여기에서 언어와 논리에 관한 두 사람의 입장 차이가 드러난다. 자립논증파(自立論證派)와 귀류논증파(歸流論證派)의 이름처럼 유식사상을 비판하는 그들의 그 입장은 분명한 차이를 보인다고 할 수 있다.

『입중론』「현전지」에 나타난 유식사상 비판을 고찰한 결과를 통해 필자는 짠드라끼르띠와 바비베까의 차이점과 공통점을 세 가지로 압축한다. 첫 번째는 바비베까와 짠드라끼르띠의 유식학파 비판에 나타나는 이론적 논거에 의한 공통점과 차이점이다. 바비베까는 의타기성의 무용성을 통해 유식삼성설을 변계소집과 원성실로, 즉 유식삼성설을 이제설로 해석하고, 유식삼성설 비판과 별도로 외계 비실재론을 비판한다. 또한 그는 논리식에 의한 증명을 선택한다. 이에 반해 짠드라끼르띠는 이숙식(異熟識)으로서 알라야식을 단(斷)·상(常) 중도를 근거로, 외계 비실재론으로서 유식무경의 주장을 귀류적인 방법으로 비판한다. 그는 인식주관과 대상의 무자성을 바탕으로 근(根), 경(境) 그리고 식(識)의 상호의존(parasparāśraya)적 관계에 의한 인식의 성립을 주장한다.

두 번째는 경전적 논거에 의한 바비베까와 짠드라끼르띠의 유식학파 비판에 나타나는 공통점과 차이점이다. 바비베까와 마찬가지로 짠드라끼르띠도 경전적 근거에 의한 비판에 있어서 『십지경』의 '유심'(唯心)의 의미를 객관적 사태의 비실재(唯識)로 해석하지 않는다. 바비베까는 『십지경』의 12지 연기관을 통해 유심에 대해 외경의 부정을 목적으로 저술된 것이 아니라고 주장한다. 짠드라끼르띠는 『십지경』에서 '유전문'(流轉門)과 '환멸문'(還滅門)의 연기를 통해 식의 발생 조건을 연기로 설명한다. 『십지경』 해석에 의한 짠드라끼르띠의 유식사상 비판은 『십지경』의 '삼계유심'(三界唯心)의 문맥적 의미만을 확인하는 것으로 끝나지 않는다는 점에서 바비베까와 차이가 있다. 동시에 이것은 외계 비실재론 비판에서 인식성립의 조건으로서 제시한 상호의존 관계처럼 인식만의 실재를 주장하는 것에 대한 비판이다.

짠드라끼르띠는 『입능가경』을 경전적 논거로 인용한다. 『입능가경』을 경전적 논거로 인용하는 사례는 바비베까의 『반야등론(般若燈論)』에 나타난다. 짠드라끼르띠는 『십지경』의 유심 해석에 대한 정당성을 『입능가경』에서 확보하고, 『입능가경』의 주장들을 통해 유식설을 불요의설로 해석한다. 그는 『입중론』에서 『입능가경』「삼만육천일체법집품(三萬六千一切法集品)」, 「무상품(無常品)」 그리고 「게송품(偈頌品)」을 인용한다. 이는 모두 유식학파의 주장과 관련한 논의이며, 짠드라끼르띠의 유식사상 비판에 나타나는 요의(nītārtha)와 불요의(neyārtha)에 관한 주요한 논거로 활용된다.

세 번째는 바비베까와 짠드라끼르띠의 이제설에 의한 비판의 공통점과 차이점이다. 짠드라끼르띠는 『입중론』에서 타생(他生) 비판과 함께 이제설을 소개한다. 타생 비판은 유식사상 비판으로 연결되고, 이는 중관학파의 이제관으로 유식학파의 의타기성을 비판하는 것이다. 그는 이제설을 요의설과 불요의설에 관한 논의로 확대한다. 그는 유식사상을 붓다 교설의 방편적 측면인 '불요의설'로 보고, 불요의의 교설을 세속제의 언설제에 수용함으로써 '붓다 교법의 형식'을 강조한 나가르주나의 이제관을 유식사상 비판에 적용한다.

짠드라끼르띠의 유식사상 비판에 나타나는 사상사적 특징은 중관학파의 관점에서 유식학파를 교섭하려는 점이다. 유식사상 비판은 언어의 작용과 기능에 대한 기본적 입장에 따라 유식학파와 중관학파의 공성에 대한 해석의 차이에서 기인한다. 그러나 중관적 사유와 유식적 논리는 동등한 대승불교의 사상운동이고, 해탈이나 열반과 같은 궁극의 목표나 그 목표에 도달하기 위한 수행 역시 보살사상에서 벗어나지 않는다. 따라서 우리는 중관적 사유에서 유식적 논리로의 전개 과정에 대해 열반과 수행도에 대한 통찰을 시대적 정황에 걸맞게 적용한 것으로 생각해야 할 것이다.

나가르주나 이후 중관학파의 유식사상에 대한 교섭은 중관학파와 유식학파의 사상적 공유 지대를 확인하는 의미를 갖는다. 두 학파가 공유하는 이론적 지반은 『해심밀경』의 요의설과 불요의설의 구분에 따라 삼상(三相)설을 요의설로 제시하는 배경을 통해서 확인할 수 있다. 『해심밀경』은 중관학파의 전통적인 주장으로서 무자성의 가르침을 완전히 부정적으로 이해하는 수행자들의 허무주의적 견해를 치유하기 위해 의타기상과 원성실상의 존재를 설하는 것이다. 역설적이게도 유식학파는 무자성의 가르침을 불요의설로 인정하면서도 무자성설을 바탕으로 삼성설을 세운다.

삼성설과 삼무성설을 생사의 부정과 열반의 긍정에 대한 매개로 인정하는 점에서 유식학파와 나가르주나의 주장은 일치한다. 삼무성의 삼성은 어디까지나 나가르주나의 사유로부터 발전한 것이기 때문이다. 나가르주나의 입장을 따르는 짠드라끼르띠는 『입중론』에서 생(生)·멸(滅) 중도의 실상에 대한 자각을 법무아(dhrma-nairātmya), 즉 연기를 아는 지혜라고 표현한다. 법무아 논의의 과정에서 그는 유식학파의 주장과 나가르주나의 입장 사이의 교집합을 지적한다. 그는 의타기성의 실재성에 대한 반성으로 원성실성의 승의적 성격을 드러내고, 원성실성의 승의적 성격을 무자성에 귀결되도록 의도한다. 이는 유식학파의 주장을 불요의설로, 즉 붓다의 방편교설로 인정하는 교섭의 과정에 나타나는 짠드라끼르띠의 유식사상 비판의 특징이다.

차 례

v _ 저자의 글
ix _ 요약문

I
서 론 _ 3

003 _ 1. 연구목적
006 _ 2. 연구사 검토와 연구방법

II
『입중론』의 구성과 「현전지」의 유식사상 _ 15

015 _ 1. 『입중론』의 구성과 내용
026 _ 2. 업상속 이론에 관한 논의
040 _ 3. 외계 비실재론에 관한 논의
068 _ 4. 「현전지」에 나타난 유식사상의 특징

III

법무아 논의에 나타난 짠드라끼르띠의 유식사상 비판 _ 79

079 _ 1. 법무아 논의의 사상적 배경
088 _ 2. 업상속 이론으로서의 이숙식 비판
101 _ 3. 외계 비실재론 비판
149 _ 4. 유식사상 비판의 특징

IV

유식사상 비판의 사상사적 고찰과 의의 _ 161

161 _ 1. 중관학파와 유식학파의 논쟁
171 _ 2. 이제설에 의한 의타기성 비판
182 _ 3. 『십지경』과 『입능가경』에 의한 유심 해석과 유식 비판
207 _ 4. 유식사상 비판의 사상사적 의의

V

결 론 _ 221

227 _ 참고문헌

I
서 론

1. 연구목적
2. 연구사 검토와 연구방법

서 론

1. 연구목적

이 연구의 목적은 짠드라끼르띠(Candrakīrti, 月稱: 600-650)의 『입중론(入中論: *Madhyamakāvatāra*)』에 나타난 유식사상 비판을 '대립'과 '교섭'의 관점에서 조명함으로써 그 특징과 의의를 드러내는 것이다. 짠드라끼르띠의 비판은 중관학파(Madhyamaka)의 관점에서 유식학파의 사상을 교섭하려는 모습을 보인다. 이는 나가르주나(Nāgārjuna, 龍樹: 150-250)의 사상이 초기 유식학파(Vijñānavādin)의 사상 형성에 미친 영향을 간과할 수 없다는 점에서 중관학파에 의한 교섭은 나가르주나의 무자성(無自性, niḥsvabhāva)이라는 주장을 강조하고 회복하려는 의도를 내포하고 있다.[1]

---

1 Saito Akira(2010: 212-218): 사이토 아키라(齋藤明)는 『중론(中論: *Mūlamadhyamakakārikā*)』과 『보

무자성설을 불요의설(不了義說, neyārtha)로 평가하는 유식학파는 역설적으로 무자성설을 통해 삼성(三性, tri-svabhāva) 혹은 삼상(三相, tri-lakṣaṇa)설을 세운다. 이는 『해심밀경(解深密經: *Saṃdhinirmocanasūtra*)』의 요의설(了義說, nītārtha)·불요의설의 구분에 따라 요의설로서의 삼상(三相, tri-lakṣaṇa) 혹은 삼성설을 제시하는 배경에서 확인할 수 있다. 『해심밀경』에 따르면 무자성의 가르침을 완전히 부정적으로 이해하는 수행자들은 일체법의 존재성과 그 특질을 인정하지 않는다. 그들의 허무주의적 견해를 치유하기 위해 의타기상(依他起相, paratantra-lakṣaṇa)과 원성실상(圓成實相, pariniṣpanna-lakṣaṇa)은 존재한다고 설하는 것이 삼상설이다. 이 '삼상 또는 삼성설'(이하 삼성설)이 요의 교설이다.[2]

그러나 유식학파의 삼성설과 삼무자성(三無自性, tri-niḥsvabhāva)설을 생사의 부정과 열반의 긍정을 매개하는 이론으로 인식하는 단계에 이르면 유식학파의 주장과 나가르주나의 무자성 사이의 접점을 확인할 수 있을 것이다. 이러한 사실을 바탕으로 중관학파의 주된 주장으로서 무자성설을 두 학파의 공유점이자 대승불교의 중심사상으로 이해할 수 있을 것이다. 특히 『입중론』은 무자성설의 강조를 통해 대승불교의 중심사상을 회복하려는 모습을 선명하게 드러낸다. 필자의 분석에 따르면 짠드라끼르띠는 유식성(唯識性, vijñaptimātratā)으로서의 의타기성을 비판하고, 더 나아가 유식

살지(菩薩地: *Bodhisattvabhūmi*)』「진실의품(眞實義品)」을 비교 고찰하여 『보살지』가 『중론』을 근거로 그 교리를 비판적으로 계승하고 있는가를 탐구하고 있다.

2 사이구사 미쓰요시(1993: 99-101): ① 성문승을 위해 '사제'(四諦)의 가르침을 설한다. ② 대승을 위해 '일체법무자성'의 가르침을 은밀상(隱密相)으로 설한다. ③ 일체승을 위해 '일체법무자성'의 가르침을 현료상(顯了相)으로 설한다.

학파의 원성실성을 전통적인 무자성설을 설명하기 위해 도입한 개념으로 해석하여 교섭을 시도한다. 이는 삼무자성설의 긍정적 표현으로서의 삼성설과 유식성으로서의 의타기성을 비판하는 과정에서 확인할 수 있다.

짠드라끼르띠의 유식사상 비판은 다음과 같은 단계를 거쳐 유식학파의 교리를 수용하는 과정으로 해석할 수 있다. ① 삼무자성(三無自性)의 긍정적 표현으로서의 삼성(三性)설과 실체화된 의타기성을 비판한다. ② 의타기성의 실재성에 대한 반성을 통해 원성실성이 드러난다. ③ 원성실성의 실체에 대한 비존재를 자각함으로써 무자성과 일치하는 지점에 이른다. 결국 짠드라끼르띠는 유식학파의 교리를 불요의설로 평가하고, 그것을 중관학파의 하위에 위치시킨다. 요약하자면 무자성설에 대한 허무주의적 견해의 등장→삼성설의 설시→의타기성의 실체적 이해→무자성의 강조에 이르는 흐름을 형성한다. 나가오 가진(長尾雅人)에 따르면 이러한 과정은 중관사상과 유식사상을 동등한 대승불교의 사상으로 해석해야 한다는 사실과 해탈이나 열반과 같은 궁극의 목표와 그 목표에 도달하기 위한 수행을 보살사상에서 벗어나는 것으로 볼 수 없다는 사실을 상기시킨다.[3]

이 글에서 필자는 짠드라끼르띠의 『입중론』 「현전지」의 유식사상 비판에 나타나는 대립과 교섭의 양면적인 특징들을 요의설·불요의설의 해석을 통해 규명할 것이다. 이 과정에서 삼성설과 결합한 의타기성으로서의 알라야식(ālayavijñāna)에 대한 비판과 그 구체적인 내용, 더 나아가 짠드라끼르띠의 주장으로서 일체법 무자성이 분명히 드러날 것이다. 결론적으로

3 나가오 가진(2005: 268) 참조.

필자는 언어와 논리에 대한 독자적인 관점으로 실체론을 비판하고 무자성을 드러내는 짠드라끼르띠의 중관사상가로서의 위치를 확인할 것이다.

2. 연구사 검토와 연구방법

『입중론』은 필사본을 발견하기 전까지 티베트대장경에 티베트어 번역문으로만 존재했다.[4] 『입중론』 필사본은 구 네팔리어를 통해 97 folios로 구성된다. 사본은 몇 군데 읽을 수 없는 구절과 함께 평범한 상태로 보존된 상태이며, 현재 편집되고 있다.[5] 필사본 연구를 제외하면 『입중론』에 관한 연구는 모두 티베트 본에 근거한다. 20세기 초반 루이 드 라 발레 뿌쌍(Louis de la Vallée Poussin)(1907-1911)이 『입중론』 및 『입중론소(入中論疏 *Madhyamakāvatārabhāṣya*)』를 불완전한 상태로 출판한 이후, 헬무트 타우셔(Helmut Tauscher)(1981)가 『입중론』 번역을 마무리함으로써 연구의 기초를 마련한다.[6]

필자는 본 글에서 『입중론』「현전지」를 중심으로 짠드라끼르띠의 유식

---

4 『입중론』이 티베트에 전해진 이후로 티베트 불교사에서 『입중론』은 두 차례의 번역이 이루어지는데 최초기의 번역자는 낙초(Nag tsho, 1011-?)와 빠찹 니마닥(sPa tshab Ni ma grags, 1055-?)이다. 빠찹은 자야난다와 함께 짠드라끼르띠의 주요 저작들을 번역하였는데, 낙초의 번역이 빠찹의 번역에 앞선다. 빠찹의 번역본이 Sde dge본 *dBu ma la 'jug pa*, No. 3861에, Peking본은 *dBu ma la 'jug pa*, No. 5261에 수록되어 있다. 『입중론소』는 Sde dge본 *dBu ma la 'jug pa shes bya ba*, No. 3862에, Peking본은 *dBu ma la 'jug pa shes bya ba*, No. 5262에 수록되어 있다.

5 『입중론』 필사본에 관한 연구는 오스트리아 비엔나의 Institut für Kultur-und Geistesgeschichte Asiens(IKGA)의 주도로 진행되고 있다. 또한 'Sanskrit Texts from the Tibetan Autonomous Region'의 시리즈 형태로 China Tibetology Publishing House와 the Austrian Academy of Sciences Press에 의해서 출판될 예정이다.

6 J. W. 드용(2004: 195)

사상 비판을 다룰 것이다. 이 주제의 연구는 야마구찌 스스무(山口益)(1941)에서부터 로버트 올슨(Robert F. Olson)(1977), 오가와 이치죠(小川一乘)(1988), 헌팅톤 주니어(C. W. Huntington, Jr)(1989)(2009), 피터 펜너(Peter Fenner)(1990), 기시네 토시유키(岸根敏幸)(1995)(2001) 그리고 가나자와 유타카(金沢豊)(2010) 등으로 이어진다. 야마구찌는 중관학파와 유식학파의 대립을 유(有)와 무(無)의 대론(對論)으로 파악하고, 바비베까(Bhāviveka, 靑辨: 490-570경)[7]의 『중관심론(中觀心論: *Madhyamakahṛdayakārikā*)』 제5장을 중심으로 중관학파의 유식사상 비판을 다룬다. 또한 그는 짠드라끼르띠의 유식사상 비판, 즉 『입중론』과 『명구론(明句論: *Prasannapadā*)』의 자증분(自證分, svasaṁvedana)설에 대한 비판과 유심설의 해석과 그에 따르는 문제 등을 고찰한다.[8] 올슨은 「현전지」 제79-81게를 바탕으로 유식사상을 불요의설로 해석하는 과정을 다룬다.[9] 오가와는 쫑카빠(Tsong kha pa: 1357-1419)의 주석을 통해 『입중론』의 유식사상 비판을 해석한다.[10] 헌팅톤(1989)은 귀류논증의 관점에서 유식학파 비판을 간략히 다룬다. 추가적으로 헌팅톤(2009)은 『입중론』 「현전지」 제86-97게송의 『입중론소』 영역을 통해 『십지경』과 『능가경』이 인용된 논의를 소개한다.[11] 기시네(1995)는 짠드라끼르띠의 유식학설 비판을 주제로,

7 이 논문에서 사용하는 바비베까의 이름은 에지마 야수노리(江島惠教)(1990: 98-106)에 따른다. 에지마는 『중관심론(中觀心論: *Madhyamakahṛvadayakārikā*)』, 『반야등론(般若燈論: *Prajñāpradipa-Mūlamadhyamakavṛtti*)』의 저자를 Bhāvaviveka, Bhavya 또는 청변으로 호칭하는 문제를 검토한 결과 바비베까로 결론 내리고 있다.

8 山口益(1975: 222-303) 야마구찌에 따르면 바비베까에 이어 짠드라끼르띠의 『입중론』이 중관학파의 입장에서 유식학파 비판을 다루고 있다.

9 Robert F. Olson(1977)

10 小川一乘(1988: 55-79)

11 Huntington Jr, C. W. & Geshe Namgyal Wangchen(1989): 더 자세한 논의는 Huntington(2009:

특히 알라야식 및 유식무경의 문제에 대해서 고찰한다. 기시네(2001)는 기시네(1995)를 보완하여 공능(功能, śakti)설과 자증분설 비판까지 다룬다.[12] 『입중론』과 짠드라끼르띠의 유식사상 비판에 대한 문헌 해석과 사상사적 의의에 관한 대표적 연구자는 오가와(1988)와 기시네(1995)(2001)라고 할 수 있다. 오가와는 자야난다(Jayānanda, 12c)와 쫑카빠의 주석까지 포함한 문헌의 해석에 집중하고, 기시네는 중관사상가로서의 짠드라끼르띠를 연구한다. 그러나 필자는 이상의 선행연구에서 짠드라끼르띠의 유식사상 비판에 나타나는 특징들을 분명하게 분석하지 못한다고 생각한다.

① 알라야식(ālayavijñāna)의 성격을 명확하게 분석하지 못한다. 법무아(法無我, dhrma-nairātmya) 논증의 한 사례로서 유식사상 비판은 생(生, utpāda)·멸(滅, nirodha) 중도의 관점에서 이숙식(異熟識, vipāka-vijñāna), 외계 비실재론 그리고 자증분의 비판에 관한 내용이다. 즉 이 비판 대상의 중심에는 알라야식설이 놓여 있다고 할 수 있다. 특히 짠드라끼르띠는 외계 비실재론을 주장하는 유식사상의 주장을 인식실재론으로 간주하는데, 이에 대한 비판은 유식학파의 교의 체계와 맞물려서 있다. 이에 따라 대론자의 주장으로서 알라야식의 성격을 검토할 필요가 있을 것이다.

② 외계 비실재론을 비판하는 과정에서 드러나는 인식의 발생에 대한 짠드라끼르띠의 입장을 분명하게 설명하지 못한다. 물론 인식에 대한 그의 입장을 쉽게 확인할 수 있는 것은 아니다. 그의 입장에 대한

312-319) 참조.

12 岸根敏幸(1995: 90); 岸根敏幸(2001: 269-347)

확인은 「현전지」에 등장하는 몇 가지 단서들에 의존할 수밖에 없기 때문이다. 그러나 그가 외계 비실재론을 비판하는 과정에서 외경의 실재성을 논증하지 않지만 인식 발생에 관한 자신의 입장을 제시하는 것은 분명하다. 따라서 인식주관과 대상의 무자성이라는 입장을 바탕으로 근(根), 경(境) 그리고 식(識)의 상호의존(相互依存, parasparāśraya)적 관계를 근거로 인식의 성립을 주장하는 그의 의도를 보다 신중하게 검토할 필요가 있다.

③ 비판의 형식으로서 이론적 논거(理証, yukti)와 경전적 논거(教証, āgama)는 서로 구별되는 독특한 특징을 갖지만, 그러한 형식에 따르는 짠드라끼르띠의 의도를 명확하게 분석하지 못한다. 이론적 논거에 의한 비판은 귀류적 형식을 따르고, 경전적 논거에 의한 비판은, 예를 들어 짠드라끼르띠는 『십지경(十地經: *Daśabhūmikasūtra*)』과 『입능가경(入楞伽經: *Laṅkāvatārasūtra*)』을 직접적으로 인용한다. 특히 『입능가경』은 그 성립의 배경과 특징을 고려해서 짠드라끼르띠의 의도를 파악해야 함에도 불구하고 아직까지 이에 관한 적절한 분석은 없다.

위의 세 가지 조건에 더하여 지금까지 기존의 연구자들은 바비베까와 짠드라끼르띠의 유식사상 비판의 공통점과 차이점을 면밀하게 비교하지 못하고 있다. 주목해야 할 두 논사의 차이는 언어와 논리에 대한 이해라고 할 수 있다. 두 논사의 언어와 논리에 대한 입장 차이로 인해 유식사상 비판의 내용에 큰 차이가 발생하기 때문이다. 그러나 두 논사는 유식학파에 대한 이해와 비판의 형식에서 공통점을 드러낸다. 이 공통점은 유식사상 비판에서 이론적 논거, 경전적 논거 그리고 이제(二諦, satyadvaya)설이라는 형식적인 특징으로 나타난다.

바비베까는 변계소집(遍計所執, parikalpita)을 범부의 실제 인식으로, 의타기를 논리적으로 추론된 것으로 파악한다. 그는 이론적 논거에 의한 비판에서 의타기성의 무용성을 주장하고, 유식삼성설의 의타기성을 배제한 변계소집과 원성실(圓成實, pariniṣpanna), 즉 유식삼성설을 이제설로 해석한다. 또한 『십지경』과 『입능가경』의 재해석을 시도하여 경전적 논거를 통한 비판도 이루어진다.[13]

짠드라끼르띠도 바비베까와 마찬가지로 이론적 논거와 경전적 논거를 통해 유식학파를 비판한다. 이러한 비판 형식은 불교 내부에 이미 정형화된 것이며, 그는 대론자의 주장을 철저히 귀류적으로 논증한다. 귀류논증파(歸流論證派, Prāsaṅgika)로 잘 알려진 바와 같이 이러한 특징은 유식사상을 비판하는 입장에서 분명하게 드러난다. 그는 『십지경』의 '유심'(唯心, cittamātra)을 외계비실재, 즉 유식(唯識)으로 해석하지 않는다. 또한 유전문(流轉門, anulomākāra)과 환멸문(還滅門, pratilomākāra)의 연기를 통해 인식의 발생에 따르는 조건을 연기로 설명한다. 더 나아가 그는 『입능가경』을 유식학파의 소의경전으로 인식하는데, 이는 바수반두부터 유식학파의 경전으로 간주되는 정황이 중관학파에 반영된 결과라고 할 수 있을 것이다.[14]

짠드라끼르띠는 유식사상을 교섭하려는 태도를 드러내고, 교섭의 방식을 요의설(nītārtha)과 불요의설(neyārtha)의 해석을 통해 구체화한다. 즉 그

---

13 야스이 고사이(1989: 255-342) 참조.

14 박창환(2011) 참조.

의 유식사상 비판은 중관학파와 유식학파 사이의 대립을 해소하고, 유식사상을 중관학파의 하위 종의(宗意)로 수용하려는 모습이 동시에 나타난다. 그의 비판에서 주목할 점은 요의설과 불요의설을 구분하는 기준과 비판 형식에 있어서 독창성을 엿볼 수 있다는 것이다. 그 까닭은 그가 『해심밀경』의 삼전법륜설에 나타나는 유식학파의 요의설과 불요의설의 구분을 중관학파의 관점에서 새롭게 해석하기 때문이다.

이 연구에서 필자는 짠드라끼르띠의 유식사상 비판에 관한 연구 범위를 『입중론』「현전지」의 법무아 논의 중에서 생·멸 중도에 관한 논의로 제한할 것이다. 이 연구는 비판 대상으로서의 유식사상의 특징과 비판의 형식을 분석하는 것이기 때문이다. 더 나아가 필자는 기존 연구에 없는 논쟁의 출발점과 유식사상의 교섭 과정을 살펴볼 것이다.

이 논문에서 사용하는 연구 자료는 Poussin(1912)의 교정본이다. 『입중론(소)』를 한글로 번역하며, The Tibetan Publishing House(1968)본과 대조할 것이다. 『입중론(소)』에 대한 인도 주석서는 자야난다의 *dBu ma la 'jug bai 'grel 'bshed ces bya ba*(Sde dge, no. 3870)이며, 티베트 주석서는 쫑카빠의 주석서인 『의취선명(意趣善明: *dBu ma dgong pa rab gsal*)』이다. 필자는 두 주석서를 참조할 것이다.

특히 『입중론』에 대한 번역은 잠괸 미팜(Jamgön Mipham)의 까규파의 주석 전통에서 영역한 Padmakara Translation Group(2002); 샤카파의 전통에서 영역 및 주석한 종사르 잠양 켄체(DZongsar Jamyang Khentse)(2005); 『입중론』에 관한 게송 중심의 헌팅턴(1989); 피터 펜너(Peter Fenner)(1990)가 있다. 『입중론소』에 대한 한역으로는 法尊(1975); 일역으로는 「현전지」 중심의 오가와(1988); 『입중론』 전체에 대한 우류우즈 류신(瓜生津 隆真)나까무라 미즈루(中沢中)(2012)가 있다. 리 수에주(李學竹)는 『입중론』 산스크리트 사본에 근거한 최초의 연구를 발표했지만 『입중론』 필사본에 대한 교정이 진행 중인 관계로 이 연구에 참조하지 않는다.[15]

15 Ernst Steinkeller(2009: 179-93): 2008년 북경에서 개최된 'Sanskrit manuscripts in China'라는 주제의 티베트학 세미나에서 리 수에주(李學竹)는 『입중론』 산스크리트 사본에 근거한 최초의 연구를 발표했다. 현재까지 리 수에주는 Li Xuezhu(2014)에서 『입중론』「현전지」 게송을 교정하여 발표하였다.

II

『입중론』의 구성과 「현전지」의 유식사상

1. 『입중론』의 구성과 내용
2. 업상속 이론에 관한 논의
3. 외계 비실재론에 관한 논의
4. 「현전지」에 나타난 유식사상의 특징

『입중론』의 구성과 「현전지」의 유식사상

1. 『입중론』의 구성과 내용

짠드라끼르띠는 보살의 수행차제인 십지(十地)를 각각 하나의 장으로 묶은 10장과 불보살의 공덕을 찬탄하는 1장을 모아 총 11장 331게송으로 『입중론』을 구성한다.[1] 이 구성은 보살의 수행도로서의 십지와 실천론으로서의 십바라밀을 결합한 『십지경』의 형식을 그대로 차용한 것이라고 할 수 있다.[2] 『입중론』의 구성을 보살 10지와 십바라밀의 관계를 통해 비교하면

---

1 Tsong kha pa(2004)에서는 보살 10지의 공덕과 불지의 공덕을 '두 품'으로 나누어 주석한다. Poussin(1912)에서는 보살 10지의 공덕과 불지의 공덕을 '350, 18-355, 3: 9게', '355, 5-405, 20: 42게', '406, 1-409, 7: 5게'로 게송 번호를 부여하여 '세 품'으로 나눈다.

2 岸根敏幸(2001: 214-15): 기시네에 따르면 십지설에도 여러 설이 있지만 짠드라끼르띠가 도입하고 있는 것은 대승불교의 실천론에 이론적인 근거를 부여했다고 생각되는 『십지경』의 십

다음과 같다.[3]

	보살 10지	십바라밀	게송분량
1장	환희지	보시바라밀	17게송
2장	이구지	지계바라밀	10게송
3장	발광지	인욕바라밀	13게송
4장	염혜지	정진바라밀	2게송
5장	난승지	선정바라밀	1게송
6장	현전지	반야바라밀	226게송
7장	원행지	방편바라밀	1게송
8장	부동지	원바라밀	3게송
9장	선혜지	역바라밀	1게송
10장	법운지	지바라밀	1게송
11장	불지	붓다의 10력	56게송
			331게송

짠드라끼르띠는 『입중론』의 보살 초지인 「환희지(歡喜地)」부터 제5지 「난승지(難勝地)」까지 보시, 지계, 인욕, 정진 그리고 선정바라밀을 간략히 설명하면서 논의를 전개한다. 그는 보살 제6지인 「현전지」에서 『입중론』의 주된 논의를 시작한다. 「현전지」는 총226게송으로 구성되어 있으며, 『입중론』 전체 분량의 2/3에 상당한다. 따라서 이 절에서는 『입중론』의 전체 구성과 주된 내용을 「현전지」를 중심으로 살펴볼 것이다.

지설이다. 짠드라끼르띠는 이 십지설에 의거해 『입중론』을 구성하고, 최초의 발심(發心)을 기점으로 각 단계를 거쳐서 최종적으로는 불지에 이른다는 수행의 형식을 제시한다.

3 십바라밀은 육바라밀(saḍ-pāramitā)의 보시(dāna), 지계(śīla), 인욕(kṣanti), 정진(vīrya), 선정(dhyāna), 반야(prajñā)의 실천덕목에 방편(upāya), 서원(praṇidhāna), 역(bala), 지(jñāna)라는 네 가지의 덕목이 추가된 것이다.

『입중론』「현전지」(이하 「현전지」)의 제1게에서부터 제119게까지는 일체법의 발생에 대한 네 가지 인과 모델인 자생, 타생, 자·타 공생 그리고 무인생을 주장하는 이들이 직면하는 논리적 모순에 대한 것이다. 이 논리적 모순에 대한 짠드라끼르띠의 비판적 논의의 근거는 『십지경』의 '10가지 법의 동일성(samatā)'에 대한 교설 중에서, 특히 세 번째인 '일체법에 발생이 없다'(sarvadharmānutpāda)는 교설이다. 그는 일체법의 발생이 성립하지 않는다는 주장의 근거로 나가르주나의 『중론』「관인연품」을 제시한다. 즉 『십지경』과 『중론』이 일체법의 발생을 주장하는 실체론자에 대한 비판의 근거가 된다. 다시 말해 짠드라끼르띠는 「현전지」에서 일체법의 발생에 대한 네 가지 인과 모델을 설명하고, 이것들을 논파한다고 할 수 있다.[4]

『십지경』의 「현전지」는 십바라밀의 차제에 의해 반야바라밀을 완성하는 과정이다. 마찬가지로 『입중론』의 「현전지」는 법무아(dhrma-nairātmya)와 인무아(人無我, pudgala-nairātmya)를 통한 반야바라밀의 완성을 강조한다. 이를 통해 짠드라끼르띠는 연기를 아는 반야의 지혜에 대해 정의하려고 한다. 이는 「현전지」 제1게에서 보살 제6지와 반야바라밀의 관계에 대한 상징적 암시를 통해서도 알 수 있다.

> 현선(지)(abhimukhi-bhūmi)에서 선정의 마음으로
> 정등각자의 법에 대하여 직시(abhimukha)한다.
> 이 연기(pratītya-samutpāda)의 실상(tattva)을 보는 그는

4 발생에 관한 네 가지 인과 모델에 관해서는 III장 1절 '법무아 논의의 사상적 배경'에서 다룰 것이다.

반야에 머무르게 되어 적멸(nirodha)을 증득하게 될 것이다.(「현전지」 제1게)[5]

「현전지」 제1게의 자주에 따르면 보살은 청정한 선정바라밀을 수행하여 제5지에서 제6지에 이르게 되는데, 이때 심오한 연기의 실상을 보는 보살은 청정한 반야의 지혜에 의해서 적멸을 증득한다. 이러한 적멸은 보살 제6지에서만 증득이 가능한데, 그 이유는 이전의 보살계위에서 반야바라밀의 수행이 뛰어나지 못하기 때문이다.[6]

맹인의 무리 모두가 눈을 가진 자에 의해
수월하게 목적하는 곳으로
인도되듯이, 여기에서도 반야에 의해
[지혜의] 눈이 결여된 [보시 등의 바라밀의] 장점을 취해서 승자[의 땅에]
이른다.(「현전지」 제2게)[7]

「현전지」 제2게는 반야의 완성에 의거해야만 보시 등의 바라밀이 완성될 수 있음을 주장하기 위한 반야바라밀과 다른 바라밀들과의 관계에 대한

---

5 MAK(1912: 73, 2-5)(이하 게송 번호는 본문에 표기하며, 환범(換梵)은 小川一乘(1988)에 따른다): mngon du phyogs par mnyam gzhag sems gnas te, rdzogs pa'i sangs rgyas chos la mngon phyogs shing, 'di rten 'byung ba'i de nyid mthong ba de, shes rab gnas pas 'gog pa thob par 'gyur.

6 MABh(1912: 73, 6-11): byang chub sems dpa'i sa lnga par bsam gtan gyi pha rol tu phyin pa yongs su dag pa thob pas sa drug par mnyam par gzhag par sems la gnas shing rten cing 'brel par 'byung ba zab mo'i de nyid mthong ba'i byang chub sems dpa' ni shes rab kyi pha rol tu phyin pa yongs su dag pas 'gog pa thob par 'gyur gyi snga rol du ni ma yin te, shes rab lhag par gyur pa med pa'i phyir te.

7 MAK(1912: 74, 1-4): ji ltar long ba'i tshogs kun bde blag tu, mig ldan skyes bu gcig gis 'dod pa yi, yul du khrid pa de bzhin 'dir yang blos, mig nyams yon tan blangs te rgyal nyid 'gro.

것이다. 「현전지」에서 주장하는 반야바라밀(눈을 가진 자)과 다른 바라밀(맹인)과의 관계란 다른 바라밀이 반야바라밀의 아래에 위치하고 반야바라밀에 의해서 그 장점이 발휘된다는 것이다. 보시 등에 의한 복덕과 반야에 의한 지혜, 이들 모두를 통해 불지에 이른다는 전통적인 수행도에 따르더라도 반야바라밀의 중요성은 다른 바라밀들의 상위에 위치한다. 따라서 짠드라끼르띠는 현전지에 이르는 다섯 단계와 반야를 얻기 위해 거쳐야 하는 6바라밀의 다섯 가지(보시, 지계, 인욕, 정진, 선정) 바라밀을 동일한 것으로 묘사한다.

반야바라밀의 완성을 강조하는 「현전지」의 전반부는 법무아 논증으로 구성된다. 법무아 논증은 발생에 관한 인과 모델인 자생, 타생, 자·타 공생 그리고 무인생을 주장하는 자들을 비판하는 것이 목적이다. 특히 타생설은 유식사상 비판을 염두에 둔 설정이다. 법무아 논증으로부터 시작된 유식사상에 대한 비판은 「현전지」 제39-97게에서 구체적으로 언급된다. 그 내용을 게에 따라 구분하면 제39-44게에서 짠드라끼르띠는 이숙식으로서의 알라야식이 존재하지 않더라도 행위(業因)에 따른 행위의 결과(業果)가 성립한다는 것을 증명하려고 한다. 제48-71게에서는 유식무경설과 이에 대한 비판으로 구성된다. 제72-78게에서는 의타기성으로서의 자증분에 대한 비판으로 구성된다.

앞서 언급된 논의들은 업상속의 이론으로서 이숙식, 외계 비실재론으로서 유식무경설 그리고 유식 존재 논증으로서 자증분설 등의 유식사상에 대한 비판이 그 주된 내용이다. 다시 말하면 유식학파가 유식 이론을 체계화하는 과정에서 제시한 이론적 근거(理證)들을 짠드라끼르띠가 재차 비판하는 것이라고 할 수 있다. 이론적 근거에 대한 비판이 끝나고, 제84-93게에서는 유식학파의 경전적 근거(敎證)에 대한 비판을 시작한다. 짠드라끼르띠는 제94-97게에에서 요의설·불요의설 구분을 통해 유식사상을 중관학파 하위의 종의로 평가하고, 경전적 근거에 의한 비판을 마무리한다.

법무아 논증에서 타생설 비판은 유식사상을 주된 표적으로 삼고 있다. 타생설 비판에 의거한 유식사상 비판 이후, 「현전지」 제98-119게는 자·타생을 주장하는 자이나(Jaina)교와 인과법을 부정하는 로까야따(Lokayata)학파에 대한 비판을 시작한다. 「현전지」 제120게부터 논의 주제가 인무아 논증으로 바뀐다. 「현전지」 제120-178게까지는 오온(五蘊, pañca-skandha)과 자아(自我)의 동일성과 차별성에 대한 논증을 통해 인무아를 밝히고 있다.

짠드라끼르띠가 인무아를 통해 비판하는 것은 유신견(有身見, satkāyadṛṣṭi)이다. 『아비달마구사론(阿毘達磨俱舍論: *Abhidharmakośabhāṣya*)』(이하 『구사론』)에 따르면 'satkāya'는 오취온으로 이해할 수 있고, 영원한 것이 아니라 변하고 고통스러운 것이다. 결국 유신견은 중생들이 오취온의 집적(身, kāya)을 실재(有, sat)한다고 생각하고, '아'(我)와 '아소'(我所)에 집착하여 생겨난다고 할 수 있다.[8] 「현전지」 자주에서는 유신견에 대해 '아'와 '아소'의 행상을 갖고 있는 염오혜(染汚慧, kliṣṭa-prajñā)이며, 이 유신견에서 일체 번뇌가 생겨나고, 생, 노, 병, 사 등의 고통이 생겨난다고 주장한다.[9]

---

8 AKBh(181, 20-22): ātmadṛṣṭir ātmīyadṛṣṭir vā satkāyadṛṣṭiḥ/ sīdatīti sat cayaḥ kāyaḥ saṅghātaḥ, skandha ityarthaḥ/ saccāyaṃ kāyaśceti satkāyaḥ pañcopādānaskandhāḥ/ nityasaṃjñā piṇḍasaṃjñā ca tyājayitum evaṃ dyotitāḥ/etat pūrvako hi teṣv ātmagrahaḥ/; 『구사론』(『대정장』 29, 100a): 執我及我所是薩迦耶見 壞故名薩 聚謂迦耶 即是無常和合蘊義 迦耶即薩名薩迦耶 此薩迦耶即五取蘊 為遮常一想故立此名 要此想為先方執我故

9 MABh(1912: 234, 1-6): de la 'jig tshogs la lta ba ni nga dang nga'i snyam pa de lta bu'i rnam par

번뇌와 괴로움 등은 모두 유신견(satkāyadṛṣṭi)에서
생겨났음을 지혜로써 파악한다.
자아(ātman)라는 것이 [유신견의] 대상임을 깨달은 후에
유가사(yogācāra)는 자아[관념]을 소멸시키는 것이다.(「현전지」 제120게)[10]

짠드라끼르띠에 따르면 유신견은 번뇌와 괴로움의 근원이고, 유아론(有我論, atmavāda)은 유신견에서 발생한 것이다. 즉 무아를 통달해서 유신견을 제거하면 번뇌와 괴로움이 남김없이 사라진다고 할 수 있다. 따라서 그는 아트만과 같은 자아가 존재하지 않는다는 것을 정밀하게 관찰(伺察, vicāra) 하는 것이 진정한 해탈을 성취하는 방편이라고 주장한다.[11]

짠드라끼르띠는 「현전지」에서 자아와 오온의 비동일성을 주장하는 상키야학파와 바이셰쉬까(Vaiśeṣika)학파의 형이상학적 자아, 즉 유아론에 대해 비판한다. 그가 상키야와 바이셰쉬까 학파의 유아론을 비판하는 논리는 단순하다. 그는 자아와 오온과의 동일성 논의를 통해 자아란 오온에 의존하는 것이고, 형이상학적 자아로서 아트만과 뿌루샤(puruṣa)를 세속에서 믿

zhugs pa shes rab nyon mongs pa can no, de las byung bas na 'jig tshogs la lta ba las byung ba'o, de dag kyang gang dag cig ce na, nyon mongs pa rnams dang skyon rnams so, de la nyon mongs pa rnams ni 'dod chags la sogs pa rnams so, skyon rnams ni skye ba dang rga ba dang na ba dang 'chi ba dang mya ngan la sogs pa dag go.

10 MAK(1912: 233, 16-20): nyon mongs skyon rnams ma lus 'jig tshogs la, lta las byung bar blo yis mthong gyur zhing, bdag ni 'di yi yul du rtogs byas nas, rnal 'byor pa yis bdag ni 'gog par byed.

11 MABh(1912: 234, 16-20): de yang bdag gis bdag med pa nyid khong du chud pa las spong par 'gyur bas thog mar rnal 'byor pas bdag kho na 'gog par byed do, de bkag pa las 'jig tshogs la lta ba yang spangs par gyur na nyon mongs pa dang, skyon ma lus par ldog pas na bdag rnam par dpyad pa na thar pa sgrub pa'i thabs yin te;
江島惠敎(1980a: 147-178): 에지마는 사찰(vicāra)을 짠드라끼르띠의 실천적인 측면이 갖는 공성 논술의 방법으로 보고 있다.

고 따르는 진리로 인정할 수 없다고 주장한다. 이를 통해 그는 자아와 오온의 비동일성 이론을 주장하는 상키야와 바이셰쉬까의 입장을 자연스럽게 배격하는 것이다. 인무아 논의는 상키야와 바이셰쉬까 학파의 유아론을 불교의 입장에서 비판하며, 다음으로 불교 내부에서 자아를 실체적으로 해석하는 입장을 비판하는 구조이다.

자아와 오온의 관계에 대한 불교 내부의 주장은 설일체유부(說一切有部, Sarvāstivādin)와 독자부(犢子部, Vātsīputrīya)의 두 입장으로 정리된다. 설일체유부는 오온과 자아의 관계에 대해 자아를 구성하는 다르마들은 실재하지만, 그것의 화합에 의한 자아는 찰나 생멸하는 가합(假合)된 존재이기 때문에 실재하지 않는다는 입장을 취한다. 설일체유부의 입장에는 일상적 삶을 지속하는 주체 혹은 행위의 과보를 받는 주체로서의 자아를 어떻게 설정할 것인가라는 문제가 내포되어 있는 것이다. 이에 대한 해결책으로 독자부는 행위 주체나 과보의 향수자가 오온과 같지도 않고 다르지도 않다는 뿌드갈라(pudgala) 이론을 제시한다.[12] 『대비바사론(大毘婆沙論: *Vibhāsā-śāstra*)』에 따르면 독자부는 뿌드갈라가 있어야만 예전에 했던 일을 기억할 수 있기 때문에, 뿌드갈라가 이전에 경험한 것을 지금 기억한다고 주장한다.[13] 이 뿌드갈라 이론은 독자부 계통인 정량부(正量部, Sāmmitīya)의 정설이다. 정량부의 대표적인 문헌으로 현존하는 것은 『삼미저부론(三彌底部論)』과 『율이십

12 뿌드갈라 이론에 관해서는 L. Priestley(1999, 6)를 참조하시오.

13 『대비바사론』(『대정장』 27, 55a): 謂或有執補特伽羅. 自體實有. 如犢子部. 彼作是說. 我許有我.可能憶念本所作事. 先自領納今自憶故: 독자부의 지파(支派)들의 근본적인 주장으로 비즉온리온(非卽蘊離蘊)을 들고 있다.
『이부종륜론』(『대정장』 49, 16c): 有犢子部本宗同義. 謂補特伽羅非即蘊離蘊. 依蘊處界假施設名. 諸行有暫住. 亦有刹那滅. 諸法若離補特伽羅. 無從前世轉至後世. 依補特伽羅可說有移轉.

이명요론(律二十二明了論)』이 있다.[14] 이 문헌들은 정량부의 근본교리인 뿌드갈라와 그 반론들에 대한 다양한 입장을 소개하고 있다. 『입중론』에는 독자부와 정량부의 관계를 분명히 밝히고 있지 않지만 정량부가 보유한 부파의 계보에는 독자부의 하위에 정량부가 위치한다.[15]

「현전지」 제126-141게는 자아와 오온이 같다라는 정량부의 주장에 대한 비판으로 구성되어 있다. 짠드라끼르띠는 표면적으로 자아와 오온의 동일성을 주장하는 정량부를 비판하지만 오온과 자아가 동일한지 상이한지를 결정할 수 없다고 주장하는 독자부의 입장도 비판한다.[16] 정량부의 뿌드갈라 이론에 대한 비판은 「현전지」 제124게에서 자아와 오온의 동일성 논의로 시작한다.

> 그렇기에 (오)온과는 다른 자아는 결코 있을 수 없다.(「현전지」 제124게 a)[17]

「현전지」 제124게의 자주에서 짠드라끼르띠는 『중론』 「관사견품(觀邪見

14 『삼미저부론』(『대정장』 32, no. 1649); 『율이십이명요론』(『대정장』 24, no. 2642)

15 에띠엔 라모뜨(2006: 210)

16 히라가와 아키라(1989: 148-50): 부파불교 초기에는 설일체유부가 강성했지만 점차 정량부가 강대해진다; 『대당서역기(大唐西域記)』(『대정장』 51)에 대한 번역은 권덕주(1983) 참조: 626년 중국을 출발하여 인도를 여행한 현장의 『대당서역기』에는 7세기 인도불교의 상황이 상세하게 묘사되어 있다. 7세기 전반에는 소승교단이 압도적으로 우세했으며, 그중에서도 정량부와 설일체유부가 강력했다는 기록과 일치하고 있기 때문이다; 『남해기귀내법전(南海奇歸內法傳)』(『대정장』 54)에 대한 번역은 백명성(1998) 참조: 671년 인도에 간 의정(義淨: 635-712)의 『남해기귀내법전』에 따르면 소승 부파는 대중부(大衆部, Mahā-sāṃghika), 상좌부(上座部, Thera-vāda), 근본설일체유부(根本說一切有部, Mūlasarvāstivādin), 정량부의 근본 4부가 주를 이루고 있다. 현장과 의정이 묘사하고 있는 그 당시의 인도 부파불교의 모습과 『입중론』의 비판 대상이 일치하고 있다.

17 MAK(1912: 243, 12): des na phung po las gzhan bdag 'ga' med.

品)」 제7게와 「관법품(觀法品)」 제1게를 인용하여 자아와 오온의 동일성 논증에 대한 비판이 필요한 이유를 설명한다.[18] 또한 그는 정량부의 주장을 비판할 목적으로 자아를 수레와 그 부속품들 사이에 존재하는 것으로 설명하고 자아가 가설로만 존재한다는 것을 증명하려고 한다.

> 수레를 자신의 부속품들과 다른 것으로 인정하지 않는다.
> [부속품들과] 다른 것이 아닌 것도 아니다. 그것(부속품들)을 갖고 있는 것도 아니다.
> 부속품들에 [수레가] 있는 것도 아니고, 부속품들이 그것(수레)에 있는 것도 아니다.
> [수레는 부속품들의] 집합만도 아니고, [나타난] 형태(saṁsthāna)만도 아니다.(「현전지」 제151게)[19]

그리고 「현전지」 제151게를 수레와 그 부속품들 사이에 존재하는 '7가지 관계'로 정리하면 다음과 같다.

① 수레는 수레의 부속품들과 다른 것이 아니다.

---

18 MMK(1903: 577, 3-4):
"아가 취와 다른 것이라는 것은 합리적이지 않다. 만일 [취와] 다른 것이라면 [아는] 취 없이 파악되겠지만 [취 없이 아는] 파악되는 것이 아니다."
anyaḥ punar upādānād ātmā naivopapadyate/
gṛhyeta hy anupādāno yady anyo na ca gṛhyate//27-7//
MMK(1903: 341, 4):
"만일 제온과 [아가] 다른 것이라면 [그 아는] 온을 특성으로 하는 것이 아닐 것이다."
skandhebhyo 'nyo yadi bhaved bhaved askandhalakṣaṇaḥ//18-1 c-d//

19 MAK(1912: 271, 18-272, 2): shing rta rang yan lag las gzhan 'dod min, gzhan min ma yin de, ldan yang min zhing, yan lag la min yan lag dag der min, 'dus pa tsam min dbyibs min ji bzhin no.

② 수레는 부속품들과 다른 것이 아닌 것도 아니다.

③ 수레는 부속품들을 소유하고 있는 것도 아니다.

④ 수레는 부속품들에 속한 부속물이 아니다.

⑤ 수레는 부속품들을 담고 있는 것도 아니다.

⑥ 수레는 부속품들의 집합이 아니다.

⑦ 수레는 나타난 형태만이 아니다.

①②는 수레와 부속품들의 관계를 동일성과 비동일성의 입장에서 고찰하고, ③④⑤는 수레와 부속품들의 관계를 의지물(能依, āśrita)과 의지처(所依, āśraya)의 입장에서 고찰한다. ⑥⑦은 수레가 부속품들의 집합이나 나타난 형태만이 아니라는 입장이다. 이를 통해 짠드라끼르띠는 자아가 가설로만 존재한다고 주장한다.

「현전지」 제180-226게송까지는 16공성(空性)과 4공성에 관해 언급하고 있다. 공성분류에서의 언급은 대부분 『이만오천송반야경(二萬五千頌般若經: *Pañcaviṃśatisāhasrikā-prajñāpāramitāsūtra*)』의 16공성설을 인용하고 있다.[20] 보살 제7지에 해당하는 「원행지(遠行地)」에서는 방편바라밀(upāya-pāramitā)을, 보살 8지에 해당하는 「부동지(不動地)」에서는 서원바라밀(praṇidhāna-pāramitā)을, 보

20 『대품반야경』의 공성에 관한 논의는 Étienne Lamotte(2008: 93-105) 참조. 『입중론』에서는 16공성을 다음과 같이 소개한다. ① 내공(adhyātma-śūnyatā) ② 외공(bahirdhā-śūnyatā) ③ 내외공(adhyātmabahirdhā-śūnyatā) ④ 공공(śūnytā-śūnyatā) ⑤ 대공(mahā-śūnyatā) ⑥ 제일의공성(paramārtha-śūnyatā) ⑦ 유위공성(saṃskṛta-śūnyatā) ⑧ 무위공성(asaṃskṛta-śūnyatā) ⑨ 필경공성(atyanta-śūnyatā) ⑩ 무시무종의 공성(anavarāgra-śūnyatā) ⑪ 무산(無散)공성(anavakāra-śūnyatā) ⑫ 본질공성(prakṛti-śūnyatā) ⑬ 일체법의 공성(sarvadharma-śūnyatā) ⑭ 자상의 공성(svalakṣaṇa-ūnyatā) ⑮ 불가득공성(anupalambha-śūnyatā) ⑯ 비실체의 공성(abhāsvabhāva-śūnyatā)

살 9지에 해당하는 「선혜지(善慧地)」에서는 역바라밀(bala-pāramitā)을 그리고 보살 10지에 해당하는 「법운지(法雲地)」에서는 지바라밀(jñāna-pāramitā)과의 관계를 간략히 설명한다. 마지막 「불지(佛地)」는 총 56게로 구성되어 있으며 보살의 공덕과 붓다의 10력(daśabala)을 찬탄하는 두 품으로 되어 있다. 「불지」 제56게에서는 나가르주나의 공덕을 찬탄하는 회향문을 통해 『입중론』을 마무리한다.

2. 업상속 이론에 관한 논의

이 절에서 필자는 짠드라끼르띠가 비판의 표적으로 삼고 있는 업설과 업상속의 근거로서 이숙식에 주목할 것이다. 짠드라끼르띠는 이숙식으로서의 알라야식에 대해 유식학파가 업상속을 설명하기 위해 제시한 이론으로 보고, 무자성 공의 입장에서 비판한다. 그는 이숙식으로서의 알라야식을 비판하면서 인용근거를 제시하지 않지만, 「현전지」의 내용을 통해 바수반두 이후의 저작들이 주된 비판의 대상이라는 여러 정황을 확인할 수 있다. 구체적으로 말하면 첫째, 알라야식의 이숙(異熟)에 의한 업상속 이론이 바수반두의 『대승성업론(大乘成業論: *Karma-siddhi-prakaraṇa*)』과 『유식삼십송(唯識三十頌: *Triṃsikā*)』에서 나타나고 있는 점으로 미루어 바수반두(Vasubandhu, 世親: 400-480)의 저작이 이숙식으로서의 알라야식설의 문헌적 근거일 것으로 추정할 수 있다. 둘째, 짠드라끼르띠가 『유식삼십송』의 주석서를 알고 있었다면, 그가 직접 언급한 다르마팔라(Dharmapāla, 護法:

530~561)와 그 주석서가 유식사상 이해의 가장 강력한 전거가 된다는 것을 추정할 수 있다. 이상의 전제에 근거하여 필자는 「현전지」에 나타난 이숙식으로서의 알라야식에 관한 인용 근거를 추적할 것이다.

1) 업설과 알라야식설

유식학파는 업상속 이론을 설명하기 위해 이숙식을 제시하는데, 이숙식은 알라야식의 다른 이름이다. 이 업상속에 관한 사유는 인도 주류의 사상인 우파니샤드의 업에 관한 논의로부터 출발한다. 우파니샤드에서는 눈에 나타난 현상의 진위와 관계없이 그 현상들이 영원불변하는 실체에서 비롯된 것으로 간주한다. 그리고 우파니샤드에 대한 비판적 각성에서 태동한 자유사상가(śramaṇa)들은 회의주의적 태도를 견지함으로써 나타난 현상과 현상시키는 것 사이의 인과관계를 철저히 부정하거나 극단적인 결정론으로 변형시킨다.[21] 결국 우파니샤드와 자유사상가들의 업설은 발생의 근본 원인(作因)의 측면에서 신이 창조했다거나(창조설), 모든 것은 과거에 행한 업에 따라 결정된다거나(숙명론) 그리고 현상은 어떠한 원인이나 근거가 없이 발생한다는 주장(무인론)으로 구분할 수 있다.[22]

설일체유부가 주장하는 업의 작동 원리를 이해하기 위해서는 『구사론』의 '표업'(表業, vijñapti-karma)·'무표업'(無表業, avijñapti-karma) 개념을 이해할 필요가 있다. 이는 '득'(得, prāpti)·'비득'(非得, aprāpti)이라는 개념과 함께

---

21 R. 뿔리간들라(1991) 참조.

22 이중표(1991: 65-7) 참조.

신, 구, 의 삼업이 발현된 이후 그 결과를 맺기까지 필요한 업의 성립(業道) 조건들이다. 표업·무표업이 5위 75법 가운데 색법(色法)인 반면에 득·비득은 불상응행법(不相應行法)의 하나이다. 이러한 조건이 부가적으로 필요한 이유는 업이 윤리적으로 중요한 행동 또는 행위를 의미하기 때문인데, 업도를 설명하기 위해서다.[23] 아비다르마의 관점에서 구업과 신업이 한 찰라만 지속하는 속성상 표업의 특징을 가지며, 이는 행위가 종료된 순간 무표업의 상태가 된다.[24] 또한 득·비득 개념은 아비다르마 초기 논서에서 발견된다. 『대비바사론』은 『시설족론(施設足論: *Prajñapti-bhāṣya*)』을 인용하여 '득'과 '비득'을 정의한다. 『대비바사론』을 계승한 『구사론』에 따르면 '득'에는 아직 획득하지 않은 것, 앞서 상실한 것을 획득하는 것(pratilābha) 그리고 획득한 것을 상실하지 않도록 계속 확보하는 것(samanvāgama)이 있다. 곧 '득'이란 선·악·무기라는 행위자(kartṛ)의 도덕적 성향을 정신 현상도 물질 현상도 아닌 상태에서 '심상속'(心相續, cittasaṁtāna)과 연결시키고 유지시켜주는 제3의 원리이다.[25]

「현전지」 제39게의 자주에서 짠드라끼르띠는 행위가 끝난 후 과보를 받을 때까지 업이 어떤 식으로든 영향력이 유지·보존되어야 하기 때문에 어

---

23 Bruce C. Hall(1986: 7-23); 특히 표업에는 '요별'(vijñapti)의 의미가 담겨 있는데 『유식이십론(唯識二十論: *Viṃśatikākārikā*)』에서 심, 의 그리고 식과 동의어로 등장한다. 이는 유식무경의 논증의 일환으로 제시된 개념이다. 요별의 의미와 관련된 논의는 IV장 3절 '『십지경』과 『입능가경』에 의한 유심 해석과 유식 비판'에서 다룰 것이다.

24 K. L. Dhammajoti(2015: 489-90)

25 Collett Cox(1995: 79-93) 참조: 『아비달마품류족론(阿毘達磨品類足論: *Abhidharma-prakaraṇapāda-śāstra*)』이 득을 불상응의 한 예로 사용하고, 다른 논서들은 분명하게 prāpti, pratilābha, samanvāgama를 구별하지 않는다. 또한 『아비달마순정리론(阿毘達磨順正理論: *Abhidharma-Nyāyānusāra-śāstra*)』에서 pratilābha와 samanvāgama의 특별한 측면을 포함한 개념으로서 득을 정의하고 계승한다.

떤 논사들은 알라야식, '부실법'(不失法, avipraṇāśa-dharma), '득' 그리고 업의 습기(習氣, vāsanā)에 의해 훈습된 '심상속'이라는 개념을 주장한다고 본다.[26] 이러한 논의는 "행위가 종결된 업은 그 과보가 어떻게 생겨나는가?"라는 문답에서 시작된다.

왜냐하면 [업은] 본래적으로 소멸하지 않기 때문에
그런 까닭에 알라야식의 [존재를 인정하지] 않아도 이 [과보의 발생이] 가능하다.
어떤 이에게 업이 소멸하여 많은 시간이 흘렀더라도
[업에서] 과보가 반드시 발생함을 알아야 하기 때문이다.(「현전지」 제39게)[27]

'부실법'과 '심상속'에 대한 소개와 비판은 『중론』의 「관업품(觀業品)」에서 앞서 나타난다. 『중론』 「관업품」에 나타나고 있는 상속, 부실법 그리고 종자설 고찰과 「현전지」 제39게의 알라야식 비판과의 차이는 「관업품」에 나타나는 개념들에 알라야식을 추가하고, 이를 집중적으로 비판하고 있다는 점이다.

'부실법'의 개념은 차용증서와 유사하기 때문에 채무를 갚고 나면 사라진다고 할 수 있다. 이는 정량부(Sāmmitīya)가 행위의 인과 상속의 문제를 해결하기 위해 제시한 것이다. 행위를 주관하는 의식이 설사 단절되더라도,

---

26 MABh(1912: 126, 11-14): 'gags zin pa'i las kyi nus pa bzhag par bya ba'i phyir kun gzhi'i rnam par shes pa'am, bu lon gyi dbang rgya dang 'dra ba'i chos gzhan chud mi za ba'am, thos pa'am, las kyi bag chags kyis bsgos pa'i rnam par shes pa'i rgyun rtogs par byed do.

27 MAK(1912: 126, 5-8): gang phyir rang bzhin gyis de mi 'gag pa, de phyir kun gzhi med kyang 'di nus phyir, la lar las 'gags yun ring lon las kyang, 'bras bu yang dag 'byung bar rig par gyis.

심법(心法)과 다른 법인 '부실법'은 행위 주체에게 좋거나 좋지 않은 결과를 얻게 하는 원리로 작용한다.[28]

『구사론』에 따르면 업상속은 선행된 행위에 의해 발생한 종자(bīja)가 '심상속'의 특수한 전변 과정을 통해 그 결과를 발생(상속·전변·차별, saṃtatipariṇāmaviśeṣa)시킨다는 방식으로 설명된다. 즉 이 개념에 따르면 종자는 선행된 원인에 따라 결과를 낳게 될 때까지 '심상속'을 통해 유지되며, 그 변화의 최종단계에서 결과를 발생시키는 것이다.[29] 비록 경량부(Sautrāntika, 經量部)가 독자적인 삼장(三藏, Tripiṭaka)을 갖고 있지 않았고 『구사론』 이전의 문헌에서 확인되고 있지 않지만, 박창환에 따르면 바수반두의 종자와 상속전변차별 개념은 비유사(Dārṣṭāntika, 譬喩師)/경량부의 bījaphala 모델을 확대한 것으로 이해된다.[30]

쫑카빠는 「현전지」 제39게에 대한 주석을 통해 선·불선의 업보나 낙·고 등의 과보가 발생하는 것에 대한 각 학파의 주장을 설명한다. 그에 따르면 알라야식은 유식사상, '부실법'은 비바사사(Vaibhāṣika), '득'은 비바사사 가운데 한 부류의 주장 그리고 '심상속'은 경량부와 카시미르 비바사사의 주장이다.[31]

---

28 Ulrich Timme Kragh(2006: 267) 참조.

29 Changhwan Park(2012: 246-51) 참조.

30 Changhwan Park(2012: 34-42) 참조.

31 dGongrab(2004: 278):
"이 첫 번째(알라야식)는 어떤 부류의 유식론자이다. 두 번째(부실법)는 비바사사라고 아발로끼따브라따(Avalokitavrata)에 의해 해석되어 있다. [이들은] 카시미르 비바사사와는 다르다. 세 번째(득)는 또한 비바사사의 가운데 일부의 주장이다. 네 번째 [심상속을 주장하는 자들은] 분명하지 않지만, 『아비달마구사론』의 제9장을 참조하면 경량부와 카시미르 비바사사의 주장이라고 한다. 카시미르 [비바사사]는 '득'을 승인하지만, 소득의 법은 두 가지 업에 의해 짠드라끼르띠는 '부실법', '득법', '심상속'처럼 유식학파의 알라야식도 업을 설명하는 인과 법칙의 이론적 근거라고 본다. 그는 "행위가 끝나고 오랜 시간이 지나서도 마땅히 과보가 발생하는 것을 알아야 한다."라는 주장을 통해 알라야식이 존재하지 않더라도 행위와 그 결과 사이에 인과관계가 성립한다고 주장한다. 이와 같은 비판의 논리는 나가르주나의 『중론』에 이미 나타난다. 실제로 짠드라끼르띠는 제39게의 자주에 알라야식 등의 이론이 필요 없다는 것을 비판하기 위해 『중론』「관업품」 제21게를 인용한다.

> 무엇 때문에 업은 생겨나지 않을까? 그것은 자성이 없기 때문이다. 그것은 발생하지 않기 때문에 소멸하지도 않는다.(『중론』「관업품」 제21게)[32]

짠드라끼르띠는 『중론』에 근거해서 자성이라는 실체성을 결여한 행위들에 대해 그것들의 발생과 소멸이 불가능하다고 주장한다. 그리고 그는 무자성이라는 관점에서만 행위와 그 결과 사이의 인과관계를 설명할 수 있다고 본다. 따라서 그는 이숙식으로서의 알라야식을 상정하는 것이 불필

얻어지는 것이라고 주장하지 않는다."
de'i dang po ni sems tsam pa 'ga' zhig go, gnyis pa ni bye brag tu smra ba yin par spyan ras gzigs brtul zhugs kyis bshad de, kha che bye brag tu smra ba las gzhan pa zhig go, gsum pa yang bye brag tu smra ba'i nang tshan gcig go, bzhi pa la gsal kha ma byung yang mdzod 'grel gyi gnas dgu pa dang bstun na mdo sde pa dang kha che bye brag tu smra ba'i yang 'dod pa yin pa 'dra'o, kha che bas thob pa khas len kyang 'thob bya'i chos las gnyis kyis thob pa skyed par mi 'dod la.

32 MABh(1912: 126, 19-127, 2): gang phyir las ni skye ba med, 'di ltar rang bzhin med de'i phyir, gang phyir de ni ma skyes pa, de phyir chud zar mi 'gyur ro.
MMK(1903: 323, 16-324, 4):
"업은 생기는 것이 아니다. 왜냐하면 자성이 없기 때문이다. 그것은 발생하지 않기 때문에 소멸하지도 않는다."
karma notpadyate kasmān niḥsvabhāvaṃ yatas tataḥ/
yasmāc ca tad anutpannaṃ na tasmād vipraṇaśyati//17-21//

요하다고 주장하는 것이다.

짠드라끼르띠의 논리는 『중론』에서 나가르주나가 보여준 대로 업상속의 문제에 있어서도 무자성의 입장에 근거한다. 따라서 그는 유식학파의 알라야식에 대해 업상속 이론을 설명하기 위해 제시된 이론으로 이해하고 무자성의 입장에서 비판한다. 그렇다면 짠드라끼르띠는 이숙식으로서의 알라야식을 어떤 유식논서를 통해서 알게 되었을까? 이제 이숙식으로서의 알라야식과 그 문헌적 근거를 살펴볼 것이다.

2) 이숙식으로서의 알라야식

짠드라끼르띠는 『입중론』에서 유식사상을 소개하고 있지만 유식논서를 직접 인용하지는 않는다. 하지만 그의 다른 저작인 『명구론』, 『공칠십론주』 그리고 『사백론광주』에서 유식학파가 소개되고 있기 때문에 이를 참조할 수 있을 것이다. 필자는 제시한 짠드라끼르띠의 저작을 소개하고, 이를 통해 알라야식 비판의 문헌적 근거를 드러낼 것이다.

『명구론』「관열반품(觀涅槃品)」에서는 존재현상에 대해서 유견, 무견 그리고 유·무견의 세 부류로 나누어 각각의 입장들을 소개한다. 「관열반품」에 따르면 유식학파는 변계소집성의 존재성을 부정하고 의타기성과 원성실성의 존재성을 승인하기 때문에 유·무견자로 간주된다.[33] 『사백론광주』

---

33 MMK(1903: 523, 9-13):
"'존재한다(유)'라고 말하면서 존재가 실유한다는 분별을 가진 자들에게는 미맘사도(jaiminīya), 바이쉐시까(食米齋徒, kāṇāda), 상키야(kāpilā)부터 설일체유부에 이르기까지 [여러 학파가 있다]. 한편 '비존재한다(무)'라고 분별하는 허무론자들이 있다. 결국 그들에게는 악취에 떨어지는 결과가 있다. 그들과는 다른 사람들은 과거와 미래에 속하는 것과, 또한 표상과 상응하

「파시품(破時品)」 제15게에서는 미래(未來) 실유론에 대한 비판에서 유식학파를 간략히 언급하고 있다. 「파시품」에 따르면 유식학파는 경량부와 함께 인중무과(因中無果)의 입장에 속한다.[34] 『공칠십론주』 제2게에서는 '자아(我)는 존재하지 않는다'라는 문제를 둘러싸고, 유식학파와의 논의가 보인다.[35] 그러나 『명구론』, 『공칠십론주』, 『사백론광주』에서는 유식학파를 간략하게 언급하고 있기 때문에 충분한 정보를 얻을 수 없다. 이외에 문헌적 근거를 확인하는 것에 활용할 수 있는 또 다른 단서는 짠드라끼르띠가 『입중론』 「불지」에서 언급하고 있는 유식논사들의 실명이다.

> "만일 장로 바수반두, 디그나가, 다르마팔라 등 논서의 작가들, 그들도 문자만을 듣고 두려워하여 연기의 의미를 전도되지 않게 설명하는 것을 포기한 것인가?"라고 하면 그러하다.(『입중론』 「불지」 제56게 자주)[36]

지 않는 행들은 비존재라고 하는 자인데, 그것과 다른 것들이 존재한다고 주장하는 자이다. (또한) 변계소집성이 존재하지 않는다고 주장하고 의타기성과 원성실성이 존재한다고 주장하는 자이다. 이와 같이 존재와 비존재(유·무)를 주장하고 이와 같이 행동하는 자들에게 괴로움인 윤회가 소멸하지 않는다."
astīti bhāvasadbhāvakalpanāvatāṁ jaiminīyakāṇādakāpilādīnāṁ vaibhāṣikaparyantānām/ nāstīti ca kalpanāvatāṁ nāstikānām apāyagatiniṣṭhānām/ tadanyeṣāṁ ca atītānāgatasaṁsthānāṁ vijñaptiviprayukta saṁskārāṇāṁ nāstivādinam tadanyad astivādinām/ parikalpitasvabhāvasya nāstivādinām paratantrapariniṣpannasvabhāvayor astivādinām evam astināstivadinām evaṁ caratāṁ na duḥkhaṁ saṁsāraḥ śāmyatīti//

34 小川一乘(2004: 271-72) 참조.

35 岸根敏幸(1996): 이 논의에 대해 기시네는 다음과 같이 요약하고 있다. ① '자아'를 단순한 명칭으로서 평가하는 것에 대한 유식논사의 비판 및 거기에 대한 짠드라끼르띠의 반론 ② 외계 비실재론비판 ③ 의타기자성에 대한 비판 등이다.

36 MABh(1912: 407, 14-18): gal te gnas brtan dbyig gnyen dang, phyogs kyi glang po dang, chos skyong la sogs pa bstan bcos rnams kyi mdzad pa po byon zin par gyur pa de dag gis kyang yi ge tsam thos pas 'jigs te, rten cing 'brel par 'byung ba'i don phyin ci ma log par ston pa 'di yongs su spangs sam zhe na, de skad du smra'o.

짠드라끼르띠는 이론적 논거에 의한 비판에서 바수반두의 『유식이십론(唯識二十論: *Viṃśatikākārikā*)』과 디그나가(Dignāga 陳那: 480–540CE)의 『집량론(集量論: *Pramāṇasamuccaya*)』을 인용한 것으로 보인다. 그는 「불지」에서 바수반두, 디그나가, 다르마팔라 세 명의 유식논사를 언급하고 있으며, 이는 「현전지」에서 인용하고 있는 유식학파의 주요 논서들이 바수반두와 디그나가의 저작들로 추정되는 정황과 일치하기 때문이다.

짠드라끼르띠 활동시기의 인도 날란다(Nalanda)사는 유식학파가 주류가 되어 많은 유식논사들이 활동하던 시기이다.[37] 그리고 오온과 자아의 동일성 논증에 나타나듯이 현장(玄奘: 602-664)의 『대당서역기(大唐西域記)』와 의정(義淨: 635-712)의 『남해기귀내법전(南海奇歸內法傳)』에서 묘사하고 있는 인도 당시의 부파불교의 모습과 『입중론』의 비판 대상이 일치하고 있다. 이러한 정황을 고려한다면 「현전지」는 유식학파 중 주류의 사상 체계를 비판한 것으로 판단해야 할 것이다. 또한 짠드라끼르띠가 제시한 이숙식으로서의 알라야식의 문헌적 근거를 단일한 유식논서로 추정하기보다 이숙식으로서의 알라야식이 사상사적으로 완성된 논서로 파악해야 할 것이다. 이러한 결론에 따르면 짠드라끼르띠의 주장에 대한 문헌적 근거를 찾는 일은 유식학파의 사상적 체계와 그 완성을 확인하는 작업이 될 것이다.

이숙식은 아상가(Asanga, 無着: 300-390)의 『섭대승론(攝大乘論: *Mahāyānasaṃgraha*)』

37 현장(玄奘)이 인도를 방문할 당시에는 굽타 왕조가의 붕괴된 후 북인도에 잠시 분열시대가 계속되는데, 7세기 초에 하르샤 바르다나(Harsa－vardhana: 재위 606-647)왕이 나와서 북인도를 다시 통일했다; 권덕주(1983: 273): 현장은 날란다사의 학자로서 다르마팔라, 짠드라굽따(Candragupta, 護月)의 덕을 찬탄하고 있고, 10대 논사 가운데 구나마띠(Guṇamati, 德慧: 490년경), 비쉐샤미뜨라(Viśeṣamitra, 勝友), 지나뿌뜨라(Jinaputra, 最勝子), 쉴라바드라(Śilabhadra, 戒賢: 529-645) 등을 열거하고 있다.

에서 충분히 검토한 것으로 보인다. 아상가는 『현양성교론』, 『섭대승론』 그리고 『대승아비달마집론』에 이르러 알라야식의 개념에 대한 체계를 세우기 때문이다. 아상가와 알라야식에 대해 부연하자면 그의 저술로는 『섭대승론』 이외에 『현양성교론(顯揚聖教論: *Ārya-deśanā-vikhyapāna*)』, 『대승아비달마집론(大乘阿毗達磨雜集: *Abhidharma-sammucaya*)』 등이 있으며, 이외에 『금강반야경(金剛般若經: *Vajracchedikā-prajñāpāramitā-sūtra*)』, 『해심밀경』 등의 주석이 있다. 알라야식은 『해심밀경』에 그 이름이 등장하고, 『유가사지론(瑜伽師地論), *Yogācārabhūmi*』의 여러 곳, 특히 「섭결택분」에 상세한 고찰이 보이지만, 그 외 마이뜨레야(Maitreya: 彌勒) 저술에 속하는 『대승장엄경론』, 『중변분변론』의 본 송에는 전혀 그 이름이 보이지 않는다. 『법법성분별론(法法性分別論: *Dharmadharmtā-vibhāga*)』는 그 내용의 유사성에도 불구하고 알라야식을 단순히 '심'(心) 등으로 부르고 있다.[38]

『섭대승론』에서 나타나는 알라야식설의 특색은 알라야식과 세계존재의 근저(根底)를 명확하게 동일시한 점이다. 또 다른 특징은 알라야식의 존재를 반드시 전제하고 계기적인 발생 개념에 의거한 12지 연기 개념의 틀 내에서 개체 또는 오온의 변화 과정을 묘사하는 것이다. 예컨대 『섭대승론』

38 長尾雅人(1982: 12-3): 마이트레야 오론은 어떤 것도 개성적이며, 한 사람의 손에서 완성된 것으로 생각되는 것과 같은 일관성이나 조직성이 인정된다. 그러나 오론을 상호 비교해보면 형식이 이질적이고, 입장이 상이하다. 한역전승에서는 『유가사지론』, 『대승장엄경론(大乘藏嚴經論: *Mahāyānasūtrālaṃkāra*)』, 『중변분별론(中邊分別論: *Madhyanatavibhaga-bhāsya*)』, 『분별유가론』, 『금강반야경론(金剛般若經論: *Vajracchedikā-prajñāpāramitopadeśa*)』으로 모두가 유가행파에 속하는 것이다. 티베트전승에서는 『대승장엄경론』, 『중변분별론』, 『법법성분별론』과 유가행파의 사상과는 다소 먼 『현관장엄론(現觀莊嚴論: *Abhisamayâlaṃkāra-śāstra*)』, 『구경일승보성론(究竟一乘寶性論: *Ratnagotravibhāga-mahāyānanottaratantra-śāstra*)』(이하 『보성론』)이 포함되어 있다. 유가행파적인 『중변분별론』, 『대승장엄경론』 혹은 『법법성분별론』도 서로 간의 입장이 상이하고 체계가 다른 것이다.

은 무명을 번뇌로 물든 오온으로, 행(saṃskāra)을 업 형성의 주체로서의 오온이라고 정의한다. 『섭대승론』의 해석은 행이 태어날 존재의 상태(gati)를 결정하여 결생(結生)의 식이 있게 된다는 것이다.[39] 이는 오온 상속의 근저에 알라야식의 존재가 상정되지 않고 찰나 생멸하는 오온의 상속만이 인정된다면 12지 연기의 삼세양중(三世兩重)인과가 성립할 수 없다는 유식학파의 입장을 드러낸다.

> [알라야식이 없다면] 업잡염(karmasaṃkleśa)이 발생한다는 것이 왜 타당하지 않는가? 12연기에서 행을 조건으로 하는 식이 있다는 것이 타당하지 않기 때문이다. 그것(알라야식)이 없다면 취를 조건으로 하는 유가 있다는 것도 타당하지 않기 때문이다.(『섭대승론』 「소지의분」)[40]

『섭대승론』 「소지의분」에서 아상가는 이상의 전제에 바탕해야만 존재로서의 오온(有)이 성립될 수밖에 없다고 주장한다.[41] 그는 개체 또는 오온의 변화 상속 과정을 설명하기 위해 제시한 12지 연기설에서 한 찰나 전에 발생한 표층의식으로서의 전6식만으로는 다음 찰나에 발생하는 마음의 심

---

39 長尾雅人(1982: 189-90): 분위(分位)연기설을 정설로 받아들인 설일체유부는 12연기설이 오온의 두드러진 상태에 근거하여 각 지분의 명칭이 설정되었다고 생각한다. 이 12지 연기에 있어서 무명과 행은 과거 2인으로서 식, 명색, 6처, 촉, 수는 현재 5과가 된다. 다시 애, 취, 유는 현재 3인으로서 미래 생, 노사라는 결과를 낳는다. 『섭대승론』에서 제기하고 있는 문제는 번뇌 잡염으로서 무명, 업잡염으로서 행 그리고 행이 취를 결정하여 결생의 식이 있게 된다. 이 관계는 애, 취가 다시 번뇌 잡염이며, 유는 행과 같이 업잡염이 되어 미래의 존재의 탄생에까지 적용된다.

40 MS(1982: 36 I. 33): las kyi kun nas nyon mongs pa ji ltar mi rung zhe na, 'du byed kyi rkyen gyis rnam par shes pa mi rung ba'i phyir ro, de med na len pa'i rkyen gyis srid pa yang mi rung ba'i phyir ro.

41 長尾雅人(1982: 188-99) 참조.

리적 토대(所依根, āśraya)를 구성할 수 없다는 논리에 근거하여 알라야식의 존재를 요청한다.

> 요약하면 알라야식의 본질은 모든 종자를 가진 이숙식인데, 거기(알라야식)에 3계에 [속하는] 모든 개체와 모든 생존형태가 포함된다.(『섭대승론』「소지의분」)[42]

『섭대승론』에서 아상가는 알라야식에 이숙과 일체종자의 역할을 부여한다. 그는 8식설의 개념을 충분히 설명하지 않지만 표층의식인 전6식이 심층의식인 알라야식에 업 작용의 효과를 인상(印象)의 형태로 남기는 것을 훈습으로 정의한다. 훈습된 습기가 곧 바로 종자가 되어 새로운 생을 이끄는 것이 알라야식의 기능이다. 즉 알라야식은 이숙식(異熟識, vipāka-vijñāna)이며, 일체종자식(一切種子識, sarvabījaka)이다.[43]

아상가 이후 바수반두는 『구사론』, 『대승성업론』, 『유식이십론』 그리고 『유식삼십송』의 순서로 유식학설을 정립했으며, 이를 통해 유식학의 토대를 갖추었다.[44] 바수반두는 알라야식, 이숙, 일체종자라는 용어를 사용하는데 이것이 『유식삼십송』에서 식전변설(vijñānapariṇāma)에 의해 종합된다.

---

42 MS(1982: 28 I. 21): mdor bsdu na kun gzhi rnam par shes pa'i ngo bo nyid ni rnam par smin pa'i rnam par shes pa sa bon thams cad pa ste, des khams gsum pa'i lus thams cad dang, 'gro ba thams cad bsdus so.

43 長尾雅人(1982: 20-1) 참조.

44 Changhwan Park(2012: 9-11) 참조.

갖가지 자아와 현상세계(法)에 대한 가설은 실로 식의 전변의 과정에서 일어난다. 그리고 그 전변의 과정은 세 가지이다.

이숙과 사량과 대상에 대한 인식이다. 이 중에 이숙이란 알라야라고 부르는 식으로서 일체종자를 가진 것이다.(『유식삼십송』)[45]

지금까지 본 바와 같이 알라야식, 이숙 그리고 일체종자라는 개념이 바수반두의 식전변설을 통해 완성되는 것을 알 수 있다. 알라야식, 이숙 그리고 일체종자를 제시하는 바수반두의 저작은 『대승성업론』[46]과 『유식삼십송』이다. 여기에 바수반두는 『섭대승론』을 주석하면서 알라야식에 이숙과 일체종자의 역할을 부여한다는 것을 확인하고 있다.[47] 또한 그는 『대승성업론』에서 멸진정(nirodhasamāpatti)과 같은 무의식의 상태에서 일어나는 심상

---

45 Triṁ(1925: 13):
ātmadharmopacāro hi vividho yaḥ pravartate/
vijñānapariṇāmo'sau/ pariṇāmaḥ sa ca tridhā //1//
vipāko mananākhyaś ca vijñaptir viṣayasya ca/
tatrālayākhyaṃ vijñānaṃ vipākaḥ sarvabījakam//2//

46 『대승성업론』(『대정장』 31, 784c):
"신체를 유지하기 때문에 아다나식이라 한다. 일체법의 종자를 담아 놓는 곳간(장)에 비유되므로 알라야식이라고도 한다. 과거생의 업과 때를 달리하여 성숙한 것이기 때문에 비파카식(異熟識)이라 한다."
能續後有能執持身故. 說此名阿陀那識. 攝藏一切諸法種子故. 復說名阿賴耶識. 前生所引業異熟故. 即此亦名異熟果識.

47 『섭대승론』(『대정장』 31, 135a):
"또한 간략히 말하면 아뢰야식은 이숙식의 모든 종자를 사용해서 그 자체의 성품으로 삼고, 능히 삼계의 모든 것의 자체와 모든 윤회세계 등을 포섭한다.
又若略說阿賴耶識用異熟識. 一切種子為其自性. 能攝三界一切自體一切趣等;
『섭대승론석』(『대정장』 31, 329a):
"'아뢰야식은 이숙식의 모든 종자를 사용해서 그 자체의 성품으로 삼는다'는 것은 자체가 다른 부류로서 성숙하기 때문이고, 모든 법의 종자는 그 안에서 훈습하여 존재하기 때문이다. '모든 윤회세계 등'은 오취(五趣) 등을 말한다. '모든 것의 자체'는 윤회세계 가운데의 같거나 다른 갖가지 차이를 말한다."
釋曰. 阿賴耶識用異熟識一切種子為自性者. 謂得自體異類熟故. 諸法種子熏在中故. 一切趣等者. 謂五趣等. 一切自體者. 謂趣趣中同分異分種種差別.

속의 단절을 해결하기 위해 알라야식 이론을 도입한다.[48] 따라서 세 편의 유식 논서가 이숙식으로서의 알라야식의 문헌적 근거라고 할 수 있을 것이다.

그러나 짠드라끼르띠는 「현전지」에 나타나는 알라야식설을 유식성으로서의 알라야식, 즉 바깥 대상을 인정하지 않는 외계 비실재론으로 파악하여 비판하지만, 『대승성업론』의 단계에서는 여전히 외계 대상을 인정한다. 또한 그는 『섭대승론』과 『대승성업론』에 나타나는 알라야식의 존재 논증의 일환으로서 멸진정과 그에 관한 심연속의 문제를 비판의 대상으로 삼지 않는다.[49] 오히려 그는 자증분을 유식의 존재를 논증하기 위한 이론으로 파악하여 비판한다. 특히 「현전지」는 『유식삼십송』과 『섭대승론』에 대한 바수반두 주석에서 보여주는 이숙식으로서의 알라야식에 대한 비판을 주로 진행한다고 볼 수 있다.

이는 『입중론』에 대한 주석문헌과 현대 연구자들에 의해 지지된다. 「현전지」 제81게의 주석에서 "그대(유식논사)가 자립해서 존재하는, 자신의 교의에서 의타기의 자성은 성지(聖智)에 의해서 이해되는 바라고 말한다."[50] 라는 내용을 쫑카빠는 『의취선명』에서 『유식삽심송』 제22게의 인용이라

48 Étienne Lamotte(1936: 34-5) 참조.

49 짠드라끼르띠는 『대승성업론』을 『중론』 「관업품」에서 반론사의 주장으로 직접 인용하고 있지만, 그 인용은 알라야식과 관련된 내용이 아니다.
MMK(1903: 323, 19-324, 2):
"만일 이와 같이 업이 자성이 없기 때문에 발생하지 않는다면 왜 세존께서 다음과 같이 말씀하셨는가? '몸을 지닌 자들의 업들은 수백 겁이 지나도 소실되지 않는다. 만나는 때를 만나서 과보는 발생한다.'"
yadi khalv evaṁ niḥsvabhāvatvāt karma notpadyate/ tat katham eva muktaṁ bhagavatā//
na praṇaśyanti karmāṇi kalpakoṭiśatair api/ sāmagrīṁ prāpya kālaṁ ca phalanti khalu dehinām//
『대승성업론』(『대정장』 31, 783a): 若爾世尊何故自說. 業雖經百劫. 而終無失壞 遇眾緣合時. 要當酬彼果.

50 MABh[1912: 179, 11-13]: ji ltar khyod kyis rang dbang du gnas nas, rang gi gzhung lugs kyis gzhan gyi dbang gi ngo bo 'phags pa'i ye shes kyis thugs su chud par bya ba zhig smra ba.

고 설명한다.[51] 쫑카빠는 부연 설명을 하고 있지 않지만, 나가오는 『유식삼십송』 제22게를 원성이 깨달아지지 않고서는 의타기성도 드러나지 않는다고 해석한다. 이를 『섭대승론』「입소지상분(入所知相分)」에 나오고 있는 '사승마'(蛇繩麻)의 비유를 통해 이해하자면 새끼줄의 자각은 반드시 원성실의 자각에서 유래한다는 의미이다.[52] 나가오의 해석을 통해서 쫑카빠의 주석은 정확히 분석된 것으로 판단된다. 따라서 식전변을 통해 유식설을 사상사적으로 완성시킨 『유식삼십송』을 짠드라끼르띠가 제시한 이숙식으로서의 알라야식의 문헌적 전거로 볼 근거가 충분하다고 할 수 있을 것이다. 이상에서 고찰한 이숙식으로서의 알라야식설에 관한 『입중론』의 논의는 III장 2절 '업상속 이론으로서의 이숙식 비판'에서 자세히 다룰 것이다.

3. 외계 비실재론에 관한 논의

짠드라끼르띠는 『입중론(소)』, 『명구론』, 『공칠십론주(*Śūnyatāsaptativrtti*)』 그리고 『사백론광주(*Bodhisattvayogācāracatuḥstavaṭika*)』의 논서에서 유식논사를 vijñāna-vādin 또는 vijñapti-vādin이라는 호칭으로 부르고 있다. vijñāna-vādin과 vijñapti-vādin은 '식론(識論)을 주장하는 자'라는 의미를 갖는다.[53] 또한 『육

---

51 dGongrab[2004: 375]; Triṁ[1925: 14]:
"그러므로 그것은 타에 의존하는 것과 다르지도 같지도 않다. 그것은 무상성 따위와 같다고 말해진다. 이것(원성실성)이 보이지 않을 때 저것(의타기성)도 보이지 않는다."
ata eva sa naivānyo nānanyaḥ paratantrataḥ/
anityatādivad vācyo nādṛṣṭe'smin sa dṛśyate//22//

52 나가오 가진(2006: 246)

십송여리론주(*Yuktiṣāṣṭikakārikā*)』에서는 vijñāna-mātra-vādin으로 호칭한다.[54] 기시네는 짠드라끼르띠가 요가수행(yogācāra)을 유식학파 특유의 것으로 생각하지 않았으며, 유식학파를 인식론을 전개하는 일파로 생각했을 것이라고 추정한다. 이는 조나단 실크(Jonathan Silk)의 yogācārabhikṣu에 대한 고찰을 통해서 지지될 수 있다. 그에 따르면 yogācārabhikṣu라는 명칭은 주류불교에서부터 초기 대승문헌과 불교 논서에 이르기까지 폭 넓게 사용된다. 즉 yogācāra는 불교수행자를 지칭하는 범불교적인 명칭이라고 할 수 있다.[55] 이러한 사실은 짠드라끼르띠의 비판이 불교 학파에 관한 것이라기보다 특수한 인식론으로서 유식 이론에 대한 것이라는 사실을 뒷받침한다고 할 수 있을 것이다.

「현전지」 제45-47게의 유식사상은 다음과 같이 요약된다. 그것은 ① 6지 보살의 깨달음에서 확인된 유식성, ② 현상의 발생근거로서의 일체종자식인 알라야식, ③ 의타기성의 정의이다. ①은 6지 보살의 깨달음을 근거로 외계 대상의 비실재, 즉 인식의 실재만을 주장하는 근거이다. ②는 현상세계의 현현은 일체종자식으로서의 알라야식에 의거한다는 유식학파의 설명이다. ③은 염오·청정이라는 두 가지 사태의 근거인 의타기성이 곧 알라야식이라는 정의이다.

---

53 vijñāna-vāda라는 명칭은 이 학파가 식(vijñāna)을 자세히 고찰하고 있기 때문에 붙여진 이름이다. 동시에 그들은 유가행(yogācāra)의 실천자라는 것을 표방한다. 그 두 가지의 의미를 합친 이 학파의 일반적인 명칭이 유가행유식학파(yogācāra-vijñānavādin)이다. 이 글에서는 유가행유식학파를 유식학파로 호칭할 것이다.

54 岸根敏幸(1995: 271): 기시네는 짠드라끼르띠가 유가행유식학파의 유가행을 의미하는 yogācāra라고 호칭하지 않는 것에 대해, 유가사에 대한 긍정적인 의미를 부여한 것으로 보고 있다.

55 Jonathan Silk(2000: 265-306) 참조.

짠드라끼르띠는 「현전지」 제45-46게에서 유식학파의 외계 비실재론을 제시하고, 이를 제49-71게를 통해서 비판한다. 또한 「현전지」 제47게의 의타기성에 관한 정의는 제72-78게의 자증분설과 서로 상응한다. 따라서 그의 외계 실재론 비판을 보다 선명하게 하기 위해서는 제45-46게의 외계 비실재론으로서의 유식무경설과 인식 발생의 원리로서 공능설을 함께 이해할 필요가 있다. 그리고 필자는 이 장에서 외계 비실재론 비판에 나타나는 유식무경설과 공능설, 의타기성과 자증분설에 대한 문헌적 전거들을 제시할 것이다.

1) 유식무경설과 인식 발생의 원리로서 공능설

여기에서는 제45-46게에 나타나는 외계 비실재론으로서 유식무경설의 특징을 살펴봄으로써 짠드라끼르띠의 유식사상 이해 배경을 살펴보고자 한다. 이 과정에서 제45-46게에 나타나는 유식무경설의 문헌적 전거들이 자연스럽게 드러날 것이다. 먼저 제45게는 "유식논사들은 중관의 가르침을 인정하지 않고 자신의 주장만을 한다"면서 유식설을 소개한다.

> 인식대상(grāhya)이 존재하지 않으므로 인식주관(grāhaka)도 보지 못하여,
> [6지 보살은] 삼종의 세계(tribhava)가 '오직 식일'(vijñānamātra)뿐임을 알기때문에
> 반야에 머무르는 보살은
> [만법이] 오직 식일뿐임을 깨닫는다.(「현전지」 제45게)[56]

56 MAK(1912: 135, 17-136, 2): gzung ba med pas 'dzin pa ma mthong zhing, srid gsum rnam shes tsam du rab rtogs pas, shes rab la gnas byang chub sems dpa' des, rnam shes tsam du de nyid rtogs par 'gyur.

보살이란 현전지에 머무르는 이들이다. 그들은 실상을 전도되게 알지 않으며, [상분과 견분을 각각의 실체로] 증익(增益)하지 않고 [바르게 관찰하고] 이해한 그들은 진실을 깨닫는다. 따라서 오직 식만이 실상임을 깨달았다라고 언설로써 전한다. [외경으로] 색은 비존재라는 것에 의해서 심과 심소 또한 연기성임을 깨달았기 때문에 오직 식만이 실상임을 깨닫는다고 말하는 것이다. 보살은 오직 식만이 실상임을 어떻게 깨닫는가라고 물으면 '인식대상이 없으므로 인식주관을 보지 못하여, 삼종의 세계가 오직 식일 뿐임을 안다'라고 답한다. 따라서 이 보살은 이런 식으로 설명되어진 정리(正理)에 의해서 마음에 인식대상은 존재하지 않으므로 인식주관 역시 보지 못하고 삼종의 세계는 오직 식일뿐이라고 오랫동안 거듭해서 관찰하고 이러한 거듭된 관찰에 의해서 언설로 표현할 수 없는 실상 그 자체만을 자증하여 본다. 따라서 이 차제에 의해 식만이 실재임을 깨닫게 되는 것이다.(「현전지」 제45게 자주)[57]

Subhāṣitasaṃgraha, 18 (fol.23): Li Xuezhu (2014)
"반야에 머물고 유식성과 결합한 진실을 가지며 소취가 없이는 능취를 보지 않는 저 보살은 3유가 유식임을 이해한다."
prajñāvihārī sa hi bodhisattvo vijñānamātrapratibaddhatattvaḥ/
grāhyaṃ vinā grāhakatām apaśyad vijñānamātraṃ tribhavaṃ paraiti//

57 MABh(1912: 136, 5-137, 3). byang chub sems dpa' des zhes bya ba ni mngon du phyogs pa la rab tu gnas pa'o, gang gis de kho na nyid phyin ci ma log pa dang lhag par sgro ma btags par rtogs pa dang mthong ba dang khong du chud pa de ni de nyid rtogs pa ste, rnam par shes pa tsam du de kho na nyid rtogs par ' gyur zhes tshig rnam par sbyar ro, gzugs med pas sems dang sems las byung ba rnams kyang rten cing 'brel par 'byung ba'i dngos po tsam du rtogs pa'i phyir, rnam par shes pa tsam du de kho na nyid rtogs pa zhes bya'o, yang ji ltar 'dis rnam par shes pa tsam du de kho na nyid rtogs par 'gyur zhe na, de'i phyir 'di ltar, gzung ba med pas 'dzin pa ma mthong zhing, srid gsum rnam shes tsam du rab rtogs pas, zhes bya ba smras te, gang gi phyir byang chub sems dpa' 'dis 'chad par 'gyur ba'i rigs pas sems la gzung ba yod pa ma yin pa nyid kyis 'dzin pa nyid kyang ma mthong zhing, khams gsum po 'di ni rnam par shes pa tsam mo zhes yun ring por goms par byed la, de goms par byas pa las kyang brjod du med pa'i dngos po tsam zhig rang rig pas mthong ste, de'i phyir rim pa 'dis rnam par shes pa tsam du de kho na nyid rtogs par 'gyur ro.

제45게의 자주에 따르면 현전지에 머무는 보살들이 깨달은 바는 식만이 실상이며, 외경으로서의 색은 없다는 것이다. 인식대상이 비존재하기 때문에 현전지의 보살은 바른 이해력(正理)을 바탕으로 인식주관을 인식하지 않게 된다. 그 보살은 삼종의 세계(三界)가 오직 식일뿐임이라고 오랫동안 거듭되게 관찰한다. 이 거듭된 관찰에 의해 언설로 표현할 수 없는 실상 그 자체만을 스스로 자각하고, 오직 식만이 실재임을 깨닫게 되는 것이다.

제45게의 '삼계유식'(三界唯識)에 관한 구절은 유식 문헌인 『섭대승론』과 『유식이십론』에서 모두 확인된다. 『섭대승론』과 『유식이십론』은 '삼계유식'에 관한 구절을 『십지경』의 '삼계유심'(三界唯心)이라는 문구에서 가져와 유식학파의 경전적 전거로 삼은 것이다. 사실 『섭대승론』은 유식을 증명하기 위한 경전적 논거로 『십지경』의 "삼종의 세계(三界)가 오직 식일뿐" 구절을 인용하고 있지만, 실제로 인용된 구절에서는 '유식'(vijñaptimātra)이라는 용어 대신 '유심'(cittamātra)이라는 용어를 사용하고 있다.[58] 『입중론』에서 짠드라끼르띠는 유식학파의 주장을 소개하면서 구체적인 인용 출처를 밝히고 있지 않지만, 쫑카빠는 『의취선명』에서 『섭대승론』을 인용하여 유식학파의 사상을 소개하고 있다. 하지만 실제 『입중론』에서는 『섭대승론』에 대한 인용 흔적을 찾기는 어렵다.

오가와와 기시네의 검토에 따르면 바수반두의 『유식이십론』 제16게에 있는 "꿈 가운데 색 등의 외경이 없이도 외경의 지각이 생하는 것과 같이"라는 꿈의 비유와 『유식이십론』 제1게의 비문증의 비유가 「현전지」 제41게

58 金成哲(2016: 275)

와 제54게에서 유식학파의 이론적 전거로 인용된다고 한다.[59] 오가와와 기시네가 외계 비실재론의 문헌적 전거를 『유식이십론』에 한정하는 이유도 『입중론』이나 『명구론』에서 『섭대승론』에 관한 인용이나 언급이 나타나지 않기 때문이다. 따라서 『입중론』에서 인용하고 있는 '삼계유식'에 관한 구절은 『유식이십론』에서 가져와 유식학파의 경전적 전거로 삼은 것으로 보아야 할 것이다.

다음으로 제46게는 '대해(大海)와 파도의 비유'를 통해 유식논사의 알라야식설을 소개한다. 여기에 나타난 알라야식은 "오직 식일뿐(唯識性, vijñānamātratā)이고 외계 대상이 존재하지 않는다면 외계 대상의 형상(ākāra)을 가진 식이 어떻게 생겨나는가?"라는 질문에 답변으로 제시되는 것이다.[60]

> 예를 들면 바람이 불어 큰 바다에
> 파도가 일듯이,
> 일체의 종자(sarvabīja)인 '알라야'로부터
> 자신의 공능(功能, svaśakti)에 의해 유식이 발생한다.(「현전지」 제46게)[61]

---

59 小川一乘(1988: 55-9); 岸根敏幸(1995: 77) 참조.

60 MABh(1912: 137, 11-138, 14): gal te 'di dag rnam par shes pa tsam nyid yin na, 'o na 'dir ji ltar phyi rol gyi don med par de'i rnam pa can gyi rnam par shes pa tsam skye bar 'gyur zhe na, smras pa.

61 MAK(1912: 137, 7-10): ji ltar rlung gis bskul bas rgya mtso ni, che las chu rlabs 'byung ba de bzhin du, kun gyi sa bon kun gzhi zhes bya las, rang gi nus pas rnam shes tsam zhig 'byung.
Subhāṣitasaṃgraha, 18 (fol.23): Li Xuezhu (2014)
"마치 바람이 불어 바다에서 파도가 일어나듯이 알라야라고 불리는 일체종자(식)으로부터 스스로의 능력으로 유식이 발생한다."
yathā taraṅgā mahato 'mburāśeḥ samīraṇapreraṇayodbhavanti/
tathālayākhyād api sarvabījād vijñānamātraṃ bhavati svaśakteḥ//

> 예를 들면, 대해의 파도가 의지하는 바닷물의 특정한 부분은 바람에 의해 동요되기 때문에 오직 바람이라는 조건을 만나서, 잠자는 것과 같은 파도에 부딪히면서 마치 [파도가] 스스로를 일으키는 것과 같이 [그 물결이] 퍼져가는 것이라고 이해하는 것이다. 마찬가지로 [이 알라야식의 문제에] 있어서도 식은 전전(展轉)상속하여서 무시이래로 이어져와 인식대상과 인식주관을 고집하는 습기(習氣)가 이숙하기 때문에 [그 식은] 스스로의 [힘]에 의해서 존재현상을 획득하면서 소멸한다. 따라서 알라야식에 존재하는 특정한 훈습이 스스로의 형상을 부여받은 다른 식을 일으키는 원인으로 작용하고, 계속해서 스스로의 힘으로 잘 성숙하기 위한 조건들을 만나서 이숙하는 것을 획득하게 된다. 그리고 그 특정한 훈습으로부터 청정하지 못한 의타기성이 생겨나게 되는데 바로 그것에 대해서 범부는 인식대상과 인식주관이라는 형상으로 분별하여 집착하지만 식과는 별개인 인식대상이란 결코 존재하지 않는다.(「현전지」 제46게의 자주)[62]

제46게와 이에 관한 자주는 유식학파의 알라야식에 대한 설명에 집중한다. 알라야식에 존재하는 특정한 훈습은 스스로의 형상을 부여받은 다른

62 MABh(1912: 137, 11-138, 14): ji ltar rgya mtso chu rlabs kyi rten du gyur pa'i chu'i yan lag rlung gis kun nas bskyod pa las, rlung tsam gyis rkyen nye bar lhags pas gnyid log pa lta bu'i rba rlabs rnams 'gran pa'i sgo nas bdag gi lus rnyed pa ltar kun nas yongs su rgyug par rtogs pa de bzhin du 'dir yang rnam par shes pa gcig nas gcig tu brgyud pa thog ma med pa'i dus nas zhugs pa, gzung ba dang 'dzin par mngon par zhen pa'i bag chags yongs su smin pa las bdag nyid kyis dngos po yod pa thob par 'gag bzhin pas, kun gzhi'i rnam par shes pa la gang bag chags kyi khyad par rang gi rnam pa dang rjes su 'brel ba'i rnam par shes pa gzhan skye ba'i rgyur gyur pa gzhag pa rim gyis rang yongs su smin pa'i rkyen lhags pas yongs su smin pa thob pa de las gang yongs su ma dag pa gzhan gyi dbang tsam zhig nye bar bskyed pa de nyid la byis pa rnams gzung ba dang 'dzin pa'i rnam par rtog pa kun tu rtog par byed kyi, rnam par shes pa las tha dad par gyur pa'i gzung ba ni cung zad kyang yod pa ma yin no.

식을 일으키는 원인으로 작용하고, 계속해서 스스로의 힘으로 잘 성숙하기 위한 조건들을 만나서 이숙하는 것을 획득하게 된다. 그리고 그 특정한 훈습으로부터 청정하지 못한 의타기성이 생겨나게 되는데, 바로 그것에 대해서 범부는 인식대상과 인식주관이라는 형상으로 분별하여 집착하지만 식과는 별개인 인식대상이란 결코 존재하지 않는다. 이를 통해 유식무경이 설명된 것이라고 할 수 있다. 이러한 비유는 『입능가경』에서 대해와 파도의 비유를 통해서 알라야식과 유식의 관계를 설명하고 있는 부분과 일치한다.[63] 즉 『입능가경』「게송품」에 나타나는 대해와 파도의 비유를 유식학파의 경전적 전거로 제시하는 것이라고 할 수 있다.

> 마치 대해의 파도들이 바람이라는 조건을 만났을 때 요동치면서
> 일어나고 그 물결이 사라지지 않듯이
> 마찬가지로 알라야식도 항상 인식대상이라는 파도를 만났을 때
> 다양한 파도와 같은 식들에 의해서 요동치면서 일어난다.(『입능가경』「게송품」 제56-57게)[64]

대해의 파도가 의지하는 바닷물의 특정한 부분은 바람에 의해 동요되기 때문에 오직 바람이라는 조건을 만나서, 잠자는 것과 같은 파도에 부딪

---

63 『입중론』을 한역한 法尊(1975)에서는 제46게의 인용문을 『입능가경』에 근거한 것으로 보고 있다.

64 Laṅk(1923: 271, 15-16):
taraṃgā hy udadher yadvat pavanapratyayoditāḥ/
nṛtyamānāḥ pravartante vyucchedaś ca na vidyate//10-56//
Laṅk(1923: 272, 1-2):
ālayaughas tathā nityaṃ viṣayapavaneritaḥ/
citrais taraṃgavijñānair nṛtyamānaḥ pravartate//10-57//

히면서 마치 [파도가] 스스로를 일으키는 것과 같이 [그 물결이] 퍼져가는 것이라고 이해하는 것이다.(「현전지」 제46게 자주)[65]

『입중론』에서 짠드라끼르띠가 인용하고 있는 유식학파의 경전적 전거는 『십지경』, 『해심밀경』 그리고 『입능가경』이다. 첫째, 『십지경』에 관한 인용 전거는 제45게를 분석하는 과정에서 찾을 수 있다. 둘째, 그가 「현전지」 제95게의 주석에서 인용한 『해심밀경』은 「심의식상품」의 아다나식(ādānavijñāna)과 관련된 부분이다.[66] 『해심밀경』의 인용문은 유식학파의 『섭대승론』, 『대승성업론』에서 경전적 전거로 제시된다. 또한 이 인용문은 바수반두의 『유식삼십송』에 대한 인도 주석서를 모아 중국에서 편집한 『성유식론』에도 나타난다.[67] 셋째, 『입능가경』이 유식학파 내부에서 소의 경전으로 인식되는 것은 바수반두의 『석궤론』에서 경명 없이 인용되는 것과 『중변분별론석』에 나타나는 인용 사례를 통해서 확인된다. 『입능가경』 「게송품」에 나타나는 대해와 파도의 비유가 유식학파의 경전적 전거로 인용

65 MABh(1912: 137, 11-137, 15): ji ltar rgya mtso chu rlabs kyi rten du gyur pa'i chu'i yan lag rlung gis kun nas bskyod pa las, rlung tsam gyis rkyen nye bar lhags pas gnyid log pa lta bu'i rba rlabs rnams 'gran pa'i sgo nas bdag gi lus rnyed pa ltar kun nas yongs su rgyug par rtogs pa de bzhin du.

66 MAK(1912: 120, 3-4):
"아다나식은 심심하고 미세하며, 일체 종자는 폭류와도 같고, 자아로 분별할까 우려해서 나는 범부들에게 그것을 설하지 않는다."
len pa'i rnam par shes pa zab cing phra, sa bon thams cad chu bo'i rgyun ltar 'bab, bdag tu rtogs par gyur na mi rung zhes, byis pa rnams la ngas ni de ma bstan.
SNS(1935: 58): len pa'i rnam par shes pa zab cing phra, sa bon thams cad chu bo'i klung ltar 'bab, bdag tu rtogs par gyur na mi rung zhes, byis pa rnams la ngas ni de ma bstan.

67 히라가와 아키라(1989: 203-06): 바수반두의 『유식삼십송』은 게송 자체만으로 그 의미를 완전히 파악하기 어려운데다 바수반두가 주석을 남기지 않았기에, 10대 논사의 주석서가 만들어졌다.

되고 있는 사례는 『성유식론』에서 확인된다.[68]

짠드라끼르띠가 『십지경』, 『해심밀경』 그리고 『입능가경』을 유식학파의 주된 경전으로 인식하는 이유는 주로 자신이 고찰한 유식논서들을 경전적 전거로 삼는 전례를 따른 것이라고 할 수 있다. 이는 유식학파가 『십지경』, 『해심밀경』 그리고 『입능가경』을 경전적 전거로 인용하여 자신들의 이론을 뒷받침하는 정황을 확인할 수 있기 때문이다.

제45-46게에 나타나는 유식사상은 유식무경설이다. 유식학파는 볼 수 없는 외계의 대상에 대해 존재하지 않는 것이라고 주장함으로써 인식에 속하는 형상과 그 원인을 그 인식이 발생하기 직전의 마음(心)과 마음작용(心所)의 등무간연(等無間緣)의 작용에 있다고 생각한다. 다시 말해 외경은 실재하지 않고 외경의 형상을 가진 식에 의해서만 인식대상이 구성된다는 유식학파의 주장은 외계 비실재론이 되는 것이다. 이는 유식학파의 유식무경설에 대한 하나의 논리적 근거가 된다.[69] 그런데 유식학파가 전개하는 인식론이 반드시 성공적인 것만은 아니다. 설일체유부나 경량부와 같이 외부대상을 인정하는 경우 인식 발생의 계기를 그 외부대상에서 구하면 되지만, 외부대상의 존재를 부정하는 유식학파는 외경의 형상을 갖는 인식의 발생과 그 계기에 대한 문제에 직면하기 때문이다. 이 문제를 해결하기 위해 유식

---

68 『성유식론』(『대정장』 31 14c):
『입능가경』에서도 다음과 같이 설한다. "바다가 바람이라는 조건을 만나 다양한 파도를 일으키고 눈앞에서 그 작용이 끊이지 않고 이어지는 것과 같이 [알라야식]의 바다도 마찬가지인데, 대상 등의 바람에 촉발되어 항상 다양한 식의 파도가 일어나고 눈앞에서 그 작용이 계속 이어진다."
入楞伽經亦作是說. 如海遇風緣. 起種種波浪. 現前作用轉. 無有間斷時. 藏識海亦然. 境等風所擊. 恒起諸識浪. 現前作用轉.

69 가지야마 유이치(1995: 74-6) 참조.

학파는 종자설에 의거한 '식전변설'(vijñānapariṇāma)을 도입한다.[70]

유식학파의 알라야식은 경량부의 종자설을 발전시킨 이론이다. 경량부의 종자설이란 선행된 행위(karma)에서 발생한 업종자의 공능차별에 의해 업상속과 과보의 발생이 이루어진다는 것을 설명하는 이론이다. 이 종자가 결과를 낳기 위해 변화하는 과정을 상속이라는 말로 표현한다. 이 업상속은 선행된 원인에 따라 결과를 낳게 될 때까지 끊임없이 찰나 상속하여, 그 업상속의 마지막 순간에 특수한 결과를 나타낸다. 여기에서 공능이란 종자가 가지는 인과적 힘의 별명으로 상속을 통해 지속적으로 유지되고, 그 상속의 최후의 순간에 과보를 낳는 업의 능력을 말한다.[71]

『입중론』의 외계 비실재론 비판에서 가장 중점적으로 다루어지는 것이 유식학파의 공능설이다. 유식논사의 주장으로 제시되는 유식무경설은 꿈, 비문증 그리고 부정관의 세 가지 비유로 나타난다. 비문증의 비유에 의한 유식무경의 주장은 외부대상 없는 인식을 발생시키는 종자의 공능에 관한 문제까지 다루고 있다.

> [안]근이 눈병(비문증)에 걸렸기 때문에 그 비문증의 영향으로 어떤 인식이 머리카락 등을 보게되는 것이다.(「현전지」 제54게 a-b)[72]

「현전지」 제54게에서 유식학파의 주장은 외경이 없는 인식이 발생할 수

70 岸根敏幸(2001: 302-10) 참조.

71 Changhwan Park(2012: 468-72) 참조.

72 MAK(1912: 145, 13-14): dbang po rab rib bcas pas blo gang gis, rab rib mthu las skra rnams gang mthong ba.

있는 것이고, 그 근거는 비문증이 있는 이가 실재하지 않는 머리카락 등을 보는 예이다. 이 논의는 공능에 의한 인식의 발생을 전제한 것이다. 유식무경을 주장하는 유식학파의 경우 인식이 어떤 계기로서 생겨나는가의 문제가 발생하기 때문에 그것에 대한 해결책으로 공능설을 제시한다. 즉 공능설은 외계 비실재론의 증명수단인 것이다.

짠드라끼르띠는 공능의 문제를 두 가지로 세분해서 다룬다. 이는 '공능과 인식의 관계'(「현전지」 제56-61게)와 '공능을 감각기관과 동일시하는 주장'(「현전지」 제62-67게)이다. 그는 제62게에서 68게 a-b송까지 '공능과 감각기관을 동일시하는 주장'을 비판한다. 오가와에 따르면 이 주장은 공능을 감각기관으로 부르는 디그나가의 주장과 비교 가능하다. 오가와는 디그나가와 바수반두 이후의 유식학설에 대한 짠드라끼르띠의 의도적 비판의 가능성에 비중을 두고 있다.[73]

짠드라끼르띠는 공능에 관한 논의에서 대상의 실재성을 논증하지 않는다. 그는 설일체유부처럼 객관 대상에서 인식의 조건을 찾는 실재론이라거나, 경량부처럼 외경을 추리하는 외계요청설을 제시하지도 않는다. 그는 오로지 일체가 무자성하다는 사실만이 밝혀야 할 실상이라고 주장한다. 이에 관해서는 III장 3절 '외계 비실재론 비판-공능설 비판'에서 자세히 다룰 것이다.

---

73 小川一乘(1988: 60-62) 참조.

2) 의타기성으로서 자증분설

짠드라끼르띠는 「현전지」 제72게에서 인식이 의타기성을 파악하는 것이 가능한가라는 문제제기로 자증분 비판을 시작한다. 인식대상과 인식주관이라는 개념은 상호의존적이어서 견분(주관)과 상분(객관)이 독립적으로 존재하지 않는다. 따라서 그 문제는 견분과 상분으로 분화되지 않은 상태에서 이후에 발생하는 자증분으로서의 의타기성을 인식이 어떻게 파악할 수 있는가라고 할 수 있을 것이다. 여기에서 논의하는 의타기성은 제47게에서 다음과 같이 정의된다.

> 그러므로 의타기성(paratantra-rūpa)은
> 가립된 존재의 토대(nibandhana)가 된다.
> 외부의 인식대상이 없이도 생겨나고
> 반드시 존재하는 것이며 그 어떠한 희론 분별(prapañca)의 대상이 되지 않는 것을 본질로 한다.(「현전지」 제47게)[74]

제47게 d구의 해석에 관해서는 논의가 필요하다. 『선설집성(善說集成: *Subhāṣitasaṃgraha*)』의 인용문 "sarvaprapañcaviṣayasvarūpaṃ"에서 'viṣaya' 앞에

---

74 MAK(1912: 138, 17-20): de phyir gzhan gyi dbang gi ngo bo gang, dngos po btags par yod pa'i rgyur 'gyur zhing, phyi rol gzung ba med par 'byung 'gyur la, yod dang spros kun yul min rang bzhin yod. *Subhāṣitasaṃgraha*, 18 (fol.23): : Li Xuezhu (2014)
"따라서 외계가 없이 소취가 발생하는 [원인이자], 일체 희론의 대상이 아닌 본질로 하는 의타기성이 가립된 존재의 원인으로서 존재한다."
saṃvidyate 'taḥ paratantrarūpaṃ prajñaptisiddhis tu nibandhanaṃ yat/
bāhyaṃ vinā grāhyam udeti yac ca sarvaprapañcāviṣayasvarūpaṃ * //
* 小川一乘(1964: 150)과 岸根敏幸(2001: 292)에 따라 sarvaprapañcaviṣayasvarūpaṃ를 sarvaprapañcāviṣayasvarūpaṃ로 교정했다.

부정접두어가 없으나, 티베트 역본 제47게 d구에서 해당 구절 “yod dang spros kun yul min rang bzhin yod”에 부정어 ‘min’이 있기 때문에 산스크리트 원본은 ‘aviṣaya’일 것으로 추정할 수 있다. 따라서 상기 복합어의 내용이 ‘viṣaya’인지 ‘aviṣaya’인지를 확정하기 위해서 자야난다의 『입중론』의 주석서 *dDu ma la 'jug pa'i 'grel bshad ces bya ba*와 쫑카빠의 『입중론』 주석서 『의취선명』을 비교할 필요가 있다.

자야난다는 제47게 d구를 “모든 분별작용에 의해 가립되는 한 그 무엇이라도 인식대상과 인식주관이라는 두 [형태]로 존재한다. 따라서 이 두 가지 형태가 존재하지 않는 것을 본질로 하는 의타기성에 있어서는 인식대상과 인식주관을 본질로 하는 것은 존재하지 않는다”라고 해석한다.[75] 의타기성이란 인식대상과 인식주관이 없는 것을 본질로 하기 때문에 그는 제47게 d구를 어떠한 희론의 대상도 아니라고 생각한다. 이러한 자야난다의 이해를 『입중론소』의 해당구절에 대한 짠드라끼르띠의 이해와 비교해보면 그 의미가 보다 명확해질 것이다. 짠드라끼르띠는 제47게의 자주에서 이 의타기자성에 세 가지 성질이 있다고 정의한다.

---

75 *dDu ma la 'jug pa'i 'grel bshad ces bya ba*, no. 3870(Sde dge) 173a:
“‘어떠한 희론 분별의 대상이 되지 않는 것을 본질로 한다’라고 하는 것은 이 의타기라는 것이 일체 분별의 대상으로 작용하는 본질을 가지고 있지 않다는 말이다. 왜냐하면 모든 분별작용에 의해 가립되는 한 그 무엇이라도 인식대상과 인식주관이라는 두 [형태]로 존재한다. 따라서 이 두 가지 형태가 존재하지 않는 것을 본질로 하는 의타기성에 있어서는 인식대상과 인식주관을 본질로 하는 것은 존재하지 않는다. 그러므로 그 어떤 희론의 대상도 될 수 없는 것이다. 이러한 이유 때문에 의타기성은 그 어떠한 희론의 대상도 되지 않는다고 설해진 것이다.”
yod dang spros kun yul min rang bzhin yod, ces bya ba ni gzhan gyi dbang de rnam par rtog pa thams cad kyi yul gyi rang bzhin ma yin te, gang gi phyir ji srid du rnam par rtog pa thams cad kyis gang brtags pa de srid du ni gzung ba dang 'dzin pa dag yin la, gnyis su med pa'i rang bzhin gyi gzhan dbang la gzung ba dang 'dzin pa'i rang bzhin dag yod pa ma yin no, de'i phyir spros kun yul min no, 'dis ni gzhan dbang spros pa thams cad kyi yul ma yin nyid du bstan pa yin no.

의타기성이라는 것은 반드시 [그 존재가] 인정되어야 한다. 왜냐하면 그 [의타기성은] 모든 분별의 그물이 의지하는 바이기 때문이다. 뱀이라는 착각은 새끼줄을 원인(nimitta)으로 하는 것이기 때문에 [그 착각이] 이 [새끼줄]과 관련이 없다는 것은 이치에 맞지 않다. 항아리라는 착각은 흙 등을 원인으로 하는 것이기 때문에 흙 등에 의지하지 않고는 [항아리라는 착각은] 허공에서는 발생할 수 없는 것과 같다. 또한 이 [의타기성의 문제에 있어서도] 외경 없이 청색 등의 인식은 무엇을 원인으로 하겠는가라는 [문제가 발생한다]. 그러므로 반드시 분별의 토대가 되는 의타기성의 존재를 인정해야 하는데 왜냐하면 [의타기성은] 염오(saṃkleśa)와 청정(vyavadāna)의 토대로 작용하기 때문이다. 마찬가지로 [또한] "어떤 곳(A)에 어떤 것(B)이 존재하지 않을 때 그곳(A)에는 그것(B)이 비어 있다(공)라는 것을 여실히 알고 그곳(A)에 남아 있는 그것(C)이 진실로 존재한다고 여실하게 아는 것이 공에 대한 전도가 없는 이해(선취공)이다"라고 하는 등의 구절에 의거해서 공성도 바르게 이해될 것이다[라는 이유에서이다]. 이것(의타기성)은 어떠한 희론 분별의 대상이 되지 않는 것을 본질로 한다. 언어표현이란 가설적으로 형성된 대상의 형상을 취하는 것이기 때문에 언어표현에 의하는 한 실제는 언설 불가능한 것이다. 이 [게송에서는] 의타기성에서 다음 세 가지의 성질이 확립된다. ① [외경인] 인식의 대상 없이 오직 스스로의 훈습으로 생겨나는 것이고, ② 반드시 존재하며, ③ 일체 희론의 대상이 될 수 없는 것이다. 가립된 존재현상의 토대로 분명히 존재하는 것이 성립되기 때문에 이 [의타기성]은 다름 아닌 존재의 세 번째 성질로 인정되어야만 한다.(「현전지」 제47게 자주)[76]

---

76 MABh(1912: 139, 1-140, 3): gzhan gyi dbang gi ngo bo 'di ni gdon mi za bar khas blang bar bya ste, gang gi phyir de ni rtog pa'i dra ba ma lus pa'i gzhir 'dod pa'i phyir ro, sbrul du 'khrul pa thag

짠드라끼르띠의 자주는 의타기성의 세 가지 성질을 정의하면서 ① 외경인 인식의 대상 없이 오직 스스로의 훈습으로 생겨나는 것이고, ② 반드시 존재하는 것이며, ③ 어떠한 희론 분별의 대상이 될 수 없는 본질을 갖고 있는 것으로 설명하고 있다. 『입중론소』에서 의타기성에 대한 ③의 설명은 앞서 언급한 자야난다의 이해와 일치한다. 쫑카빠도 자야난다처럼 의타기성은 희론 분별의 대상이 될 수 없는 본질을 갖고 있는 것으로 설명한다.[77] 따라서 『입중론소』, 자야난다 그리고 쫑카빠의 주석에 따르면 오가와와 기시네가 제47게 d구 "sarvaprapañcāviṣayasvarūpaṃ"에서 부정접두어를 추가하여 『입중론』의 제47게 본문과 『선설집성』의 불일치를 해소한 것은 타당

---

pa'i rgyu mtshan can ni de la ma bltos par mi rigs la, bum par 'khrul pa sa la sogs pa'i rgyu mtshan can ni sa la sogs pa la ma bltos pa nam mkha'i khams phyogs su 'byung bar mi 'gyur ba de bzhin du, 'dir yang phyi rol gyi don med na sngon po la sogs pa'i rtog pa ci'i rgyu mtshan can zhig tu 'gyur, de'i phyir gdon mi za bar rtog pa'i rgyu gzhan gyi dbang gi ngo bo khas blang bar bya ste, kun nas nyon mongs pa dang rnam par byang ba'i rgyu yin pa'i phyir ro, de ltar na gang gi phyir gang la gang med pa de ni des stong par yang dag par rjes su mthong la, gang zhig 'dir lhag mar lus par gyur pa de 'di na bden par yod pa yin no zhes yang dag pa ji lta ba bzhin du rab tu shes pa 'di ni stong pa nyid la phyin ci ma log par 'jug pa'o zhes bya ba la sogs pas stong pa nyid kyang legs par gzung bar 'gyur ro, de ni spros pa thams cad kyi yul ma yin pa'i rang bzhin can yang yin te, mngon par brjod pa ni btags pa'i rnam pa 'dzin pa'i phyir te, ji srid mngon par brjod pa yod pa de srid du dngos po brjod pa ma yin no, 'dir gzhan gyi dbang gi ngo bo la gsum rnam par gzhag par 'gyur te, shes bya med par rang gi bag chags kho na las 'byung ba dang yod pa nyid dang spros pa'o cog gi yul ma yin pa nyid do, btags par yod pa'i dngos po'i rgyu nyid ni yod pa nyid las grub pa'i phyir de ni gsum po las tha mi dad do zhe'o.

77 쫑카빠는 『의취선명』에서 의타기성의 세 가지 성질을 강조하고 있다.
dGongrab(2004: 306):
"① 이 의타기성은 외부의 소취 없이 스스로의 습기에서만 생겨나는 것이다. ② [의타기성은] 자성으로 존재하고, ③ 이(유식학파) 사유에서는 [의타기성이] 언어나 분별의 모든 희론의 대상이 될 수 없다는 것을 본질로 가지면서 궁극적으로 존재한다고 보는데 왜냐하면 안과 밖으로 언어 표현된 것은 실제 존재하는 것으로서 아직 검증되지 않은 것을 표현의 대상으로 하기 때문이다."
gzhan dbang de ni phyi rol gyi gzung ba med par rang gi bag chags kho na las 'byung bar 'gyur la, rang bzhin gyis yod pa dang 'di'i lugs kyi don dam par sgra rtog gi spros pa kun te thams cad kyi yul min pa'i rang bzhin can du yod de, phyi nang gi mngon par brjod pa ni dngos su ma brtags pa 'dzin pa'i phyir ro.

하다.[78]

> 어떤 곳(A)에 어떤 것(B)이 존재하지 않을 때 그곳(A)에는 그것 (B)이 비어 있다(공)라는 것을 여실히 알고 그곳(A)에 남아 있는 그것(C)이 진실로 존재한다고 여실하게 아는 것이 공에 대한 전도가 없는 이해(선취공)이다.(「현전지」 제47게 자주)[79]

제47게 자주에서 제시한 '남아 있는 것'에 대한 정형구는 『보살지』 「진실의품」, 『보성론』, 『대승아비달마집론』 그리고 『중변분별론』 「상품」 제1게의 주석과 일치하는 내용이다.[80] 『보살지』 「진실의품」, 『보성론』, 『대승아비달마집론』 그리고 『중변분별론석』의 인용문은 『소경공(小空經: *Cūḷasuññatasuttam*)』의 논의를 바탕으로 한다.[81] 『입중론』의 '남아 있는 것'에 대한 인용문이

78 小川一乘(1964: 150) n3; 岸根敏幸(2001: 292) n57.

79 MABh(1912: 139, 9-14): de ltar na gang gi phyir gang la gang med pa de ni des stong par yang dag par rjes su mthong la, gang zhig 'dir lhag mar lus par gyur pa de 'di na bden par yod pa yin no zhes yang dag pa ji lta ba bzhin du rab tu shes pa 'di ni stong pa nyid la phyin ci ma log par 'jug pa'o zhes bya ba la sogs pas stong pa nyid kyang legs par gzung bar 'gyur ro,

80 안성두(2011: 350) n188: 『보성론』에서의 인용은 어떤 것은 우연적인 요소로서의 번뇌이고, 어떤 곳은 여래장이며, 남아 있는 것은 불공으로서의 무량한 여래의 공덕으로 해석된다; 안성두(2005: 77-80): 『대승아비달마집론』에서 남아 있는 것은 『보살지』 「진실의품」의 경우와는 달리 무아성이라고 설명된다.

81 MN III, 104-105:
"녹모강당은 코끼리, 소, 말, 양에 대해서 공이고, 금과 은에 대해서 공이고, 부인과 남자의 모임에 대해서 공이다. 그러나 공이 아닌 것이 있는데 즉 비구의 모임을 조건으로 하는 하나가 그것이다. …… 이와 같이 어떤 것이 어디에 없을 때, 그 장소는 존재하지 않는 그것에 대해 공이라고 본다. 그러나 다른 것이 거기에 남아 있을 때 그 남아 있는 것은 있다고 이해한다. 이와 같이 아난아! 여실한 것, 전도함이 없는 것, 원만한 것이 공이라고 설한다."
eyyathāpi ānanda, ayaṃ migaramātupāsādo suñño hatthigavāssavaḷavena, suñño jātarūparajatena, suñño itthi purisasannipātena, atthi cevidaṃ asuññataṃ yadidaṃ bhikkhusaṅghaṃ paṭicca ekattaṃ. … Iti yaṃ hi kho tattha na hoti, tena taṃ suññaṃ samanupassati. Yaṃ pana tattha avasiṭṭhaṃ hoti taṃ santamidaṃ atthīti pajānāti. Evampissa esā ānanda, yathābhuccā avipallatthā parisuddhā suññatāvakkanti bhavati.

『보살지』「진실의품」과 『중변분별론석』과 관련되어 있다는 사실은 쫑카빠의 주석에서도 재확인할 수 있다.[82]

그러나 기시네는 야마구찌의 분석을 받아들여 『입중론』에 나타나고 있는 '남아 있는 것'의 인용문에 대해 『중변분별론』「상품」 제1게에 대한 바수반두의 주석을 인용한 것으로 본다.[83] 야마구찌의 분석이 「현전지」 공성의 정형구와 『중변분별론』「상품」 제1게의 주석을 단순 비교한 것에 불과하지만, 기시네는 이러한 분석을 의심 없이 인용한다. 또한 오가와는 근거를 제시하지 않은 채 「현전지」 공성의 정형구가 『중변분별론』「상품」 제1게의 주석에서 인용된 것이라고 주장한다.

『중변분별론』「상품」에서 공성은 허망분별(abhūtaparikalpa)에서 소취·능취 관계를 결여한 것이다. 소취·능취를 제거한 후 남게 되는 것은 소취·능취의 비존재의 존재이고, 그것이 공성이라고 할 수 있다. 이를 삼성설의 틀로 이해하면 허망분별이 의타기성, 소취와 능취가 변계소집성 그리고 소취·능취의 비존재의 존재가 원성실성에 해당한다.[84] 만약 야마구찌의 주장처럼

---

82 dGongrab(2004: 305):
"여기에 [유식설을] 설명한 것은 『보살지』와 『중변분별론』의 주석 중에 '어떤 곳에 어떤 것이 존재하지 않는나' 등의 [공의] 의미가 앞에서처럼 서술되어 있는 것이다."
'dir phyogs sngr mdzad pa ni byang sa dang dbus mtha'i 'grel pa las, gang la gang med pa zhes sogs kyi don sngar ltar bshad pa de yin la.

83 山口益(1975: 147); 岸根敏幸(1995: 86)

84 金成哲(2008: 117) 참조.
MVBh(1964: 17-18):
"허망분별은 있다. 거기에 둘은 없다. 그러나 여기에 공성은 있다. 거기에도 그것은 있다."
"그중에서 허망분별은 소취와 능취의 분별이다. 둘은 소취와 능취다. 공성은 그 허망분별이 소취·능취 관계를 결여한 것이다. '거기에도 그것은 있다'라고 한 것은 [공성에도] 허망분별 [이 있다는 뜻이다.] 이와 같이 어떤 것(A)이 어떤 것(B)에 없을 때 어떤 것(B)은 어떤 것(A)의 공이라고 여실하게 관찰한다. 한편 그곳에 남아 있는 것(C=B-A)이 있다면 여기에 그것(C)이 있다고 여실하게 인식한다. 이것이 전도가 없는 공성이 드러난 것이다."

「현전지」 공성의 정형구가 『중변분별론』 「상품」의 제1게의 인용이라면 짠드라끼르띠가 자주에서 제시한 『소공경』에 나타나는 '공성의 정형구'는, 즉 어떤 곳에 착각이 사라진 후에도 여실하게 남게 되는 것은 의타기성이 아니라 원성실성이 되어야만 한다.

그러나 나가오는 『입중론』의 인용문에 대해 유식학파의 주장을 제시한 것으로 파악하고, 『보살지』 「진실의품」의 내용과 흡사하다고 주장한다.[85] 나가오는 『입중론』에서 문제로 삼는 것이 의타기의 실재성이고, 이는 자야난다의 주석에 그 입장이 잘 나타나고 있다고 주장한다. 자야난다의 주석에 따르면 제47게의 문제는 '남아 있는 것'으로서의 의타기성이 실재한다는 것이다.

> 그러므로 어떤 곳(A)에 어떤 것(B)이 없을 때, 그곳(A)에는 그것(B)이 비어 있다는 것에 의해 공이라는 것을 전도되지 않게 공성을 이해한 것이라고 설해진다. 이와 같이 [전도되지 않게]이해하기 때문에 공성도 올바르게 이해될 것이라는 의미이다. 어떤 곳(A)에라는 것은 의타기성이다. [여기서] 어떤 것(B)이 존재하지 않는다는 것은 소취·능취를 자성으로 하는 것이 [없다는] 말이다. [다시] 그곳(A)에라는 것은 의타기이다. 그것(B)에 대해란 소취·능취의 자성이 [비어 있다는] 말이다. '여실하게 알다'

---

abhūtaparikalpo 'sti dvayan tatra na vidyate/
śūnyatā vidyate tvatra tasyāmapi sa vidyate//2//
tatrābhūtaparikalpo grāhyagrāhakavikalpaḥ/ dvayan grāhyaṃ grāhakañ ca/ śūnyata asyābhūtaparikalpasya grāhyagrāhakabhāvena virahitatā/ tasyām api sa vidyata ity abhūtaparikalpaḥ/ evaṁ yad yatra nāsti tat tena śūnyam iti yathābhūtaṁ samanupaśyati/ yat punar atrāvaśiṣṭaṁ bhavati tat sad ihāstīti yathābhūtaṁ prajānāty aviparītaṃ śūnyatālakṣaṇam udbhāvitam bhavati/

85 나가오 가진(2005: 595-97) 참조.

라는 것은 유가사의 수행에 의해 [아는 것]이다. 이와 같이 어떤 남아 있는 것(C)이란 소취·능취의 공성을 아는 것이다. '여기에서'라는 말은 궁극적인 상태란 말이다.[86]

자야난다에 따르면 어떤 곳(A)은 의타기에 있어서이고, 어떤 것(B)이 존재하지 않는다는 소취와 능취를 자성으로 하는 것이 없다는 사실을 일컫는다. 이는 그곳(의타기성)에 그것(소취·능취)이 비어 있다(공)는 것을 의미한다. 따라서 '여실하게 알다'는 것은 소취와 능취가 사라진 이후에도 의타기성이라는 토대가 여전히 남아 있다는 사실을 암시한다.

자야난다의 이러한 주석에 대하여 나가오는 소취와 능취가 비어 있는 것과 비어서 남게 되는 것을 구분한다. 더 나아가 그는 소취와 능취가 비어 있는 것을 아는 것이 올바른 인식이라고 주장하고, 남게 되는 것을 의타기로 이해할 것을 제안한다. 또한 그는 자야난다 주석을 근거로 짠드라끼르띠의 대론자에 대해 초기 유식학파가 아니라 의타기성의 실재를 주장하는 유상유식(有相唯識, Sākāravijñānavādin)파라고 주장한다.[87]

공성에 대한 『보살지』의 정형구는 나가오의 '남아 있는 것이 의타기성' 이라는 해석을 뒷받침하는 또 다른 근거라고 할 수 있다. 『보살지』에 삼성

---

86 *dDu ma la 'jug pa'i 'grel bshad ces bya ba*, no. 3870(Sde dge) 173b: gang gi phyir gang la gang med pa de ni zhes bya ba la sogs pas stong pa nyid la phyin ci ma log par 'jug par gsungs pa de'i phyir stong pa nyid kyang legs par gzung bar 'gyur ro zhes bya ba'i tha tshig go, gang la zhes bya ba ni gzhan dbang la'o, gang med pa zhes bya ba ni gzung ba dang 'dzin pa'i rang bzhin no, de ni zhes bya ba ni gzhan dbang ngo, des zhes bya ba ni gzung ba dang 'dzin pa'i rang bzhin gyis so, yang dag par rjes su mthong la zhes bya ba ni rnal 'byor pas so, gang zhig 'dir lhag mar lus par gyur pa de zhes bya ni gzung ba dang 'dzin pa'i stong pa'i shes pa'o. 'dir zhes bya ba ni don dam pa'i gnas skabs na'o.

87 나가오 가진(2005: 600-01)

설이 설해져 있지는 않지만 『보살지』의 공성에 대한 이해는 삼성설과 밀접히 연관되어 있다. 『보살지』 「진실의품」에서 공성에 대한 『보살지』의 정형구는 "A라는 물건이 B라는 장소에 존재하지 않을 때, B라는 장소에는 A라는 물건이 비어 있지(공)만 B라는 장소는 여전히 남아 있다"라고 요약된다.[88] 金成哲에 따르면 남아 있는 B라는 장소는 물건으로 가득 차 있을 때의 장소 B와는 구분되지만 여전히 텅 빈 채로 존재한다는 의미에서 C라는 장소로 명명될 수 있다. A를 가설적 존재, B를 실상이나 실제(vastu)로 이해한다면 가설적 존재 A가 소멸하고 남는 C도 여전히 실상이나 실제이기 때문이다. 이를 삼성설에 적용하면 A는 변계소집성, B는 의타기성 그리고 C는 원성실성에 해당 할 것이다. 이때 변계소집성으로 오해되지 않는 의타기성이 곧 원성실성에 해당한다.[89]

---

88 BoBh(2005: 101-02):
"그러면 선취공이란 무엇인가? 어떤 것(A)이 어떤 곳(B)에 존재하지 않기 때문에 그곳(B)에는 그것(A)이 비어 있다고 바르게 본다. 그리고 여기에 남게 되는 그 어떤 것은 여기에 분명히 실재한다고 여실하게 인식한다. 이것이 여실하고 전도되지 않은 공성에 들어감이라고 한다. 예를 들면 이미 말한 바와 같이 색 등으로 명명되는 사태(A)에 색이라고 하는 이 가설적 언어를 본질로 하는 법(B)은 존재하지 않는다. 그러므로 그 색 등으로 명명되는 A는 가설적 언어표현을 본질로 하는 관점에서는 공이다. 그런데 그 색 등으로 명명되는 B에 남아 있는 C는 무엇인가. 곧 그것(C)은 색 등(A)이라고 하는 등의 가설적 언어표현의 근거이다. 그리고 그 양자(색과 가설적 언어표현)는, 즉 현재 '존재하는 사태(事)뿐'인 것과 사태뿐인 것에 '가설뿐인 것'으로 여실하게 안다. 비실재를 증익하지 않고, 실재를 손감하지 않고, 증감하지 않고, 버리지 않으며, 바꾸지 않는다. 그리고 있는 그대로 진여를 언어로 표현할 수 없다는 본질을 여실하게 안다. 이것이 바른 지혜에 의해 잘 파악된 선취공이라 불린다."
kathaṃ ca punaḥ sugṛhītā śūnyatā bhavati/ yataś ca yad yatra na bhavati tat tena śūnyam iti samanupaśyati/ yat punar atrāvaśiṣṭaṃ bhavati tat sad ihāstīti yathābhūtaṃ prajānāti// iyam ucyate śūnyatāvakrāntir yathābhūtā aviparītā/ tad yathā rūpādisaṃjñake yathānirdiṣṭe vastuni rūpam ity evamādiprajñaptivādātmako dharmo nāsti atas tad rūpādisaṃjñakaṃ vastu tena rūpam ity evamādiprajñaptivādātmanā śūnyam// kiṃ punas tatra rūpādisaṃjñake vastuniy avaśiṣṭaṃ yad uta tad eva rūpam ity evamādiprajñaptivādāśrayaḥ// tac cobhayaṃ yathābhūtaṃ prajānāti yad uta vastumātrañ ca vidyamānaṃ vastumātre ca prajñaptimātram// na cāsadbhūtaṃ samāropayati na bhūtam apavadate nādhikaṃ karoti na nyūnīkaroti notkṣipati na pratikṣipati/ yathābhūtaṃ ca tathatāṃ nirabhilāpyasvabhāvatāṃ yathābhūtaṃ prajānātīyam ucyate sugṛhītā śūnyatā samyakprajñayā supratividdheti//

金成哲의 논리를 원용하다면 「현전지」에서 공성에 대한 정형구도 『보살지』 「진실의품」에서 나타난 소취·능취가 사라진 이후에 남아 있는 것(C)과 실상이나 실제(B)를 동일한 것으로 보고 있다고 할 수 있다. 즉 나가오가 이해하는 한 『보살지』 「진실의품」에 나타난 의타기성은 '희론 분별의 대상이 될 수 없다는 것을 본질로 가진 것'으로 소취·능취 등의 분별이 사라진 이후에도 여전히 남아 있는 것이다. 의타기성은 본질적으로 희론 분별에 의해 표현될 수 없는 것이지만, 색 등의 가설적 언설이 설정되기 위한 근거나 토대 역할을 한다는 점에서 실재성을 지닌다.[90] 나가오의 해석과 같이 「현전지」의 인용문은 『보살지』 「진실의품」에 드러나는 의타기성의 토대로서의 측면을 강조하고 있는 것이다.[91]

「현전지」 제47게 주석에서 짠드라끼르띠는 의타기성의 실재성을 강조하는 『보살지』 「진실의품」 계통의 유식학적 입장을 인용하고, 「현전지」 제73게부터 본격적으로 비판한다. 이 제47게의 의타기성은 디그나가의 자증분설에 대한 짠드라끼르띠의 비판과 관련이 있다. 유식학파의 자증분이란 외계의 대상 없이도 자체 내에 구유된 대상의 이미지를 인식함으로써 제3의 인식주관에 의존하지 않고 독자적으로 식을 성립시킬 수 있는 능력을 밀힌다. 디그나가는 알리야식을 의미하는 의타기성이 자증분의 속성, 즉 독립적 실재성을 가진다고 주장하고, 짠드라끼르띠는 바로 이 섬을 비

89 金成哲(2008: 115) 참조.

90 나가오 가진(2005: 611-12) n31.

91 BoBh(2005: 101):
"그리고 여기에 남게 되는 그 어떤 것은 여기에 분명히 실재한다고 여실하게 인식한다."
yat punar atrāvaśiṣṭaṃ bhavati tat sad ihāstīti yathābhūtaṃ prajānāti//

판한다.

짠드라끼르띠는 「현전지」 제73게의 자주에서 처음으로 유식학파의 자증분설을 소개하는데 '불의 비유'와 '음성의 비유'를 활용한다. 예컨대 불이 발생할 때 불은 자기 자신과 외부 대상을 일시에 비추고 음성도 음성 자체와 의미를 동시에 나타내듯이, 인식이 발생할 때도 인식 자체와 대상을 구분하여 인식하지 않고 자체와 대상을 스스로의 힘으로 동시에 인식한다. 이러한 비유는 식의 자증의 능력에 대한 근거를 확립하는 데 활용된다.[92]

디그나가는 「현전지」에 소개된 자증분설을 확립했다고 할 수 있다.[93] 그는 『집량론』, 『인명입정리론』 등에서 자증분을 하나의 이론으로 만들었다. 자증분은 대상의 인식은 식 속에 나타난 대상의 형상을 인식한다는 점에서 '인식 그 자신의 인식'이라는 의미로 svavedana, ātmavit, ātmsaṁvit, svasaṁvit 등으로도 표현된다. 특히 자증분의 기원에 관한 연구는 지후아 야오(Zhihua Yao)에 따라 대중부 기원설에 무게를 두고 있다. 그에 따르면 자증분은 대중부에 기원을 두고 있으며, 경량부에 와서 보다 기술적인 용어로 사용되었고, 최종적으로 디그나가와 다르마끼르띠에 의해 체계화된 것으로 추정된다. 야오가 제시한 대중부 기원설의 전거는 『대비바사론(大毘婆娑論)』이다.[94]

---

92 MABh(1912: 167, 4-11): ji ltar me ni skyes pa nyid na rang gi bdag nyid dang bum pa la sogs pa dag gnyis su mi 'jug par cig car gsal bar byed la, sgras kyang rang gi bdag nyid dang don ston par byed pa de bzhin du, rnam par shes pa yang nye bar skye ba nyid na gnyis su mi 'jug par rang gi bdag nyid dang, yul so sor yang dag par rig par byed pa yin no, de'i phyir rang rig pa zhes bya ba yod pa kho na yin no.

93 桂紹隆(1969): 카츠라 쇼류에 따르면 자증분은 경량부와 유식학파를 연결하는 가교 역할을 한다.

94 Zhihua Yao(2005: 15-17); Zhihua Yao(2005: 97-113): 야오는 대중부로부터 시작된 논의가 설일체유부와 논쟁의 과정에서 『성실론』의 저자인 하리바르만의 논의로 연결되는 흐름을 검토한다. 먼저 그는 계시적 인과관계 논증, 의식의 기능(이미지 가져오기, 기억하기, 개념화하기)이

> 이를테면 어떤 이들은 마음과 마음작용은 자신을 인식할 수 있다고 주장한다. 예를 들면 대중부 그들은 이렇게 말한다: "智 등은 인식하는 것으로 자성을 삼기 때문에, 자신이나 다른 것을 인식할 수 있다. 등불이 비추는 것으로 자성을 삼기 때문에, 자신이나 다른 것을 비출 수 있는 것과 같다."[95]

오가와에 따르면 짠드라끼르띠는 디그나가의 자증분설에 기초해 전개되는 유식학파의 알라야식설을 비판한다. 기시네도 오가와와 같은 입장이며, 그 근거로 『명구론』의 자증분 비판에서 디그나가의 『인명입정리론(因明入正理論: Nyāyapraveśa)』을 인용하는 점과 「현전지」에서 '등불의 비유'가 등장하는 점 그리고 『집량론』을 제시한다.[96]

짠드라끼르띠는 자증분설에 관한 논의에서 유식학파의 기억에 의한 자증분 증명을 인용한다. 기억이란 이미 경험한 내용, 즉 형상을 추후에 발생하는 인식이 인지하는 것을 의미한다. 문제는 기억한 내용과 지각한 대상에 차이가 있다는 것이다. 기억하는 시점에서 지각한 대상은 과거의 것이기 때문이다. 다시 말해 과거에 경험한 사실을 기억한다는 것은 인식이 그 자신에게 포함된 형상을 인지하는 것이다. 따라서 이는 인식의 자체적 자각(자증분)에 대한 수상의 근기라고 할 수 있다.[97]

자기인식의 역할과 다름이 없다는 논증, 승의에 있어서 자기인식은 타당하지 않지만 세속제에 있어서 사실이라는 이제설에 근거한 논의를 검토한다.

95 『대비바사론』(『대정장』 27, 42c): 謂或有執 心心所法能了自性 如大衆部彼作是說 智等能了為自性故能了自他 如燈能照為自性故 能照自他

96 小川一乘(1988: 63); 岸根敏幸(2001: 310-11); 東方學院關西地區教室(2001) 참조: 짠드라끼르띠는 『명구론』에서 량(pramāṇa)에 대해 비판한다. 이 비판의 대론자는 디그나가이다.

역설적이게도 짠드라끼르띠의 자증분설 비판의 대상으로 간주되는 디그나가도 자증분설을 증명하기 위하여 기억의 문제를 활용하고 있다. 디그나가는 『집량론』에서 견분으로서의 식과 자증분으로서의 식이라는 인식의 2상성(二相性, dvirūpatā)을 전제한다. 이후 그는 모든 인식이 갖는 자증분이라는 제3의 속성을 더하여 유식의 이론을 완성한다.[98]

> 최초의 지각 이후에 발생하는 기억에는 (『집량론』 제11게 c)
> 두 가지 형태가 [있다].
> 왜냐하면 [최초의 지각 이후에 발생하는 기억에는] 대상에 대해서 뿐만 아니라 그 대상에 대한 인식에 대해서도 인식이 발생하기 때문이다. 따라서 인식에는 두 가지 형태가 있게 되고 자증분의 원리도 [성립하는 것이다].
> 그 이유는 무엇인가?
> 경험되지 않는 것에 대해서 이 기억이라는 것은 존재하지 않기 때문이다.(제11게 d)
> 예를 들어 [과거에 경험했던] 형태나 색깔을 기억하듯이, 경험되지 않은 대상에 대한 체험이나 기억은 존재하지 않기 때문이다.[99]

---

97 MABh(1912: 167, 12-20): gang zhig mi 'dod pa des kyang gdon mi za bar rang rig pa khas blang bar bya dgos te, gzhan du na mthong ngo zhes dus phyis 'byung ba'i dran pas yul dran pa nyid dang, ngas mthong ngo snyam du yul gyi nyams su myong ba dran par mi 'gyur ro, de ci'i phyir zhe na, dran pa ni nyams su myong ba'i yul can yin na shes pa yang nyams su ma myong bas dran pa yod par mi 'gyur ro.

98 Birgit Kellner(2010): 대상의 형상과 인식 자신의 형상을 갖는 자증분의 의미를 다루고 있다.
PS(2005: 4, 20):
"대상에 대한 인식과 그 대상에 대한 인식에 대한 인식이 구분되기 때문에 두 가지 형태(2상성)가 [성립한다]."(『집량론』 제11게 a-b)
viṣayajñānatajjñānaviśeṣāt tu dvirūpatā/

디그나가에 있어서 인식이란 이미 경험한 것에 대한 기억의 형태로 나타난다. 이 기억(인식)은 경험했던 대상에 대한 인식과 그 인식에 대한 인식으로 나뉜다. 이 두 가지 형태의 기억이나 인식은 모두 이미 경험했던 대상이나 인식에 기초한다는 점에서 외계의 대상을 필요로 하지 않는다. 그에게 있어서 기억, 즉 인식의 문제는 심상속에 내재된 과거 경험의 잠재인식(vāsanā)에 기초해서 발생하는 것이다. 이러한 논의는 설일체유부류의 무형상지식론(無形相知識論, Anākārajñāna-vāda), 즉 인식은 외부에 존재하는 대상을 있는 그대로 모사(模寫)하는 것이라는 주장에 대한 비판적 성격을 갖고 있다. 무형상지식론은 과거의 인식에 대한 기억의 문제를 설명하지 못하기 때문이다. 따라서 디그나가에게 있어서 식이 성립하기 위해서는 자증분이라는 개념이 요청될 수밖에 없다. 대상에 대한 인식뿐만 아니라 그 인식에 대한 인식(기억)이 식 내에 자체적으로 성립해야 하기 때문이다.

짠드라끼르띠는 「현전지」에서 유식학파가 자증분을 인정해야 하는 두 가지 이유를 제시한다. 첫째, 자증분을 인정하지 않을 경우에 '인식이 성립하기 위해서 다른 인식을 거듭 요청하는 무한소급의 오류'가 발생한다. 둘째, 인식의 성립을 위한 무한소급에 빠질 경우에 '인식이 새로운 대상을 식별하는 것은 불가능한 오류'가 발생한다. 짠드라끼르띠가 제시한 자증분설의 필요성은 『집량론』의 자증분을 인정하지 않을 경우 발생하는 오류를

---

99 PS(2005: 5, 1-6):
smṛter uttarakālaṃ ca/
dvairūpyam iti sambandhaḥ// yasmāc cānubhavottarakālaṃ viṣaya iva jñāne 'pi smṛtir utpadyate/ tasmād asti dvirūpatā jñānasya svasaṃvedyatā ca// kiṃ kāraṇam//
na hy asāv avibhāvite//11//
na hy ananubhūtārthavedanasmṛtī rūpādismṛtivat//

통해 잘 드러난다.

> [자증분이 없다면 이미 경험했던] 형태나 색깔 등을 기억하는 것처럼 인식에 대해서도 또 다른 인식의 지각이 요청되는 오류가 발생할 지도 모른다. 하지만 이것은 타당하지 않다.
>
> 왜냐하면 [인식의 성립은] 또 다른 인식의 지각에 의존하는 것이 아니기 때문이다. 만약에 그 인식이 또 다른 인식에 의해 지각되어야 한다면 무한소급의 오류에 빠지기 때문이다.(『집량론』 제12게 a-b)
>
> 왜 그러한가? 그 이유는 또 다른 인식에 대해서도 그것[과 다른 인식이나 기억]이 다시 말해, 어떤 인식이 또 다른 인식에 의해 지각될 경우 그것[과 다른 인식]에 대해서도 뒤이어서 또 다른 기억이 일어나는 것이 논리적으로 타당하기 때문이다. 그리고 계속해서 그것[과 다른 기억]에 대해서도 또 다른 인식이 요청된다는 점에서 무한소급의 오류에 빠질 것이다.
>
> 그리고 또한 [식의 자증분이 없을 경우 인식이] 새로운 대상으로 이동하는 것이 불가능하게 된다. 하지만 그것(인식의 또 다른 이동)은 실제로 인정된다.(제12게 c-d)
>
> 따라서 인식의 자증분으로서의 원리는 반드시 인정되어야만 하며 그 자증분으로서의 원리는 [인식의] 결과(量果)에 다름 아니다.[100]

---

100 PS(2005: 5, 7-14):
syād etat rūpādivaj jñānasyāpi jñānāntareṇānubhavaḥ// tad apy ayuktam/ yasmāj jñānāntareṇānubhave 'niṣṭhā/
anavasthā iti tajjñāne jñānāntareṇa anubhūyamāne// kasmāt//
tatrāpi hi smṛtiḥ/
yena hi jñānena taj jñānam anubhūyate/ tatrāpy uttarakālaṃ smṛtir dṛṣṭā yuktā// tatas tatrāpy anyena jñānena-anubhave 'navasthā syāt//
viṣayāntarasañcāras tathā na syāt sa ceṣyate//12//
tasmād avaśyaṃ svasaṃvedyatā jñānasyābhyupeyā// sā ca phalam eva//

제73게의 자주에서 짠드라끼르띠는 자증분을 인정하지 않을 경우 발생하는 첫 번째 오류로서 무한소급을 소개한다. 청색을 지각하는 인식이 성립하기 위해서 그 다음 순간에 뒤이어 일어나는 인식이 요청된다면 뒤이어 일어나는 식도 무한히 요청되는 오류가 발생한다.[101] 다케무라 마키오(竹村牧男)는 청색을 지각하는 인식(견분)을 다시 인식하는 것이 없으면 대상을 지각했다는 인식은 일어날 수 없게 되므로 견분을 재차 인식하는 기능이 인식 내에 존재할 수밖에 없는 것이라고 주장한다. 만약 견분 이외의 다른 인식이 있어서 견분의 인식을 재차 확인하게 된다면 그 인식은 또 다른 인식의 확인을 요청하기 때문에 무한소급에 떨어진다. 따라서 이러한 오류를 피하기 위해서는 인식에 있어서 견분 이외의 그 견분의 인식을 확인하는 자증분의 기능이 요청될 수밖에 없는 것이다.[102]

자증분을 인정하지 않을 경우 발생하는 두 번째 오류는 '인식이 새로운 대상을 식별하는 것은 불가능한 것'이다.[103] 기시네에 따르면 이 주장은 무한소급의 오류와 밀접한 관계가 있다. 불교사상에서 심상속이라 부르는 인식의 흐름은 어떤 인식이 생기해서 소멸함과 동시에 또 다른 인식이 끊임없이 생기하는 형태를 갖는다. 이 형태는 다른 것과 구별되는 단일한 것이

---

101 MABh(1912: 167, 18-168, 4): shes pa gzhan gyis kyang de myong bar mi rigs te, ci'i phyir zhe na, shes pa gzhan gyis nyams su myong na thug pa med par thal bar 'gyur ro, 'di ltar sngon po yongs su gcod par byed pa'i shes pa gcig de'i mjug thogs su 'byung ba'i rnam par shes pas gcod par khas len na, sngon po'i shes pa'i shes pa de la yang myong ba po gzhan yod par bya dgos shing, de la yang gzhan zhig 'gyur dgos pas thug pa med pa'i skyon du thal lo.

102 竹村牧男(1995: 435)

103 MABh(1912: 168, 4-7): shes pas yul gzhan yongs su mi gcod par yang 'gyur te, rnam par shes pa'i rgyun lugs mtha' dag shes pa gzhan gyi yul can yin pa'i phyir dang, sems can rnams par shes pa'i rgyud gcig yin pa'i phyir ro.

다. 즉 인식의 생멸은 '자상속'(自相續, svasaṁtāna)에서 단절 없이 계속해서 일어난다고 할 수 있다. 어떤 대상에 대한 인식이 성립하기 위해 다음 찰나에 발생하는 또 다른 인식의 확인이 필요하다면 이러한 인식의 발생에는 자상속 속에서 끊임없이 이어질 것이므로 인식이 새로운 대상을 지각할 시간적인 여유가 없다. 다시 말해 현 찰나에 발생하는 인식은 전 찰나에 발생하는 인식을 성립시키기 위한 확인 작업 이외에 새로운 대상을 인식할 수 없는 사건이 발생하는 것이다.[104] 따라서 이러한 오류를 피하기 위해 자증분이 요청된다.

이러한 내용을 토대로 우리는 『보살지』「진실의품」에서 나타나는 의타기성의 실재성 논증에서부터 디그나가의 의타기성으로서의 자증분설까지 다양한 시기에 걸쳐있는 유식설을 확인할 수 있다. 짠드라끼르띠는 의타기성으로서의 자증분과 그 실재성을 집중적으로 비판하는데, 이는 III장 3절 '외계 비실재론 비판-자증분설 비판'에서 자세히 다룰 것이다.

4. 「현전지」에 나타난 유식사상의 특징

이 절의 주요 내용은 「현전지」에서 유식학파의 주장으로 소개된 유식설의 특징을 설명하는 것이다. 「현전지」의 유식사상 비판은 법무아 논증의 사례로서 생·멸의 중도적 관점에서 이숙식, 외계 비실재론 그리고 자증분

---

104 岸根敏幸(2001: 315)

에 대한 비판으로 구성된다. 유식사상 비판의 대상은 모두 알라야식과 직접적인 관련이 있다.

짠드라끼르띠는 외계 비실재론을 집중적으로 비판한다. 그는 무자성한 현상들의 상호의존적 발생의 입장에서 인식 발생의 조건을 공능에 의존하는 유식무경설을 논박한다. 이를 토대로 우리는 유식성으로서의 알라야식이 비판의 주된 대상임을 알 수 있다. 유식사상의 형성사에서 알라야식은 삼성설과 결합된 이후에 나타나는 유식설이다. 우리는 삼성설과 결합된 이후의 알라야식의 성격을 재검토함으로써 비판의 대상, 즉 유식설의 특징을 보다 분명하게 확인할 수 있을 것이다.

짠드라끼르띠가 제45-47게의 논의를 통해서 드러낸 유식설은 다음과 같다. 첫째, 유식은 곧 알라야식이며, 이는 의타기성에 근거한다. 둘째, 삼성설에서 변계소집성은 부정하고, 원성실성은 긍정하려는 입장이다. 이를 종합하면 유식학파의 입장에서 의타기성은 망분별의 의지처인 잡염의 근거이고, 동시에 망분별을 지멸하는 의지처인 청정의 근거가 되는 것이다.

'유식성으로서의 의타기성'은 유식설의 중요한 특징이다. 유식성으로서의 의타기성은 초기 유식설에서는 등장하지 않는다. 이 특징은 『보살지』에서부터 『중변분별론』을 거쳐 『유식삼십송』에서 완성된다. 초기 유식사상의 기원에서 『보살지』「진실의품」은 실상이나 사태(事, vastu)를 통해 사물의 존재를 언어의 지시 대상으로 삼고 있지만 정작 그 내용은 언어로 표현할 수 없는 것을 논의한다.

『보살지』「진실의품」의 사태와 분별의 관계는 「섭결택분」「보살지」의 '오사'(五事)의 논의로 발전한다. 특히 사태는 승의적인 측면으로서 언어로 표현되지 않는 영역(tathatā, samyajñāna)이며, 분별은 세속적인 측면으로서 언어로 표현되는 영역(nimitta, nāman, vikalpa)이기도 하다. 따라서 오사는 일체법을 설명하기 위한 개념이다.[105]

『보살지』「진실의품」의 vastu는 사물과 사태이고, 현상 세계를 성립시키는 기반이며, 그 의지처로서 진실이다. 유식학파는 사물과 사태의 세계를 식이라는 말로 치환하고 있다. 알라야식은 사물과 사태의 세계를 현현시키고, 시시각각으로 변화하면서 흘러가는 것이다. 그 토대 위에서 나와 법이라는 가설이 성립한다.

유식은 '유사'(唯事)를 논리적으로 표현하는 하나의 방식이다. 유사에서 발전한 유식은 삼성설과 결합한다. 유식성으로서의 의타기성은 『중변분별론』의 사상적 구조를 그대로 계승한 『섭대승론』「소지상분」에서 명확하게 나타난다. 즉 『섭대승론』「소지상분」에서 나타나는 의타기성은 『중변분별론』에 등장하는 삼성설의 토대 위에서 식의 기능을 강화하기 위해 설정된 것이다.[106]

우리는 삼성설의 삼성을 개별적으로 파악할 수 없다. 삼성은 서로의 존재를 통해 성립하고 구분되기 때문이다. 『섭대승론』「소지상분」에 따르면 능변계(能遍計)는 의식, 소변계(所遍計)는 의타기성이다.[107] 의식이 이름을

---

105 高橋晃一(2005) 참조; 요꼬야마 고우이쯔(2005: 175): 『보살지』「진실의품」의 선취공에 대한 정의 중에 가설과 '사태'(事)의 관계에서 가설의 의지처로서 '유사'(唯事, vastu-mātra)를 설정하고 있는 사상구조가 나타난다. 『유가사지론』에는 유식이라는 말이 성립하지 않고 유사와 '유법'(唯法, dharma-mātra)이라는 말로 현상적인 존재를 총칭하고 있다. 오직 사태만이 존재하고 그것이 가설전표(假說詮表)의 근거가 된다고 강조한다.

106 김재권(2009); 김재권(2010) 참조.

107 MS(1982: 74-5 II. 16):
"또한 변계하는 것(能遍計)이 존재해서 변계되는 바(所遍計)가 있으므로 변계소집성이 있다.

갖는, 즉 의타기성의 세계에서 변계소집성은 성립한다. 이에 따르면 변계소집성은 적어도 공상(共相)의 소산이며 언어세계 가운데 성립하는 것이 된다.[108] 원성실성은 삼성설과의 관계에서 진여라고 하거나 또는 의타기성 가운데에 변계소집성이 없는 청정 의타기로 정의된다.

삼성설 중 가장 근원적 존재는 의타기성이라고 할 수 있다. 『대승아비달마경』에서는 금토장(金土藏)의 비유를 인용하여 원성실성보다 의타기성을 보다 근원적인 존재로 표현한다. 의타기성 중심의 유식설에서는 의타기성을 일관되게 명언의 소의이며 집착의 대상으로 삼는다.[109] 삼성설은 그 성격상 특정한 성만의 중요성을 강조할 수는 없지만 그 우선성을 드러냄으로써 그들의 관계를 보다 분명하게 파악할 수 있는 것이다.

유식의 개념은 알라야식설에서 직접 도출되는 것이 아니라 삼성설의 관계 속에서 드러나는 것이다. 알라야식은 삼성의 실재를 통해서 도출되고, 이것을 조건으로 유식의 개념이 구성된다고 할 수 있다. 식(vijñāna)이란 인식하는 활동을 지시하는 말이며, 이러한 식의 활동을 통해 파악된 사물을

그 경우 능변계는 무엇인가? 소변계는 무엇인가? [그리고] 변계소집성은 무엇인가라고 하면, 의식이 능변계인데 분별하는 것을 [본질로] 하기 때문이다. 그것(의식)은 자신의 명언훈습의 종자로부터 발생하며, 모든 표상은 명언훈습의 종자에서 발생한다. 그러므로 일체의 행상은 분별들에 의해서 생겨나는 것이다. 모든 것을 분별에 의해서 변계하기 때문에 능변계라고 한다. 의타기자성은 소변계이다."

yang kun tu rtog pa yod cing kun tu brtags par bya ba yod na, kun brtags pa'i ngo bo nyid do, de la kun tu rtog pa ni gang yin, kun tu brtags par bya ba ni ci zhiig, kun tu brtags pa'i ngo bo nyid ni gang zhe na, yid kyi rnam par she pa ni kun tu rtog pa ste, rnam par rtog pa can gyi phyir ro, de ni rang brjod pa'i bag chags kyi sa bon las byung ba dang, rnam par rig pa thams cad kyi brjod pa'i bag chags kyi sa bon las byung ba'i, de lta bas na rnam pa mtha' yas pa'i rnam par rtog pa dag gis 'byung ste, thams cad du rtog pas kun tu rtog pa zhes bya bas na kun tu rtog pa zhes bya'o. gzhan gyi dbang gi ngo nyid ni kun tu brtag par bya'o.

108 竹村牧男(1995: 237-41) 참조.

109 구도 시게키(2005: 283-84) 참조.

표상(vijñapti)이라고 한다. 원성실의 실재에 있어서 유식이라는 상념이 멸하게 되며, 주관적인 생각도 부정되어 원성실성이 현성하는 것이다. 즉 유식은 부정되고 전환되어 의타기성에서 원성실성으로 구현되는데, 이 원성실성을 유식성이라고 부르는 것이다.

바수반두의 『유식삼십송』에서 삼무성(三無性)이 진여성(tathatā), 즉 원성실성으로 나타난다. 다시 말해 이 삼무성이 원성실성으로서의 유식성이다. 유식성의 성(vijñaptimātratā의 tā)은 부정을 내포한 절대긍정으로 파악될 수 있다. 즉 유식은 변계소집된 실재를 전의(轉依, āśrayaprāvṛtti)적으로 원성실한 것으로 변화시킨다. 의타기성 중심의 삼성설에서는 의타기성에 근거해 사물과 사태가 현현한다고 주장하므로 의타기성이 알라야식이며 또한 유식이다. 결국 의타기성이 유식성인 것이다.[110]

> 의타기성이라는 것은 반드시 [그 존재가] 인정되어야 한다. 왜냐하면 그 [의타기성은] 모든 분별의 그물이 의지하는 바이기 때문이다. 뱀이라는 착각은 새끼줄을 원인(nimitta)으로 하는 것이기 때문에 [그 착각이] 이 [새끼줄]과 관련이 없다는 것은 이치에 맞지 않다. 항아리라는 착각은 흙 등을 원인으로 하는 것이기 때문에 흙 등에 의지하지 않고는 [항아리라는 착각은] 허공에서는 발생할 수 없는 것과 같다. 또한 이 [의타기성의 문제에 있어서도] 외경 없이 청색 등의 인식은 무엇을 원인으로 하겠는가라는 [문제가 발생한다]. 그러므로 반드시 분별의 토대가 되는 의타기성의 존재를 인정해야 하는데 왜냐하면 [의타기성은] 염오(saṃkleśa)와

110 長尾雅人(1982: 25)

청정(vyavadāna)의 토대로 작용하기 때문이다.(「현전지」 제47게 자주)[111]

「현전지」 제47게의 자주에서 짠드라끼르띠는 의타기성을 망분별의 의지처인 잡염과 그것을 지멸하는 청정의 근거라고 정의한다. 스폰버그(A. Sponberg)의 주장에 따르면 삼성설은 의타기성을 중심으로 하는 중추적 모델(pivotal model)과 원성실성을 중심으로 하는 발전적 모델(progressive model)로 구분할 수 있다.[112] 잡염·청정 이분의 근거로서 의타기성은 변계소집성과 원성실성으로 전개되는 중추적 모델을 통해 이해할 수 있다. 변계소집성은 능취와 소취의 이원성이며 원성실성은 의타기성 속에 변계소집성이 없는 것으로 규정된다.[113] 안성두는 이러한 해석이 아상가와 바수반두의 저작에서 두드러진다고 주장한다.[114]

잡염·청정 이분의 근거로서의 의타기성은 실체가 아니다. 『섭대승론』에서는 의타기성의 비존재, 원성실성의 비존재 그리고 잡염·청정의 비존재를 과실의 성립 논리에 따라 논증한다. 의타기가 없으면 원성실성도 비존재가 되는 모순이 생겨나기 때문이다. 잡염에 있어서 청정 의타기성은

111 MABh(1912: 139, 1-9): gzhan gyi dbang gi ngo bo 'di ni gdon mi za bar khas blang bar bya ste, gang gi phyir de ni rtog pa'i dra ba ma lus pa'i gzhir 'dod pa'i phyir ro, sbrul du 'khrul pa thag pa'i rgyu mtshan can ni de la ma bltos par mi rigs la, bum par 'khrul pa sa la sogs pa'i rgyu mtshan can ni sa la sogs pa la ma bltos pa nam mkha'i khams phyogs su 'byung bar mi 'gyur ba de bzhin du, 'dir yang phyi rol gyi don med na sngon po la sogs pa'i rtog pa ci'i rgyu mtshan can zhig tu 'gyur, de'i phyir gdon mi za bar rtog pa'i rgyu gzhan gyi dbang gi ngo bo khas blang bar bya ste, kun nas nyon mongs pa dang rnam par byang ba'i rgyu yin pa'i phyir ro.

112 Alan. Sponberg(1982: 99ff)

113 안성두(2005: 63-8): 중추적 모델이 『섭대승론』에 근거하고 발전적 모델은 『대승장엄경론』에 근거한다. 그리고 『중변분별론』과 『해심밀경』은 상이한 이해가 나타나고 있다.

114 안성두(2005: 85)

잡염에 관계하는 것으로 존재해야 한다. 착각이 잡염의 원인으로 작용하여 의타기성이 허망분별로서 존재하기 때문에 의타기성과 잡염을 실체적 관계로 보는 것은 전도된 이해이다. 이 이해가 잡염이 되는 것이다. 따라서 잡염·청정을 비존재로 만들지 않기 위하여 의타기성은 존재하는 것이다.[115]

『현양성교론』에 따르면 가설의 소의인 의타기성이 존재해야 하는 이유는 잡염법의 비존재를 방지하기 위해서이다. 잡염법은 현재에 있기 때문에 가설의 소의인 의타기성이 있는 것이다. 이와 같은 논리로 『현양성교론』은 의타기의 존재를 논증한다. 이는 본래 실물에는 없는 것이 실물로서 집착된다고 말하는 미혹 잡염의 근저를 해명한 것이다.[116]

『섭대승론』「소지상분」과 『현양성교론』에서 잡염·청정 이분의 근거인 의타기성을 중심으로 하는 중추적 모델은 아상가의 삼성설 이해에 근거한다. 짠드라끼르띠가 「현전지」에서 소개한 잡염·청정 이분의 근거인 의타기성은 아상가 이후의 유식사상이다. 이 의타기성은 유식론적인 삼성설로 변화된 유식설 이후에 나타나는 가장 큰 특징이다.[117]

짠드라끼르띠가 「현전지」에서 소개하는 유식사상은 유식성으로서의 의타기성이다. 즉 그는 유식론적 삼성설에서 의타기성으로서의 알라야식으로 유식사상의 존재론적 성격을 강조하고, 이에 대한 존재 논증의 일환으

---

115 竹村牧男(1995: 339) 참조.

116 竹村牧男(1995: 340) 참조.

117 金成哲(2008: 115-25): 金成哲에 따르면 『보살지』의 무분별지는 언어를 배제한 직접적 인식으로서 진여의 실재성을 부정하지 않는다. 반면 마이트레야 논서의 무분별지는 선정을 기반으로 하는 개념적 인식의 성격을 갖는다. 또한 이것은 실재론적 무분별지 개념에서 유식론적 무분별지로 발전을 의미한다. 그리고 『섭대승론』은 『보살지』와 「섭결택분」의 개념을 사용하고 마이트레야 논서의 무분별지 개념에 인식적 요소를 보강한다.

로 자증분설을 제시한다. 특히 그는 인식작용과 형상의 동일성을 주장하는 디그나가의 자증분설을 주된 표적으로 삼고 있다.

디그나가의 주장은 후대에 다르마팔라에게 반영되어 유상유식설로 나타난다. 유상유식설이란 샨타락쉬타의 『중관장엄론』에서 유상유식파(Sākāravijñānavādin)와 무상유식파(無相唯識, Nirākāravijñānavādin)의 비판을 통해서 확인할 수 있는 개념이다. 이를 통해 샨타락쉬타의 활동시기에 유상·무상유식파 사이에 명확한 이론상의 대립이 있었다고 추측할 수 있다. 물론 유상·무상유식파를 구분하는 여러 방식이 있기 때문에 그 계보를 확정하는 것은 어렵다고 할 수 있다. 가지야마 유이치(梶山雄一)는 유상·무상유식파 사이의 논쟁이 다르마끼르띠 시대 이후에 본격적으로 전개된 것으로 본다.[118] 다르마끼르띠와 짠드라끼르띠의 활동시기에도 유상·무상유식파를 명확하게 분류하는 기준이 있었는지 불확실하다.

그러나 다케무라는 유상·무상유식파에 대한 분류 기준을 4가지로 구분하고 있다. ① 불지에서 소취·능취의 상태에 따른 분류, ② 형상의 진실성과 허위성에 따른 분류, ③ 인식과 형상의 무구별성에 대한 해석상의 차이, ④ 식의 형상에 대한 이해 방식의 차이이다.[119] 무상유식설은 자증분을 순수한 인식작용으로, 개개의 인식이 지닌 형상(ākāra)을 비실재로 판단한다. 유상유식설은 자증분을 나타나는 형상 외에는 없는 것이고, 인식작용과 그 형상으로 나눈 것을 사실에 위배되는 것으로 판단한다. 이 구분에 따르면 형상에 대한 실재성 여부가 주요한 쟁점이다. 더 나아가 인식작용과 인식

118 Kajiyama Yuichi(1965: 393) 참조.

119 竹村牧男(1995: 66-86) 참조.

내용으로서의 형상을 구분한 스티라마띠(Sthiramati, 安慧: 510-570년경)의 사유방식이 후기 무상유식파에 계승되고, 집착의 유·무에 의하여 미(迷)·오(悟)의 지식으로 나눈 다르마팔라의 사유방식은 후기 유상유식파에 계승된다.[120] 이상의 차이에도 불구하고 유상·무상유식파는 본질적으로 인식작용과 형상을 동일한 것으로 간주한다.

디그나가에 따르면 논리학의 관점에서 하나의 언어가 자신과 타자에게 의미를 지닐 수 있는 실질적 근거는 마음속에 현현하는 사상(事象)인 형상의 공통성이다. 그는 이 형상의 공통성을 마음속에 나타난 형상 내지 언어에서 찾고, 그것을 의타기성으로 간주하여 그 존재성을 인정한 것이다.[121] 즉 그의 주장에서 의타기성의 존재성을 인정하고 있는데, 이는 잡염·청정 이분 의타기성에 근거한 중추적 모델이 갖는 문제점이다. 따라서 짠드라끼르띠는 중추적 모델에서 나타나는 실체성을 비판하는 것으로 보인다. 이 비판에 나타나는 특징은 짠드라끼르띠의 유식사상 비판을 분석한 이후 IV장 4절 '유식사상 비판의 사상사적 의의'에서 자세히 밝힐 것이다.

120 오키 가즈후미(2005: 232-37) 참조.

121 사이구사 미쓰요시(1993: 250-52) 참조.

III

법무아 논의에 나타난 짠드라끼르띠의 유식사상 비판

1. 법무아 논의의 사상적 배경
2. 업상속 이론으로서의 이숙식 비판
3. 외계 비실재론 비판
4. 유식사상 비판의 특징

법무아 논의에 나타난 짠드라끼르띠의 유식사상 비판

1. 법무아 논의의 사상적 배경

「현전지」 전반부에서 짠드라끼르티는 발생에 관한 인과 모델인 자생, 타생, 자·타 공생 그리고 무인생을 주장하는 이들이 처하는 논리적 모순을 지적한다. 그는 이 논의에 대해 『십지경』의 '10가지 법의 동일성'에 대한 교설 중에서 "일체법에 발생이 없다"에 근기한다고 밝힌다.[1] '10가지 법의 동일성'이란 모든 존재의 실상을 표현한 것으로 "모든 것은 공이기 때문에 평등하다"는 의미이다.

1 DBh(1926: 47): yad uta sarvadharmānimittasamatayā ca sarvadharmālakṣaṇasamatayā ca sarvadharmānutpādasamatayā ca sarvadharmājātatayā ca sarvadharmaviviktasamatayā ca sarvadharmādiviśuddhisamatayā ca sarvadharmaniṣprapañcasamatayā ca sarvadharmānāvyūhānirvyūhasamatayā ca sarvadharmamāyāsvapnapratibhāsapratiśrutkodakacandrapratibimbanirmāṇasamatayā ca sarvadharmabhāvābhāvādvayasamatayā ca/ ābhirdaśabhirdharmasamatābhiravatarati//

① 일체법은 무원인(無原因, animitta)이라고 하는 동일성이다.

② 일체법은 무상(無相, alakṣaṇa)이라고 하는 동일성이다.

③ 불생(不生, anutpāda)[이라고 하는 동일성],

④ 무기(無起, ajāta)[라고 하는 동일성],

⑤ 분리(分離, vivikta)[라고 하는 동일성],

⑥ 본래 청정한(本來淸淨, ādi-viśuddhi)[이라고 하는 동일성],

⑦ 희론이 없다(無戱論, niṣprapañca)[라는 동일성],

⑧ 불래(不來, anāyūha) 불거(不去, aniryūha)라는 동일성이다.

⑨ 일체법은 환(幻), 몽(夢), 그림자, 메아리, 물속에 비친 달, 영상처럼 현현한 것(mamāyāsvapnapratibhāsapratiśrutkodakacandrapratibimbanirmāṇa)과 같다는 동일성이다.

⑩ 일체법은 존재·비존재(bhāvābhādvaya) 두 가지로 존재하지 않는다고 하는 동일성이다.[2]

『십지경』에서는 '10가지 법의 동일성', 즉 일체법의 실상(實相)을 체득함으로써 궁극의 경지인 열반으로 나아갈 수 있다고 한다. '10가지 법의 동일성'은 모두 『반야경(般若經: *Prajñāpāramitā-sūtra*)』에서 주장하는 공성의 내용이다. '동일성'이란 모든 것이 공하기 때문에 동일하다는 것을 의미한다.[3] 짠드라끼르띠는 제법에 대해 생겨남이 없는 것을 실상으로, 실상으로서 동

2 MABh(1912: 80, 14-81, 1): chos thams cad mtshan ma med par mnyam pa nyid dang, chos thams cad mtshan nyid med par mnyam pa nyid dang, de bzhin du skye ba med pa dang, ma skyes pa dang, dben pa dang, gdod ma nas rnam par dag pa dang, spros pa med pa dang, blang ba med pa dang, dor ba med par mnyam pa nyid dang, chos thams cad sgyu ma dang rmi lam dang mig yor dang brag ca dang chu zla dang gzugs brnyan dang sprul pa lta bur mnyam pa nyid dang, chos thams cad dngos po dang dngos po med pa gnyis su med par mnyam pa nyid do.

3 우리우주 유신(1995: 118-19)

일성만을 바른 이치에 의한 가르침으로 규정한다.

짠드라끼르띠에 따르면 발생에 관한 네 가지 인과 모델은 『십지경』의 '10가지 법의 동일성'에 위배되고, 네 가지 발생에 대한 주장은 나가르주나에 의해 성립하지 않는 것으로 검증된다. 즉 그는 발생을 주장하는 실체론자들에 대한 비판 근거를 『십지경』과 『중론』으로 밝히고 있다. 『입중론』에서 제시한 『중론』은 「관인연품」 제1게이다. 이를 통해 짠드라끼르띠는 네 가지 발생에 관한 논의를 시작한다.

> "자기 자신으로부터도 [발생하는 것이] 아니고 다른 것으로부터도 [발생하는 것이] 아니고, 양자로부터도 [발생하는 것이] 아니고 원인이 없이도 [발생하는 것이] 아니라네. 일체법은 어떤 것에도 어디에 있어서도 결코 발생하지 않는다네."(『중론』 「관인연품」 제1게)[4]

짠드라끼르띠는 제1게에 대해서 '결코'는 '전혀'라고, '어디에 있어서도'는 '어느 것에도'와 같은 뜻이라고 주석한다. 그는 '어느 것에도'에 대해 일체법을 말하는 것이라고 주장한다. '어느 것에도'는 '대상'과 '때' 그리고 '종의'(宗意)라는 의미를 내포하기 때문이다. '자신으로부터'는 대상과 때 그리고 종의 중 어느 것도 제법 자신으로부터 발생하는 것은 없다는 의미

4 MABh(1912: 81, 7-8): bdag las ma yin gzhan las min, gnyis las ma yin rgyu med min, dngos po gang dag gang na yang, skye ba nam yang yod ma yin;
MMK(1903: 12, 13-15):
"자기 자신으로부터, 다른 것으로부터, [자·타] 양자로부터, 원인이 없이 발생한 그 어떤 존재도 결코 어디에도 존재하지 않는다."
na svato nāpi parato na dvābhyāṃ nāpy ahetutaḥ/
utpannā jātu vidyante bhāvāḥ kvacana kecana//1-1//

를 담고 있다.[5] 이에 따르면 일체법은 차례대로 자신에게서도, 타자에서도, 양자에서도 그리고 무원인에서도 생기지 않는다. 『중론』의 팔불게(不生亦不滅 不常亦不斷 不一亦不異 不來亦不出, anirodham anutpādam anucchedam aśāśvatam anekārtham anānārtham anāgamam anirgamam)에 따르면 이것은 팔불게의 첫 번째 생·멸 중도에 해당한다. 「현전지」 전반부(제1게-119게)에서 짠드라끼르띠는 생·멸 중도에 관한 논의를 바탕으로 법무아 논증에 집중한다. 이 논의는 인과적 발생을 주장하는 자들에 대한 비판으로 『중론』 「관인연품」에서 시작한 생·멸 중도의 입장을 계승한다.

> 그 자체로 발생하는 것(자생)이 아니며, 다른 것으로부터(타생)는 어떻게 발생하는가?
> 그 둘에서도 발생하지 않으며, 원인 없이 무엇이 있는가?(「현전지」 제8게 a-b)[6]

나가르주나는 「관인연품」에서 4연설(四緣說) 비판에 앞서 발생이라는 문

---

5 MABh(1903: 81, 9-15): zhes nye bar bkod pa yin no, rnam yang zhes bya ba ni gzhar yang zhes bya ba'i don to, gang na yang zhes bya ba'i sgra 'gar yang gi sgra'i rnam grangs rten gyi tshig gis ni yul dang dus dang grub pa'i mtha' bshad do, gang dag gi sgra brten pa'i tshig ni phyi dang nang gi dngos po brjod pa'o, des na phyi dang nang gi dngos po rnams ni yul dang dus dang grub pa'i mtha' 'gar yang bdag las skye ba srid pa ma yin no zhes 'di ltar sbyar bar bya'o;
MMK(1903: 13, 1-3): tatra jātv iti kadā cid ity arthaḥ/ kvacanaśabda ādhāravacanaḥ/ kvacicchabdaparyāyaḥ/ kecanaśabda ādheyavacanaḥ kecicchabdaparyāyaḥ/ tataś caivaṁ saṁbandhaḥ/ naiva svata utpannā jātu vidyante bhāvāḥ kvacana kecana/ evaṁ pratijñātrayam api yojyam//

6 MAK(1912: 82, 1-2): de nyid de las 'byung min gzhan dag las lta ga la zhig, gnyi ga las kyang ma yin rgyu med par ni ga la yod;
MAK(1912: 82, 6-7): de ni de las byung na yon tan 'ga' yang yod ma yin, skyes par gyur pa slar yang skye ba rigs pa'ang ma yin nyid.

제를 논의한다. 『중론』에서 문제 삼고 있는 인과적 발생에 관한 첫 번째 모델은 스스로에게서 발생한다는 주장이다. 첫 번째 인과 모델인 자생이란 사물이 그 자체로부터 발생한다는 것으로 원인과 결과가 동일한 경우를 의미한다. 예를 들어 항아리가 항아리 그 차제로부터 발생한다면 『중론』에서는 이를 원인과 결과가 동일한 것으로 보고 불합리한 것으로 간주한다. 원인과 결과의 동일성이 결과를 낳는다면 항아리는 자신으로부터 계속해서 발생하기 때문이다.[7]

인과적 발생의 두 번째 모델인 타생은 원인과 결과가 다른 것이라는 주장이다. 원인과 결과가 다르다면 항아리는 실이나 모피 등으로부터 발생하는 것이 된다. 다르다는 것은 서로 무관계한 것이기 때문이다. 즉 "점토나 실이 항아리와 다르다"와 차이가 없기 때문이다. 그러므로 『중론』에서는 사물이 그것과 별개의 것으로부터 발생한다는 것도 불합리한 것으로 간주한다.[8]

인과적 발생의 세 번째 모델인 자·타 공생은 원인과 결과의 동일성과 비동일성의 복합체다. 『중론』에서는 복합체 각각에 없는 결과가 어떻게 발생할 수 있는가를 비판한다. 인과적 발생의 네 번째 모델인 무인생은 원인 없는 발생으로 인과관계를 부정하는 것이다. 따라서 『중론』에서는 논의의 대상으로도 삼지 않는다.[9]

---

7 가지야마 유이치·우에야마 슌페이(1989: 78-9) 참조.

8 가지야마 유이치·우에야마 슌페이(1989: 80) 참조.

9 가지야마 유이치·우에야마 슌페이(1989: 80) 참조; 가지야마 유이치(2007: 99-101): 『중론』의 주석가들에 따르면 비판의 대상이 되고 있는 자생과 타생을 주장하는 자들은 상캬아와 바이셰쉬까학파이다. 가지야마는 나가르주나의 비판 형식이 철학체계의 원리적인 면을 환원해

인간의 경험 속에서 다양한 방식으로 연관된 것처럼 보이는 원인과 결과에 대한 인과 모델들은 세계를 이해하는 방식과 세계와의 관계를 설정하는 방식을 제공함으로써 우리들의 태도와 행동을 결정하는 패러다임(paradigm)으로 작용한다. 인과 패러다임이란 인과율(causality)에 의해 나타나는 사고방식으로서 의식의 사고경향들을 의미한다.[10] 나가르주나는 인도 사상사에 나타난 네 가지 인과 모델을 4구분별(tetralemma), 양도논법(dilemma) 그리고 귀류법을 통해 비판한다.[11] 이 논증에서 나가르주나는 주로 실체론적으로 사고하는 경향을 비판한다.

설일체유부 역시 네 가지 인과 모델을 받아들이지 않고, 4연설을 통해 결정론과 무인론을 피하려고 한다. 그러나 나가르주나는 4연설과 연기에 관한 가르침의 차이를 재검토한다. 그는 설일체유부의 4연설을 연기에 관한 가르침에 어긋나는 것으로 보고 있기 때문이다. 즉 그는 설일체유부의 주장을 실체론적 인과 패러다임으로 보고, 『중론』을 통해 이를 비판하고 중도의 입장을 밝힌다.[12]

『입중론』에서 짠드라끼르띠는 연기를 잘 설하면 네 가지 극단적인 견해로서 인과적 발생이라는 분별은 완전히 사라질 것이고, 상·단과 유·무 이변(二邊)의 분별도 역시 성립하지 못할 것이라고 설명한다. 다시 말해 그는 연기를

서 비판하는 태도로 볼 것을 권하고 있다.

10 조애너 메이시(2004: 29-31): 과학철학자 토마스 쿤(Thomas S. Kuhn)의 저술에서 비롯되어 널리 사용되는 '패러다임'이라는 개념은 어떻게 사물이 생기는지에 대한 사고방식으로 의식의 사고경향들을 의미하는데, 그 경향 속에서 문제들이 인식되고 문제 해결을 위한 노력들이 시도된다.

11 가지야마 유이치(2007: 103-06) 참조.

12 이중표(2009) 참조.

통한 발생의 비판으로 상·단과 유·무 등의 악견을 배격할 수 있다고 주장한다. 그는 이 과정을 법무아의 이치에 의해서 잘 사찰된 결과라고 정의한다.

> 제법은 연기한 것이므로
> 분별에 의해서 분석할 수 있는 것이 아니다.
> 따라서 연기의 이치에 의해서
> 일체 악견의 그물들을 끊어버린다.(「현전지」 제115게)[13]

짠드라끼르띠는 『입중론』의 법무아 논증에서 『중론』을 사상적 배경으로 인정하고 있다. 즉 그는 생·멸 중도를 법무아로 바꾸어 발생을 주장하는 자들을 비판하는 것이다. 또한 「현전지」 제115게의 자주에서 그는 『중론』「관사제품(觀四諦品)」 제18게를 인용하여 나가르주나의 중도를 계승하고 있음을 분명히 밝힌다.

> 우리는 연기를 공성이라고 말한다. 그것(공성)은 의존적인 언어표현(假名)이다; 그것(공성)은 실로 중도(中道)이다.(『중론』「관사제품」 제18게)[14]
> 이 자성의 공성, 그것(공성)은 [자신의 부분에] 의존해서 언어로 표현된다. 실로 이 공성이야말로 가명이라고 확립된다. 바퀴 등 수레의 부분에 의존해서 수레가 언어로 표현된다. 그 자신의 부분에 의존해 [시설된]

---

13 MAK(1912: 228, 1-4): gang phyir dngos po brten nas rab 'byung bas, rtog pa nyid dag brtag par mi nus pa, de phyir rten 'byung rigs pa 'di yis ni, lta ngan dra ba mtha' dag gcod par byed.

14 MMK(1903: 503, 10-11):
yaḥ pratītyasamutpādaḥ śūnyatāṃ tāṃ pracakṣmahe/
sā prajñaptir upādāya pratipat saiva madhyamā//24-18//

가명, 그것은 자성으로서는 발생하지 않는 것이다. 또 자성으로서 불생인 것 그것이 공성이다. 실로 이 자성으로서 불생인 것을 특징으로 하는 공성이야말로 중도라고 확립된다. 자성으로서 불생인 것 그것의 존재성(astitva)은 없으며, 또 자성으로서 불생인 것에는 소멸이 없기 때문에 비존재성(nāstitva)도 없다. 그러므로 존재와 비존재(bhāvābhāva)의 두 가지 극단을 떠나 있는 것이기 때문에, 모든 자성으로서 불생인 것을 특징으로 하는 공성은 중도라고 말해진다. 실로 이와 같이 공성과 가명과 중도는 연기의 다른 이름이다.(『명구론』「관사제품」 제18게 주석)[15]

짠드라끼르띠는 『명구론』의 중도에 관한 주석에서 수레에 대해 그 자신의 부분으로 성립된 것이라고 정의한다. 그것은 그 자체로서 생겨남이 없는 것이다. 이를 통해 유와 무라는 양극단을 제거하는 것이다. 중도에 관한 그의 입장은 「현전지」 제120게부터 시작하는 인무아 논증에도 나타난다. 그는 인무아의 논의에서 "항상하는가?", "무상한가?" 등의 분별들이 조건에 연하여 가설된다는 입장을 통해 자아를 대치(對治, pratipakṣa)할 수 있다고 주장한다. 인무아의 논의의 결론에 해당하는 「현전지」 제163게 자주에서 그는 『중론』「관사견품」 제6게와 제12게를 이론적 논거로 제시한다. 이 근거를 토대로 그는 오온과 자아의 동일성에 대해 불가능하다는 입장을

15 MMK(1903: 504, 8-15): yā ceyaṁ svabhāvaśūnyatā sā prajñaptir upādāya/ saiva śūnyatā upādāya prajñaptir iti vyavasthāpyate/ cakrādīny upādāya rathāṅgāni rathaḥ prajñapyate/ tasya yā svāṅgāny upādāya prajñaptiḥ sā svabhāvenānutpattiḥ/ yā ca svabhāvenānutpattiḥ sā śūnyatā// saiva svabhāvānutpattilakṣaṇā śūnyatā madhyamā pratipad iti vyavasthāpyate/ yasya hi svabhāvenānutpattis tasya astitvābhāvaḥ/ svabhāvena cānutpannasya vigamābhāvān nāstitvābhāva iti/ ato bhāvābhāvāntadvayarahitatvāt sarvasvabhāvānutpattilakṣaṇā śūnyatā madhyamā pratipat madhyamo mārga ity ucyate// tad evaṁ pratītyasamutpādasyaivaitā viśeṣasaṁjñāḥ śūnyatā upādāya prajñaptir madhyamā pratipad iti//

취한다. 생과 멸을 갖게 되면 『중론』의 주장과 모순되기 때문이다.

> 실유(bhāva-sat)하는 것이 아니기 때문에, 그것(자아)은 견고한 것이 아니다.
> 견고하지 않는 것도 아니다. 이것은 생성과 소멸이 없다.
> 여기(자아)에 항상성(nityatva)도 있지 않다.
> 같은 것(ekatva)으로도 다른 것(anyatva)으로도 존재하지 않는다.(「현전지」 제163게)[16]

짠드라끼르띠는 제163게 자주에서 『중론』「관사견품」의 상(常)·무상(無常) 등의 사구(四句) 판단이나 유변(有邊)·무변(無邊) 등의 무기(無記)에 관한 논의를 인용한다. 인용에 따르면 붓다는 무기를 통해 극단의 견해를 비판하고, 나가르주나는 중도에 근거하여 극단의 견해를 비판한다.[17] 짠드라끼르띠는 법무아와 인무아에 의해 극단의 견해를 비판한다고 서술한다. 즉 법무아는 팔불게의 생·멸 중도이며, 인무아는 자아와 오온의 동일성을 논의하는 팔불게의 일·이 중도를 지칭하는 것이다. 짠드라끼르띠는 법무아와 인무아로서 무아를 말하는 이유에 대해 중생을 해탈시키기 위해서라고 밝힌다. 즉 법무아와 인무아는 중생을 해탈시키기 위한 목적으로 붓다에 의해 교시된 가르침이라고 할 수 있을 것이다.

> 교화 대상들을 해탈시키기 위해 이 무아를

---

16 MABh(1912: 282, 14-17): dngos yod min phyir 'di ni brtan min zhing, mi brtan nyid min 'di ni skye 'jig min, 'di la rtag pa nyid la sogs pa yang, yod min de nyid dang ni gzhan nyid med.

17 이중표(2009: 36-7) 참조.

법(dharma)과 인(pudgala)으로 나누어서 두 가지로 설하셨다.(「현전지」 제 179게 a-b)[18]

붓다는 인무아를 연각과 성문을 해탈시키기 위해, 법무아를 보살들에게 일체종지를 얻게 하여 해탈시키기 위해 교시한다. 연각과 성문은 근기가 약하기에 법무아보다 인무아를 쉽게 이해하고, 보살들의 근기는 반야바라밀의 교설을 이해하기에 그들보다 수승하다. 인무아의 교리는 법무아에 입문하기 위해 설해지는데, 이는 인무아를 먼저 설명하는 것이 방편적으로 타당하기 때문이다.[19] 그리고 붓다는 두 가지 무아를 다양한 의도에 따라 교화 대상에게 여러 방식으로 말하였는데, 그 내용이 16공성이다.[20]

2. 업상속 이론으로서의 이숙식 비판

「현전지」 전반부에 나타나는 법무아 논증은 인과적 발생에 관한 주장으로서의 자생, 타생, 자·타 공생 그리고 무인생을 주장하는 자들을 비판하

18 MAK(1912: 301, 19-20): bdag med 'di ni 'gro ba rnam dgrol phyir, chos dang gang zag dbye bas rnam gnyis gsungs.

19 MABh(1912: 302, 1-14): ci'i phyir bdag med pa rnam pa gnyis nye bar bstan zhe na, bshad pa, 'gro ba rnam dgrol phyir te, bdag med pa rnam pa gnyis po 'di ni bcom ldan 'das kyis 'gro ba rnam par dgrol bar bya ba'i don du nye bar bstan to, de la gang zag gi bdag med pa ni rang sangs rgyas rnams dang, nyan thos rnams rnam par dgrol bar bya ba'i phyir bstan la byang chub sems dpa' rnams rnam pa thams cad mkhyen pa nyid thob pas rnam par dgrol bar bya ba'i phyir ni gnyi ga bstan to, nyan thos dang rang sangs rgyas rnams kyis kyang rten cing 'brel par 'byung ba rkyen nyid 'di pa tsam mthong mod kyi, de lta na yang de dag la chos kyi bdag med pa yongs su rdzogs par sgom pa med de, khams gsum na spyod pa'i nyon mongs pa spong ba'i thabs tsam zhig ni yod do, de dag la gang zag gi bdag med pa ma lus par sgom pa ni yod par rnam par gzhag go.

20 16공성에 관해서는 p.25 주) 20을 참조하시오.

려는 목적을 갖고 있다. 이 목적을 통해 무자성 공의 입장이 드러난다. 인과적 발생이 문제가 되는 이유는 업(karma)의 개념과 관련이 있다. 특히 「현전지」에서 문제 삼고 있는 것은 발생에 관한 두 번째 인과 모델인 타생설이다. 타생설은 원인과 결과가 서로 다른 것이라는 주장을 근거로 한다. 알라야식은 지속하는 속성을 갖는 개별적 실체이며, 현상의 발생 기반이다. 즉 알라야식을 원인으로 갖는 현상이 결과로 나타난다고 해석할 수 있는 것이다. 이는 유식사상 비판을 염두에 둔 설정이지만, 짠드라끼르띠는 유식사상과 타생의 관계에 대해 정합적으로 논증하지 않는다. 따라서 필자는 인과적 발생의 원리적 측면에서 유식사상을 타생의 이론으로 분류한 것으로 본다.

짠드라끼르띠는 유식사상 비판에 앞서 타생설에 관한 종합적 분석을 시도한다. 그는 「현전지」 제14게에서 타생을 주장하는 경우에 발생하는 논리적 모순에 대해 지적한다. 논리적 모순은 타생을 주장하는 경우에 예측 불가능한 발생이 생기며, 일체가 발생의 원인이라는 것이다. 이는 이미 『중론』에서 별개의 것으로부터 발생하는 사물의 불합리한 상황을 통해 드러난다.

> 만약 어떤 것에 의지해서 다른 것이 발생한다면
> 그렇다면 불꽃에서 어두움이 생겨난다.
> 모든 것에서 또한 모든 것이 발생하게 되는 [오류가 생겨날 것이다]
> 왜냐하면 발생의 주체가 아닌 모든 것도 다른 것이라는 점에서는 동일하기 때문이다.(「현전지」 제14게)[21]

---

21 MAK(1912: 89, 6-20): gzhan la brten nas gal te gzhan zhig 'byung bar 'gyur na ni, 'o na me lce las kyang mun pa mthug po 'byung 'gyur zhing thams cad las kyang, thams cad skye bar 'gyur te, gang gi phyir skyed par byed pa ma yin ma lus la yang gzhan nyid mtshungs.

“원인과 결과가 다르다”를 논리적으로 생각하면 항아리는 실이나 모피 등으로부터 발생하는 것이 된다. 왜냐하면 ‘다르다’는 서로 무관계한 것이며, 점토나 실이 항아리와 다르다는 점에서 차이가 없기 때문이다. 짠드라끼르띠가 「현전지」 제14게에서 제시한 타생설의 오류는 씨앗이 아닌 다른 것으로부터 발생하는 싹, 즉 발생의 예측 불가능성이다.

짠드라끼르띠가 「현전지」 제17게를 통해 제시한 또 다른 오류는 싹과 씨앗의 시간적 차이, 즉 싹과 씨앗은 서로 다른 시간에 존재하기 때문에 다른 것으로 성립할 수 없다는 것이다. ‘다른 것’은 동시에 존재할 수 있는 것들의 관계에서 비롯된다. 싹과 씨앗은 동시에 다른 존재로 성립할 수 없다. 씨앗은 싹이 자라남과 동시에 존재하지 않기 때문이다. 결국 그는 다른 것에서 발생한다는 입장을 포기할 것을 권한다.[22]

> 발생의 주체가 [그것과] 다른 발생을 발생하게 하는 원인이라면
> [결과가] 존재하거나, 존재하지 않거나, 둘 모두, 둘 모두 아닌 경우를 산출한다.
> [결과가] 존재하는 경우 발생의 주체는 무슨 필요가 있는가?
> [결과가] 존재하지 않은 경우 그것이(발생의 주체) 무슨 필요가 있는가?
> 둘 모두인 경우 그것이 무슨 소용이 있는가? 둘 모두 아닌 경우 그것이 무슨 소용이 있는가?(「현전지」 제21게)[23]

---

22 MAK(1912: 92, 12-15): myu gu sa bon dang ni dus mnyam yod pa ma yin te, gzhan nyid med par sa bon gzhan pa nyid du ga la 'gyur, des na myu gu sa bon las skye 'grub par 'gyur min nas, gzhan las skye ba yin zhes bya ba'i phyogs 'di gtang bar byos.

23 MAK(1912: 99, 2-5): skyed par byed pa bskyed bya gzhan bskyed pa de rgyu yin na, yod pa 'am 'on te med dang gnyi ga'i gnyis bral zhig bskyed grang, yod na skyed byed ci dgos med la'ang des ni

「현전지」 제21게에서 짠드라끼르띠는 타생설에서 발생한 결과를 4구분별(tetralemma)로 구성하고, 그 결과에 대한 판단들의 논리적 모순을 제시한다. 네 가지 이해방식은 타생설에서 나올 수 있는 모든 판단들이다. 짠드라끼르띠는 대론자에게 발생의 주체(원인)에서 그것과는 다른 것이 발생한다면 상응하는 결과로서 ① 결과가 존재하거나, ② 존재하지 않거나, ③ 결과가 존재하거나 존재하지 않거나, ④ 결과가 존재하지도 않고 존재하지 않는 것도 아니라는 네 가지 판단을 제시한다. 그는 네 가지 판단 각각에 대해서 ① 결과가 존재한다면 원인의 필요성이 없으며, ② 존재하지 않는다면 원인의 역할이 없고, ③ 첫 번째와 두 번째 구의 결합된 형태인 세 번째 구와 ④ 이것의 부정인 네 번째 경우는 ①②의 오류를 모두 갖기 때문에 성립할 수 없다고 주장한다.

「현전지」 제33게에서 짠드라끼르띠는 씨앗과 싹의 동일성·비동일성 논의를 통해 인과적 발생에 관한 두 번째 모델인 타생설을 비판한다. 싹과 씨앗이 다른 것이라면 개념적으로 씨앗과 싹은 동시에 존재해야 하는 모순을 갖는다. 다르다는 전제 때문에 둘 사이의 관련성이 없어져서 싹과 씨앗의 연속성은 끊긴다(斷見). 반대로 싹과 씨앗이 동일한 것이라면 영원한 개체로서의 씨앗은 싹이 생겨도 씨앗으로 존재해야만 한다(常見). 그는 이러한 논리적 모순을 통해 단멸성과 상주성을 논박하는 것이다.

짠드라끼르띠는 타생을 포함하는 인과적 발생을 추론에 의한 추상적 개념으로 본다. 그에 따르면 인과적 발생은 승의제에서 성립하지 않으며, 세

---

ci zhig bya, gnyis nyid la des ci bya gnyis dang bral la'ang des ci bya.

간인들이 진리라고 믿는 세속제에서도 성립하지 않는 이론이다. 즉 그는 인과적 발생에 내재한 실체론적 사고를 거부한다. 실체론적 발생이 성립하지 않는 근거는 발생의 의존성, 즉 연기한다는 사실이다. 따라서 연기한 것(공성)만이 일체현상을 가능하게 하며, 상견과 단견의 극단으로부터 벗어날 수 있다. 이는 『중론』 「관유무품(觀有無品)」에 이미 나타난다. 『중론』 「관유무품」은 상견과 단견의 과실을 드러냄으로써 자성이론이 내포하는 상주론과 가치론적 허무주의인 단멸론을 거부한다. 이를 통해 『중론』은 아비다르마 불교를 비판한다.[24]

『중론』 「관인연품」에서도 언급하고 있듯이 자성은 타성과 관련이 있으며, 다른 존재의 자성을 타성으로 부른다. 자성은 존재의 개체성과 항상성을 내포하는 개념이다. 존재가 자성을 갖고 있는 경우는 상주론이다. 일반 사람들은 존재의 변화를 비존재로 말하는데, 예를 들면 우유가 버터나 치즈로 변화하면 우유는 사라졌다고 말한다. 존재와 비존재의 연속성을 인정하지 않는 경우는 단멸론이다. 「관유무품」 제6게에서 나가르주나는 이러한 주장들이 붓다의 가르침을 바르게 이해하지 못한 것이라고 비판한다.

> 자성(自性, svabhāva)이나 타성(他性, parabhāva), 존재(有, bhāva)나 비존재(無, abhāva)를 [있다고] 보는 사람들, 그들은 붓다의 가르침에 있는 진실을 보지 못한다.(『중론』 「관유무품」 제6게)[25]

---

24 D. J. 깔루빠하나(1994: 304)

25 MMK(1903: 267, 8-9):
svabhāvaṃ parəbhāvaṃ ca bhāvaṃ cābhāvam eva ca/
ye paśyanti na paśyanti te tattvaṃ buddhaśāsane//15-6//

존재의 변화에 대한 두 가지 해석, 즉 존재의 자기전개 이론이나 변화의 단절 이론은 상주론과 단멸론으로 귀결된다. 「관유무품」 제7게에서 나가르주나는 「가전연경」을 통해 붓다가 유와 무의 두 가지 형이상학적 견해를 거부하였다고 표현한다.

> 까띠야야나를 위한 설법에서 존재라거나 비존재라는 양자는 존재와 비존재에 대하여 증득하신 세존에 의해 부정되었다.(『중론』「관유무품」 제7게)[26]

실체의 변화는 성립할 수 없다는 주장에 근거해서 나가르주나는 「관유무품」 제8게와 제9게에서 본성(prakṛti) 또는 자성(svabhāva) 이론을 비판한다. 그는 「관유무품」 제10게에서 영원한 존재와 비존재에 대한 이론이 상주론과 단멸론으로 발전하였다는 것을 밝힌다.

> 만일 존재성(astitva)이 본성(prakṛti)에 의한 것이라면 그것의 비존재성은 있을 수 없으리라. 왜냐하면 본성의 변화는 결코 성립하지 않기 때문이다. 본성이 존재하지 않을 때 무엇의 변화(anyathātva)가 있겠는가? 본성이 존재한다면 무엇의 변화가 있겠는가?
> 존재한다고 하는 것은 상주(常住)에 대한 집착이고 존재하지 않는다고 하는 것은 단견(斷見)이다. 그러므로 지혜로운 이는 존재성이나 비존재

---

26 MMK(1903: 269, 5-6):
kātyāyanāvavāde cāstīti nāstīti cobhayam/
pratiṣiddhaṃ bhagavatā bhāvābhāvavibhāvinā//15-7//

> 성에 의지해서는 안 된다.(『중론』「관유무품」 제8-10게)[27]

제11게는 「관유무품」의 결론이다. 본성 또는 자성을 갖는다는 주장은 상견의 과실이 있고, 변화의 연속성을 거부하는 주장은 단견의 과실이 있다. 나가르주나는 본성 이론의 상주성을 비판한 자유사상가들의 가치론적 위험성까지 모두 비판하고 단·상 중도를 말한다.

> 자성에 의해 존재하는 그것이 비존재하는 것이 아니라면 상주[의 과실에 떨어지고], 이전에 존재했던 것이 지금 존재하지 않는 것은 단멸이라는 과실에 떨어진다.(『중론』「관유무품」 제11게)[28]

「관유무품」의 사상적 특징은 상견과 단견의 과실을 통해 자성이론의 상주론적 견해와 가치론적 허무주의인 단멸론적 견해를 함께 거부하는 것이다. 나가르주나의 주장은 일체 제법의 무아성을 논증하기보다는 자성이론과 단멸론의 모순을 드러내는 귀류의 형식을 갖추고 있다. 이것은 자성이

---

27 MMK(1903: 271, 4-7):
yady astitvaṃ prakṛtyā syān na bhaved asya nāstitā/
prakṛter anyathābhāvo na hi jātūpapadyate//15-8//
MMK(1903: 271, 15-272, 5):
prakṛtau kasya cāsatyām anyathātvaṃ bhaviṣyati/
prakṛtau kasya ca satyām anyathātvaṃ bhaviṣyati//15-9//
MMK(1903: 272, 14-273, 3):
astīti śāśvatagrāho nāstīty ucchedadarśanam/
tasmād astitvanāstitve nāśrīyeta vicakṣaṇaḥ//15-10//

28 MMK(1903: 273, 5-6):
asti yad dhi svabhāvena na tan nāstīti śāśvatam/
nāstīdānīm abhūt pūrvam ity ucchedaḥ prasajyate//15-11//

론과 단멸론을 포기하게 함으로써 일체 제법의 무아성과 연기의 가르침을 강조하는 것이다.

짠드라끼르띠는 「현전지」 제40게를 통해서 행위의 결과가 자성 없이 발생하는 예를 제시한다. 그는 자성이론과 단멸론에 대한 비판적 시각에서 업상속 이론에 관한 논의를 이어간다.

> 꿈에서 대상을 보고,
> 꿈에서 깨어나도 어리석은 이는 집착을 갖는다.
> 그와 같이 [행위가] 소멸하고 자성으로 존재하지 않지만
> [소멸된] 행위로부터도 결과가 있다.(「현전지」 제40게)[29]

타생설 비판의 연장선에서 제40게는 이숙식으로서의 알라야식을 비판하기 위한 도입문이다. 그는 제40게의 자주에서 『불설전유경(佛說轉有經: Bhava-saṁkrānti-sūtra)』을 인용하여 꿈속의 미녀를 보고 깨어난 후에 그리워하는 이의 비유를 든다. 이 비유의 근거는 행위와 과보를 연결하는 실효적 관계이다. 어리석은 이가 꿈에서 깨어나 존재하지 않는 미녀를 여전히 그리워하는 것과 같이 행위를 지은 후에 자성 없이도 그 과보가 있는 것이다.[30] 행위 그 자체는 자성에 의해 발생하는 것도 소멸하는 것도 아닌 연기

29 MAK(1912: 127, 13-16): rmi lam dmigs pa'i yul dag mthong nas ni, sad kyang blun la chags pa skye 'gyur ba, de bzhin 'gags shing rang bzhin yod min pa'i, las las kyang ni 'bras bu yod pa yin.

30 MABh(1912: 127, 17-128, 3): srid pa 'pho ba'i mdo las, rgyal po chen po 'di lta ste, dper na mi zhig nyal ba'i rmi lam na yul gyi bud med bzang mo dang lhan cig spyod pa rmis la, de nyal ba las sad nas yul gyi bud med bzang mo dran na, rgyal po chen po 'di ci snyam du sems, gang rmi lam gyi yul gyi bud med bzang mo dang lhan cig spyod pa rmis la, de nyal ba las sad nas yul gyi bud med bzang mo de dran ba'i mi de mkhas pa'i rang bzhin can yin nam.

적 발생이기 때문이다. 다시 말해 이 비유는 잠에서 깨어나서도 존재하지 않는 미녀에게 갈애(渴愛)를 느낀다면, 미녀가 사라졌지만 그리움이라는 과보가 성숙할 수 있다는 것을 의미한다.

짠드라끼르띠가 거부하는 것은 업의 무제한적인 이숙이다. 업이 자성을 갖고 이숙한다면 업이 소멸하여도 또 다시 이숙하는 꼴이 된다. 즉 업에 자성이 있다면 그 업은 사라지지 않을 것이다. 그는 이숙을 거부하는 것이 아니라 업을 실체론적으로 해석하려는 자들에 대해 비판하는 것이다. 업을 실재하는 것으로 생각하면 이미 이숙한 업이 다시 이숙하여 발생하게 되므로 업이 끝없이 이숙하여 결과를 낳기 때문이다.

> 비문증의 [눈병이] 있는 이가 대상은 실재하지 않음에도,
> 머리카락만을 보지만
> 다른 현상 등을 보지 않는 것처럼
> 이숙(vipāka)한 업은 다시 이숙하는 일이 없음을 알아야 한다.(「현전지」 제41게)[31]

제41게의 자주에 따르면 짠드라끼르띠는 안질환이 있는 이가 머리카락의 상만을 보는 것이지 그와 다른 토끼뿔이나 석녀의 아이 등을 보는 것은 아니라는 비유를 제시한다.[32] 머리카락을 보는 근거가 안질환이므로 안질

---

31 MAK(1912: 130, 5-8): ji ltar yul ni yod nyid min mtshungs kyang, rab rib can gyis skra shad rnam par ni, mthong gi de dngos gzhan rnams ma yin ltar, de bzhin smin las slar smin min shes kyi.

32 MABh(1912: 130, 9-13): dper na yul yod pa ma yin par 'dra bzhin du rab rib can gyis yod pa ma yin pa'i skra shad la sogs pa'i ngo bo mthong gi de las gzhan pa'i dngos po'i rnam pa bong bu'i rva dang mo gsham gyi bu la sogs pa dag ni ma yin pa de bzhin du, las kyi rang bzhin ma 'gags par

환이 머리카락 외에 다른 것을 현상시키지는 않는다. 이를 통해 그는 이숙한 업이 다시 이숙하지 않는다는 것을 알아야 한다고 주장한다. 이 논의는 상주론의 과실을 드러내어 자성이론을 거부하는 것이다.

> 그러므로 불선(苦)의 이숙은 악업에 [의해서]
> 선(樂)의 이숙은 선업에 [의함을] 보더라도,
> 선·불선[업]은 [자성이] 없음을 알아야 해탈할 것이다.
> [붓다에 의해] 업과 그 과보에 관한 사유들은 거부되었다.(제42게)[33]

짠드라끼르띠는 일관성 없는 업의 이숙도 거부한다. 이는 상주론에 대한 비판에서 등장한 단멸론의 가치론적 위험성을 비판하려는 것이다. 기쁨(樂)의 이숙은 선업에 의한 것이며, 불선(苦)의 이숙은 선업에 의한 것이 아니다. 즉 선업과 악업에 실체성이 없더라도 행복과 불행은 선행과 악행의 이숙의 결과라는 사실을 세속적으로 관찰할 수 있다. 이것은 업의 결과가 혼란스럽거나 우연한 것이 아니라는 것을 의미한다. 이를 통해 허무주의적 단멸론을 거부한다. 그가 강조하고자 하는 것은 실체성이 없는 현상에서만 결과가 발생하며, 발생한 결과와 그 원인 사이에만 인과적 정합성이 수어신나는 것이다.

짠드라끼르띠는 "붓다는 범부들이 업과 과보를 손감하여 세속제를 파괴하기 때문에 일체 업의 과보가 이숙하는 것은 부사의하다"라고 말한 뜻을 업과

---

mtshungs bzhin du rnam par smin pa la nges par 'gyur ro.

33 MAK(1912: 130, 16-19): de'i phyir rnam smin mi dge nag po'i las, rnam smin dge nyid dge las yin mthong zhing, dge mi dge med blo can mthar 'gyur te, las 'bras rnams la sems pa dgag pa mdzad.

과보에 의지한 실체론적인 사유들을 거부했다는 의미로 받아들인다.[34] 즉 그에 따르면 누군가가 행위와 결과에 대한 인과의 법칙을 설명한다면 인과의 원칙을 실체화하거나 부조리한 것으로 판단할 수 있다고 경고하는 것이다. 그는 붓다의 가르침을 통해 업과 과보의 영역을 인간 경험과 사유의 범위 안에서 논의할 수 없는 영역으로 설정한다. 결국 그가 거부하는 것은 상주론으로서 업의 무제한적 이숙과 단멸론으로서 업의 일관성 없는 이숙이다.

짠드라끼르띠는 「현전지」 제43게에서 유식학파를 비판한다. 그는 지금까지 논증한 단·상 중도에 근거해 알라야식 없이도 업과 과보를 설명할 수 있다고 주장한다. 업의 담지자로서 실체성을 갖는 알라야식은 불필요하며, 그러한 설정을 하지 않아야 상주론적인 견해에서 벗어날 수 있다.

> '알라야식이 있다', '개아(個我, pudgala)가 있다',
> '오직 여러 온(蘊)만이 있다'라는
> 이 가르침은 심오한 법(gambhīra-dharmatā)의 의미를
> 이해하지 못하는 이들을 위해 설하신 것이다.(「현전지」 제43게)[35]

'알라야식이 있다', '개아가 있다', '여러 온만이 있다' 등은 방편적 가르침

---

34 MABh(1912: 131, 6-10):
"바로 그 때문에 세존께서 범부를 잘 관찰하셨다. [범부들은] 업과 과보를 손감하기 때문에 세속제를 파괴한다고 생각하고 '제업의 과보가 이숙하는 것은 부사의하다'라고 하셨다. 이것은 업과 과보에 의지한 [실체론적인] 사유들을 거부하신 것이다."
de nyid kyi phyir bcom ldan 'das kyis so so'i skye bo shin tu nges par dpyod par byed pa rnams la, las dang 'bras bu la skur ba btab pa las kun rdzob 'jig par 'gyur du 'ong ngo snyam ste, las rnams kyi 'bras bu rnam par smin pa ni bsam gyis mi khyab po zhes las dang 'bras bu la brten pa'i sems pa dgag pa mdzad do.

35 MAK(1912: 132, 10-13): kun gzhi yod cing gang zag nyid yod la, phung po 'di dag 'ba' zhig nyid yod ces, bstan pa 'di ni de ltar chos zab don, rig par mi 'gyur gang yin de la'o.

이다. 이는 심오한 불법의 의미를 이해하지 못하는 이들을 위한 것이다. 제43게의 자주에 따르면 중생들이 오래도록 외도의 견해를 익혀서 심오한 불법에 들어오지 못한다. 왜냐하면 내(아트만)가 없거나, 나는 멸하는 것이라는 가르침을 듣고서 두려워하기 때문이다. 따라서 중생들이 익혀온 외도의 견해를 통해 가르침의 방편이 등장한 것이다.[36]

불교도에게 알라야식을 가르치는 이유는 외도의 견해를 오랜 생에 익혀온 이들을 불교에 귀의시키려는 것이다. 즉 외도들의 전통을 제거하는 큰 목적을 수행하기 위해 알라야식 등을 불설로써 가르치는 것이다. 따라서 외도의 믿음을 따르다가 불교에 귀의한 이들은 궁극적으로는 경전의 의미를 전도됨 없이 이해하게 되어, 스스로 알라야식 등을 버리게 된다. 짠드라끼르띠는 이와 같이 가르치는 행위는 공덕만 있지 허물은 없다고 주장한다.[37]

> 유신견을 여읜 붓다께서도
> '나'(ahaṁ)와 '나의 것'(mama)이라고 말씀하셨다.
> 그것처럼 모든 현상에는 자성이 없지만 '존재한다'라고
> 불요의를 설하셨다.(제44게)[38]

---

36 MABh(1912: 132, 14-19): gdul bya gang dag yun ring por mu stegs kyi lta ba la goms par byas pas chos nyid zab mo la 'jug par mi nus shing bdag med do 'byung bar mi 'gyur ro zhes ji skad bstan pa'i chos nyid thos nas skrag pa thog ma kho nar ston pa'i nye bar bstan pa la gyang sa dang 'dra bar sems pa de dag de la rgyab kyis phyogs pas don chen po bsgrub par mi 'gyur ro.

37 MABh(1912: 132, 19-133, 3): ches thog mar kun gzhi'i rnam par shes pa la sogs pa bstan pas ni mu stegs kyi lugs bsal nas de dag gi don chen po 'dren par 'gyur zhing, phyi nas gsung rab kyi don phyin ci ma log par rig pa rnams rang nyid kyis de dag spong bar 'gyur bas yon tan kho na 'byung gi skyon ni ma yin no, ji skad du 'phags pa lhas, gang zhig gang gang la dga' ba, de yi de de sngar dpyad bya, nyams par gyur pa dam chos kyi, snod ni cis kyang ma yin no, zhes bshad do.

38 MAK(1912: 133, 10-13): 'jig tshogs lta dang bral yang sangs rgyas kyis, ji ltar nga dang nga yi bstan pa ltar, de bzhin dngos rnams rang bzhin med mod kyi, yod ces drang don nyid du bstan pa yin.

「현전지」 제44게에서 짠드라끼르띠는 알라야식과 같은 방편적인 가르침을 설하는 배경을 제시한다. 붓다는 일체의 유신견을 제거했으므로 나라는 집착(ahaṁkāra)과 나의 것이라는 집착(mamakāra)이 끊어졌지만, '나'와 '나의 것'을 설했다는 것이 배경이다. 붓다는 세간을 이해시키기 위한 방편으로 알라야식을 가르쳤을 뿐만 아니라, 일체 현상에는 자성이 없지만 현상이 존재한다고 가르쳤다. 그 근거로서 동산부(東山部, Pūrvaśailā)의 게송을 인용한다.[39] 짠드라끼르띠가 게송을 인용한 이유는 알라야식설이 세간의 이해 수준에 따라서 설해진 방편적인 가르침임을 강조하기 위해서이다. 이는 그가 이런 불요의설에 대해 현상에 실체성이 없다는 심오한 가르침을 알지 못하는 이들을 위해 설해진 가르침이라는 것을 강조하려는 것이기도 하다.[40]

---

39 MABh(1912: 134, 2-135, 11):
"동산부의 수순송에서 이르길 "만약 세간을 이끄는 이가 세간에 수순해서 들어가지 않으면 붓다의 가르침과 붓다를 누구도 알지 못하게 된다. 온과 계와 처를 동일한 자성인 것으로 받아들인다. 삼계 등을 가르치셨고 이것은 세간에 수순하여 들어가는 것이다. 법성은 [내재적인] 이름이 없지만 부사의한 이름(방편적인 가명)을 유정들에게 설하셨는데 세간에 수순하여 들어간 것이다. 현상이 없다고 가르치셨지만 붓다는 자성에 머물러서 현상은 없으며 결코 있지 않다고 하셨는데 이것은 세간에 수순하여 들어간 것이다. 대상과 대상이 없다고 보지 않고 멸제와 승의를 말하는 것은 최상을 설하는 것으로 세간에 수순하여 들어가는 것이다. 불생불멸의 법상은 평등하지만 소겁을 말씀하셨는데 이것은 세간에 수순하여 들어가신 것이다. 삼세에 유정들의 자성을 보지 않아도 유정계를 말씀하셨는데 이것은 세간에 수순하여 들어가신 것이다."
ji skad du shar gyi ri bo'i sde pa dang mthun pa'i tshigs su bcad pa dag las, gal te 'jig rten rnam 'dren rnams, 'jig rten mthun par mi 'jug na, sangs rgyas chos nyid gang yin dang, sangs rgyas sus kyang shes mi 'gyur, phung po dag dang khams rnams dang, skye mched rang bzhin gcig bzhed la, khams gsum po dag ston mdzad pa, 'di ni 'jig rten mthun 'jug yin, ming med pa yi chos kyi rnams, bsam du med pa'i ming dag gis, sems can rnams la yongs brjod pa, 'di ni 'jig rten mthun 'jug yin, dngos med nye bar ston mdzad cing, sangs rgyas rang bzhin la bzhugs pas, dngos med 'ga' yang 'dir med pa, 'di ni 'jig rten mthun 'jug yin, don dang don med mi gzigs la, 'gog pa dang ni dam pa'i don, smra ba rnams kyi mchog gsungs pa, 'di ni 'jig rten mthun 'jug yin, zhig pa med cing skye med la, chos kyi dbyings dang mnyam gyur kyang, sreg pa'i bskal pa brjod mdzad pa, 'di ni 'jig rten mthun 'jug yin, dus gsum dag tu sems can gyi, rang bzhin dmigs pa ma yin la, sems can khams kyang ston mdzad pa, 'di ni 'jig rten mthun 'jug yin.

40 요의와 불요의에 의한 해석은 경전적 논거에 의한 비판에서 종의의 차제로 나타나고 있다. 이에 관해서는 IV장 3절 '『십지경』과 『입능가경』에 의한 유심 해석과 유식 비판'에서 다룰 것이다.

3. 외계 비실재론 비판

유식학파는 외경이 비실재하고, 인식대상에 대해 외경의 형상을 갖는 식으로 구성된다고 주장한다. 이러한 주장은 '식소연(識所緣), 유식소현(唯識所現)'으로 요약될 수 있다.[41] 유식의 경전적 근거인 『십지경』은 이를 '삼계유심'(三界唯心)으로 표현한다. 유식학파는 이 정형구를 『섭대승론』과 『유식이십론』에서 인용하여 유식의 근거로 삼고 있다. 유식학파는 유식무경에 관한 이론적 체계를 완성하기 위해 유식성으로서의 의타기성을 설정한다. 이것은 삼성(三性)설의 토대 위에서 식의 기능을 강화하기 위한 것이라고 할 수 있다.[42]

유식학파는 외적인 대상의 존재성을 부정하고, 인식 주체만을 인정한다. 이에 따라 그들은 외계의 대상 없이 인식의 성립을 해명해야만 했다. 그들은 자신들의 인식론이 안고 있는 문제를 해결하기 위해 공능설과 자증분설을 주장한다. 이것은 모든 현상이 주관적 경험일 뿐이라는 주장이며, 외계 비실재론의 증명수단이다. 즉 그들은 공능과 자증분설을 통해서 인식의 발생과 그 조건을 설명한다. 짠드라끼르띠는 『입중론』에서 의타기성으로서의 알라야식과 의타기성으로서의 자증분에 대해 이론적 논거를 제시하여 비판한다. 그는 외계 비실재론을 주장하는 유식실을 집중적으로 비판한다.

『입중론』 제56-67게에서 짠드라끼르띠는 공능설을 통해 외계 비실재론

41 SNS(1935: 91): gzugs brnyan de rnam par rig pa tsam du zad pa'i phyir te, byams pa rnam par cea pa'i dmig pa rnam par rig pa tsam gyis rab tu phye ba yin no zhes ngas bcad do.

42 勝呂信靜(1993: 153-54)

을 비판한다. 유식논사의 유식무경설은 꿈, 비문증 그리고 부정관의 세 가지 비유로 구성된다. 비문증의 비유에 의한 유식무경 주장은 외경 없는 식을 발생시키는 공능의 문제를 다룬다. 짠드라끼르띠는 외계 비실재론으로서 유식무경설을 비판하면서 공능의 작용과 그 조건을 중점적으로 묻고 답한다. 공능에 관한 구체적인 논의는 유식무경설에 관한 세 가지 비유를 비판하는 과정에서 드러난다.

『입중론』「현전지」 제72-78게에서 짠드라끼르띠는 공능설 비판에 이어 자증분설을 비판한다. 그는 근거를 밝히고 있지 않지만 유식학파의 이론적 토대에 대해 경량부의 자증분설을 수용한 것으로 본다. 이 글의 II장 3절 '외계 비실재론에 관한 논의 – 의타기성으로서 자증분설'에서 디그나가의 『집량론』을 통해 유식 개념의 성립을 위한 논리적 토대로서 자증분의 개념이 도입되는 것을 확인할 수 있다. 디그나가에게 유식성의 성립은 식의 자각성이나 자증성의 전제를 피할 수 없었을 것이다.

짠드라끼르띠는 자증분이 곧 의타기성이라고 이해한다. 이 글의 II장 4절 '「현전지」에 나타난 유식사상의 특징'에서 유식학파의 유식성 개념을 의타기성으로 이해하는 것을 확인할 수 있다. 짠드라끼르띠가 이해한 유식학 체계에 있어서 의타기성에 자증분의 속성이 있다고 볼 근거는 충분하다. 유식이 자증분이고, 또한 유식이 의타기성이기 때문이다. 그는 자증분과 의타기성의 동일성을 토대로 의타기성이라고 부르는 인식의 실유성을 부정하려고 한다.

1) 유식무경설 비판

유식학파는 경전의 권위에 근거한 경전적 논거로 『섭대승론』에서 『십지경』과 『해심밀경』을, 『유식이십론』에서 『십지경』을 인용하여 유식무경설을 입증한다. 그들은 이론적 논거를 통해서도 유식무경설을 증명한다. 유식학파의 유식무경설에 대한 경전적 논거와 이론적 논거에 대한 반론은 바비베까에서 먼저 나타난다. 유식학파가 경전적 논거와 이론적 논거에 근거해 유식무경설을 증명하고 있듯이, 바비베까 역시 『반야등론』「열반품」에서 유식학파의 주장을 경전적 논거와 이론적 논거로 구분하여 제시하고, 반론한다.

> 앞에서 말한 [유가행파의] 주장에 대한 반론으로 [바비베까 논사는] 여기에 해석을 더해서 유가행파의 추론에 의한 의미(yukti)가 성립하지 못하고 또한 그들의 경전적 논거가 바르지 못하게 해석된 것이기 때문에 외경이 없이 오직 마음뿐이라는 것이 성립하지 않는다는 것을 [제시한다].(『반야등론석』)[43]

위 인용문은 바비베까의 반론에 대한 아발로끼따브라따의 주석이다. 바비베까는 『반야등론』「열반품」에서 유식삼성설과 외경 비실재론에 대해 논파한다. 그가 「열반품」에서 인용하는 경전은 『십지경』과 『입능가경』이

43 *Shes rab sgron ma'i rgya cher 'grel pa*, no. 3859(Sde dge) 289a: de skad ces zer ba de'i lan du 'dir 'grel pa byed pa nyid kyis rnal 'dyor spyod pa dag gi rjes su dpag pa'i don kyang mi 'grub la de dag gi lung yang log par bshad pa'i phyir phyi rol gyi don med pa'i sems tsam du mi 'grub kyi.

며, 유식논서는 『현양성교론』과 『중변분별론』이다.[44]

짠드라끼르띠 역시 유식학파의 경전적 논거와 이론적 논거에 대해 반론한다. 「현전지」 제48-71게에서 그는 이론적 논거에 대해 비판한다. 이 글의 II장 2절 '외계 비실재론에 관한 논의-유식무경설과 인식 발생의 원리로서 공능설'에서 살펴본 바와 같이 이 비판은 「현전지」 제45게의 유식무경설을 근거로 한다. 제48-71게까지 나타나는 유식무경설에 관한 비유들은 꿈, 비문증 그리고 부정관의 비유이다. 이 비유들은 유식학파가 외계 비실재론을 논증하기 위해 제시한 이론적 근거에 해당한다. 기시네는 『입중론』에 나타난 유식사상 비판의 특징에 대해 상정 가능한 경우를 열거하고 논리에 따라 부정하는 중관적인 방식의 비판이라고 지적한다.[45]

이론적 논거에 대한 비판에 있어서 바비베까와 짠드라끼르띠는 분명한 차이를 갖는다. 바비베까는 『반야등론』 「열반품」에서 외경으로서 식의 공함을 말하는 유가행파의 주장을 근거로 반론을 제시한다. 그가 제기한 반론의 요점은 대론자의 주장(宗)이 성립하지 못하는 이유를 실례(喩)의 부적절함으로 보는 것이다.[46] 바비베까의 외계 비실재론 비판의 특징은 논리식

---

44 특히 바비베까는 『반야등론』 「열반품」에서 『현양성교론』 「성무성품」 제1, 10게를, 『중변분별론』 「상품」에서 제3, 6, 13, 21, 22게를 인용한다. *dBu ma'i rtsa ba'i 'grel pa shes rab sgron ma*, no. 3853(Sde dge) 참조.

45 岸根敏幸(2001: 306)

46 아바로키따브라따의 주석에 따르면 외계 비실재론 비판의 요지는 다음과 같다:
Shes rab sgron ma'i rgya cher 'grel pa, no. 3859(Sde dge) 289a-b:
"유가행파의 '스스로의 습기를 얻음으로써 발생하는 꿈의 마음과 같이'라는 [비유]가 승의로서 불생임을 보인다. 이와 같이 승의로서 스스로의 습기를 얻음으로써 발생하는 꿈의 심성과 같은 불생이기 때문에 실례(喩)의 성질을 가지고 성립하지 못한다. 그러므로 대론자인 [유가행파의] 주장(宗)이 성립하지 못한다."
des ni rnal 'byor spyod pa ba dag gi dper rang gi bag chags thob pas 'jug pas rmi lam gyi sems bzhin no zhes bya ba don dam par mi 'grub par ston te, 'di ltar don dam par rang gi bag chags

에 의한 논증이라는 것이다. 반대로 『입중론』에서 유식무경의 이론적 근거로서 꿈, 비문증 그리고 부정관의 비유에 대한 짠드라끼르띠의 비판은 상대방의 주장의 오류만을 지적하는 것이 특징이다. 「현전지」 제48-71게에서 그는 유식학파가 이론적 논거로 제시한 것들에 대해 이론적으로 성립할 수 없다고 주장한다.

유식무경설을 인식론으로 설명하면 외계 비실재론에 해당한다. 『입중론』에서 세 가지 비유가 외계 비실재론으로서 유식무경설의 근거로 제시된다. 이에 관한 논의는 꿈의 비유를 통한 유식무경설(「현전지」 제48-53게), 비문증의 비유에 의한 유식무경설(「현전지」 제54-68게), 부정관의 비유와 염오된 인식을 통한 유식무경설(「현전지」 제69-71게)과 이에 대한 짠드라끼르띠의 반론으로 구성된다. 필자는 유식무경설의 세 가지 비유인 꿈, 비문증 그리고 부정관의 비유와 이에 대한 반론을 순서대로 고찰할 것이다. 그리고 비유들의 인용 근거를 유식 논서와 비교할 것이다.

(1) 꿈의 비유를 통한 유식무경설 비판

(가) 꿈의 비유를 통한 유식무경설

짠드라끼르띠는 「현전지」 제45-47게까지 유식설을 소개하고, "유식의 실례가 어디에 있는가?"를 묻는다. 유식논사는 꿈의 비유를 제시하고, 유식무경의 사례를 주장한다. 그 사례는 ① 꿈을 꾸는 것, ② 꿈을 기억하는 것,

---

thob pas 'jug pas rmi lam gyi sems nyid ma skyes pa'i phyir dpe'i chos can ma grub pas pha rol po dag gi dam bcas pa'i don mi 'grub ste.

③ 꿈꿀 때 작용하는 인식능력이다. 「현전지」 제48게에서 그들은 꿈을 유식무경의 첫 번째 사례라고 주장한다.

> [그대는] '꿈을 꾸는 것 같이'라고 하면(「현전지」 제48게 b)[47]

제48게 b에 대한 자주에 따르면 어떤 이가 꿈에서 미친 코끼리 떼에 두려움을 느끼지만, 코끼리는 실재하지 않는다. 꿈에서 실제로 존재하지 않는 대상이 외적인 대상처럼 나타나는 것이다. 유식논사는 이를 근거로 외경이 실재하지 않는 것을 인정해야 한다고 주장한다.[48]

> [꿈을 기억하기] 때문에 그대는 '나는 [꿈에서 외경을] 보았다'라고 생각하는데(「현전지」 제49게 c)[49]

「현전지」 제49에서 유식논사는 꿈의 기억을 유식무경의 두 번째 사례로 제시한다. 제49게 c는 꿈속의 대상들을 외경처럼 인지한 기억으로 인식의 실재성을 확인할 수 있다는 것이다. 즉 꿈의 기억을 통해 외적인 존재 없이도 인식이 발생할 수 있는 사례를 제시한 것이다.

---

47 MAK(1912: 140, 7): rmi lam ji bzhin zhe na de bsam bya.

48 MABh(1912: 140, 8-11): khang mig shin tu chung ngu'i nang du nyal shing gnyid kyis log pas khang pa'i nang du glang po che myos pa'i khyu rmis pa ni ji zhig ltar yang yod pa ma yin te, de'i phyir phyi rol gyi yul med bzhin du gdon mi za bar rnam par shes pa 'di khas blang bar bya'o.

49 MAK(1912: 141, 8): ji ltar khyod kyi ngas mthong snyam dran pa.

만일 잠잘 때에 안식이 생겨나지 않는다면
[안식 등은 수면 중에는] 존재하는 것이 아니며, 단지 의식 [작용]만이 존재하는 것이다.
꿈속에서처럼 그것(코끼리)의 행상을 외적인 대상으로 파악하듯이
이와 같이 [잠에서 깨었을 때도 외적인 대상이 실제로 존재하지 않는다]고 주장한다.(「현전지」 제50게)[50]

「현전지」 제50게에서 유식논사는 꿈에서 작용하는 인식능력을 유식무경의 세 번째 사례로 제시한다. 꿈에서 작용하는 인식능력은 안식(眼識)에 의해 외적인 대상을 인식하는 것이 아니라 의식의 활동만으로 인식하는 것이다. 예를 들면 꿈에서 코끼리와 같은 형상을 실재하는 것으로 인식한다면 안식의 활동으로 판단할 수 있지만, 유식논사에 따르면 안식은 꿈에서 활동하지 않는다. 수면이 오식의 활동력을 약화시켰기 때문이다. 다시 말하면 꿈에서 의식은 안식에 의지하지 않기 때문에 코끼리와 같은 형상은 안처에서 취한 것이 아니라 의식에 의한 대상이라는 것이다.

유식논사의 주장에 따르면 우리는 의식만으로도 감각적 지각 작용과 분별적 인식 작용을 할 수 있다. 이에 따라 외경으로서 대상은 존재하지 않으며, 의식의 행상을 외경으로 취한다고 할 수 있다. 오가와는 『유식이십론』 제16게에 있어서 "꿈 가운데 색 등의 외경이 없이도 외경의 지각이 생하는 것과 같이"라는 꿈의 비유를 인용 근거라고 주장한다.[51]

---

50 MAK(1912: 141, 17-20): gal te gnyid na mig blo mi srid pas, yod min yid kyi shes pa kho na yod, de yi rnam pa phyi rol ṅyid du zhen, rmi lam ji bzhin de bzhir 'dir 'dod na.

51 Viṁś(1925: 1):

(나) 꿈의 비유에 대한 반론

꿈의 비유에 대한 반론은 ① '꿈을 꾸는 것'의 사례에 대해 식은 자체상을 가지고 성립하지 않는다는 것, ② '꿈을 기억하는 것'의 사례에 대해 깨어났을 때 꿈의 기억으로 외계의 실재를 증명하는 사례라는 것, ③ '꿈꿀 때 작용하는 인식능력'에 의해 일체 제법의 허위를 드러낸다는 것이다.

> 나에게 꿈에서조차 마음이 존재하는 것이 아니라면,
> 그대의 사례는 성립하지 않는다.(「현전지」 제48게 c-d)[52]

첫 번째 반론은 꿈에서 존재하지 않는 대상을 외적인 대상으로 인식한다는 유식논사의 주장을 비판하는 것이다. 반론의 요지는 '꿈을 꾸는 것'의 사례로 식의 자체상을 성립시킬 수 없다는 것이다. 짠드라끼르띠는 제48게 c-d에서 꿈을 꾸는 것을 외경 없는 인식작용의 사례로 성립시키려면 꿈에서 마음의 존재성을 전제해야 한다고 주장한다. 그는 발생의 비존재성에 근거해서 코끼리의 형상을 갖는 식과 외경으로서 코끼리의 동일성에 대한 유식논사의 주장을 인정하지 않는다.[53]

> 만약 [잠에서] 깨어나서 꿈의 기억으로부터 마음이 존재한다면,
> 외적 대상 또한 같은 이유에서 실재해야 한다.

"직접지각(現量)의 인식은 꿈속에서와 같이 있다."(『유식이십론』 16 a)
pratyakṣabuddhiḥ svapnādau yathā sa ca yadā tadā/

52 MAK(1912: 140, 8-9): gang tshe nga la rmi lam na yang sems, yod min de tshe khyod kyi dpe yod min.

53 MABh(1912: 140, 16-141, 1): gang ba glang myos pa'i khyu'i rnam pa can gyi shes pa de ni yul ltar kho bo cag la yod pa ma yin te, ma skyes pa'i phyir ro, rnam par shes pa med na yang gnyig la grub pa'i dpe yod pa ma yin pas phyi rol med par rnam par shes pa yod pa ma yin no.

[꿈을 기억하기] 때문에 그대는 '나는 [꿈에서 외경을] 보았다.'라고 생각하는데,

그와 같은 이유로 외적 대상 또한 실재해야 한다.(「현전지」 제49게)[54]

두 번째 반론에서 짠드라끼르띠는 '꿈을 기억하는 것'에 대해 꿈보다 오히려 깨어났을 때 꿈의 기억으로 외계의 실재를 증명하는 사례라고 주장한다. 「현전지」 제49게의 형식적 특징은 꿈속 경험에 대한 기억으로 마음의 존재를 확인하는 비유에 근거한다는 점이다. 이 비유에서 주목할 점은 꿈에 대한 기억으로부터 마음의 실재를 논증하는 것이지만 외경의 경험과 그 기억을 통해 외경의 존재를 증명하는 귀류적 형식을 사용하는 점이다.

대전제: 자기 자신을 보지 못하는 것은 다른 것도 보지 못한다. 마치 물단지와 같이.

소전제: 눈은 자기 자신을 보지 못한다.

귀 결: 그러므로 그것이 다른 것을 보는 일은 결코 존재하지 않는다.[55]

귀류의 형식을 사용하는 사례는 『중론』 「관육정품(觀六情品)」 제2게의 주석에도 나타난다. 귀류는 대론자의 세계관에 근거한다는 점이 특징이다.

---

54 MAK(1912: 140, 15-16): gal te sad tshe rmi lam dran las yid, yod na phyi rol yul yang de bzhin 'gyur, ji ltar khyod kyi ngas mthong snyam dran pa, de 'dra phyi rol la yang yod pa yin.

55 MMK(1903: 113, 10-11):
"보는 작용은 실로 자기 자신을 보지 못한다. 자기 자신을 보지 못하는 것 그것이 어떻게 다른 것을 보겠는가?"
svam ātmānaṃ darśanaṃ hi tat tam eva na paśyati/
na paśyati yad ātmānaṃ kathaṃ drakṣyati tat parān//3-2//

『중론』「관육정품」에서 대론자의 세계관은 "눈은 다른 것을 본다"를 인정하면서, 동시에 "자기 자신을 보지 못하는 것은 다른 것도 보지 못한다"를 인정하는 것이다. 대론자의 세계관을 적용한 대전제를 토대로 추론을 진행하면 "눈이 다른 것을 본다"는 사실은 허구로 드러난다.[56] 귀류의 형식은 대론자의 주장을 전제로 하는 추론으로 재구성하여 그것의 논리적 오류를 지적한다고 할 수 있을 것이다.

대전제: 깨어나서 꿈의 기억으로부터 마음이 존재한다면 외경 또한 실재해야 한다. 꿈에서 외적 대상을 보았기 때문에.

소전제: 외적 대상은 실재한다.

귀 결: 그러므로 [알라야]식은 실재하지 않는다는 것이 확실하다.(「현전지」 제49게의 재구성)[57]

유식논사의 주장에 따르면 외경 없는 식은 꿈의 기억에 근거한다. 동시에 이 주장을 외적 대상이 존재하는 근거로 제시할 수 있을 것이다. 꿈의 기억 속에 외경을 본 기억도 있기 때문이다. 짠드라끼르띠는 '꿈의 기억으로부터'라는 대전제에 근거하여 추론적 사유를 진행하고, 기존의 주장과 정반대의 결론을 도출한다.

세 번째 반론에서 짠드라끼르띠는 꿈에서 작용하는 인식능력을 비판한다. 「현전지」 제50게에서 유식논사는 코끼리 등의 형상에 대해 안처에서

---

56 金星喆(2006: 254-55)

57 MAK(1912: 140, 15-16): gal te sad tshe rmi lam dran las yid, yod na phyi rol yul yang de bzhin 'gyur, ji ltar khyod kyi ngas mthong snyam dran pa, de 'dra phyi rol la yang yod pa yin.

취해진 것이 아니라 의식작용으로 나타난 대상이라고 주장한다. 꿈은 안식에 의지하지 않기 때문이다. 짠드라끼르띠는 유식논사의 주장에 대해 유식의 사례로 성립할 수 없다고 반론한다. 꿈속의 감각적 지각작용과 분별적 인식작용은 의식만으로 가능하지 않기 때문이다.[58]

그대(유식논사)의 [주장처럼] 꿈에서 외적 대상이
생겨나지 않는 것과 같이 의식 역시 발생하지 않는다.
눈(근), 눈의 대상(경), 그것에 의해 생겨난 의식(식)
세 가지 모두가 [자성을 갖지 않는] 허망(alika)한 것이기 때문이다.(「현전지」 제51게)[59]

「현전지」 제51게에서 짠드라끼르띠는 인식의 성립 조건인 삼사(三事) 화합을 반론의 근거로 제시한다. 바깥 대상으로서의 색에 대한 인식이 발생하려면 꿈에서도 근, 경 그리고 식의 삼법(三法)이 화합해야 한다. 실재론자들의 주장과의 차이는 일체법 무자성에 근거하여 삼법의 화합과 인식의 발생의 성립이 가능하다는 점이다. 꿈에서 삼법 모두가 스스로 존재하지 못하는 허망한 것(무자성)이다. 따라서 삼사화합의 조건 자체가 성립하지 않기 때문에 꿈에서 식은 자체상을 갖고 실재하는 것이 아니다.[60]

---

58 MABh(1912: 142, 6-9): ji ltar rmi lam du phyi rol med par rnam par shes pa tsam 'byung ba de bzhin du 'dir yang 'gyur ro zhe na, de ltar ma yin te, rmi lam du yid kyi rnam par shes pa 'byung ba mi srid pa'i phyir ro.

59 MAK(1912: 142, 10-14): ji ltar khyod kyi phyi yul rmi lam du, ma skyes de bzhin yid kyang skyes ma yin, mig dang mig gi yul dang des skyed sems, gsum po thams cad kyang ni rdzun pa yin.

60 MABh(1912: 143, 13-17): gang gi phyir rmi lam na gsum car yang mi bden pa de'i phyir rab tu grub pa'i sgo nas ma grub pa bsgrub pa'i phyir sad pa'i tshe na yang chos thams cad rang bzhin med pa

꿈에서도, 깨었을 때 또한
제법은 허망한 것이고, 마음도 존재하지 않는다.
행경(行境, gocara)도 실재하지 않기에 일체의 감각기관도 [자체상을 가지고] 존재하지 않는다.(「현전지」 제52게 c-d)[61]

「현전지」 제52게 c-d는 근, 경 그리고 식의 삼법에 대해 꿈에서 비실재하지만 무자성에 의해 성립한다고 판단하는 것처럼 깨었을 때의 인식도 자성 없이 성립할 수 있다는 것이다. 짠드라끼르띠는 범부의 무명으로 인하여 자성 없는 인식의 성립을 자각하지 못한다고 주장한다.

깨어나게 되면, [꿈에서의 근, 경, 식] 삼법이 모두 실재하지 않는 것을 [아는 것]처럼
우치(moha)의 잠에서 깨어남으로써 [삼법이 무자성한 것을] 아는 것이다.(「현전지」 제53게 c-d)[62]

범부들을 미혹시키는 것이지만, 그들과는 다른 [성자]들에게는 환 등과 같이 연기한 것이기 때문에 '유세속'(saṃvṛiti-mātra)이다. 또한 그것은 소지장(jñeya-āvaraṇa)으로 특징(lakṣaṇa)지워지는 무명만이 현행하기 때문이다. 그것은 현현을 수반(sābhāsa)하는 행경(gocara)을 가진 성자들에게 현현하지만, 무현현(nirābhāsa)의 행경을 소유한 자들에게는 [나타나는 것

nyid du bsgrub par 'gyur ro.

61 MAK(1912: 143, 18-20): rmi lam ji ltar de bzhin sad 'dir yang, dngos rnams rdzun yin sems de yod ma yin, spyod yul med cing dbang po rnams kyang med.

62 MAK(1912: 145, 3-4): sad par gyur na gsum char yod min ltar, gti mug gnyid sad las de de bzhin no.

이] 아니다. 제불은 일체에 대해 모든 방식으로 원만히 깨달음을 이루었기 때문에 심과 심소법의 흐름이 확정적으로 바뀌었다고 주장하는 것이다. 이와 같이 세존은 그것에 의해서 세속제와 유세속을 설하셨다.(「현전지」 제28게 자주)[63]

「현전지」 제53게 c-d와 그 자주에서 범부는 무명의 잠에서 깨어나지 못하여 삼법을 실재하는 것으로 본다. '무명의 잠'이란 「현전지」 제28게에서 "범부는 무지로 인하여 현상이 자성을 가진 것으로 알고, 허망한 것을 실재인 것으로 알기 때문에 세속을 진리라고 믿는다"와 일치한다. 그가 무명에서 깨어나면 삼법의 존재를 자각하게 되고, 그것들의 무자성함을 아는 것이다.[64] 따라서 짠드라끼르띠는 제53게의 논의를 유세속에 기초하여 전개한다고 할 수 있다.[65] 제28게의 자주에 따르면 무명의 잠에서 깨어났다는 것은 현상의 실체에 대한 성자의 자각으로 현상에 대해 '유세속'(唯世俗, saṃvṛiti-mātra), 즉 세속적 관점에서만 진리로 인식한다는 뜻이다.

---

63 MABh(1912: 108, 3-13): byis pa rnams la ni bslu bar byed pa yin la, de las gzhan pa rnams la ni sgyu ma la sogs pa ltar rten cing 'brel par 'byung ba nyid kyis kun rdzob tsam du 'gyur ro, de yang shes bya'i sgrib pa'i mtshan nyid can ma rig pa tsam kun tu spyod pa'i phyir, snang ba dang bcas pa'i spyod yul can gyi 'phags pa rnams la snang gi, snang ba med pa'i spyod yul mnga' ba rnams la ni ma yin no, sangs rgyas rnams la ni chos thams cad rnam pa thams cad du mngon par rdzogs par byang chub pa'i phyir, sems dang sems las byung ba'i rgyu ba gtan log par 'dod pa yin no, ,de ltar na re zhig bcom ldan 'das des kun rdzob kyi bden pa dang kun rdzob tsam gsungs pa yin no.

64 MABh(1912: 145, 5-9): ji ltar gnyid zad pas sad par gyur pa rmi lam du dmigs pa gsum po yod pa ma yin pa de bzhin du, ma rig pa'i gnyid ma lus par drungs phyung ba chos kyi dbyings mngon sum du mdzad pa rnams la yang gsum char yod pa ma yin pas, phyi rol med par rnam par shes pa yod pa ma yin no.

65 小川一乘(1988: 19-22): 오가와는 짠드라끼르띠에게 나타나는 세속 해석의 특이성을 유세속이라는 개념에 의해서 세속을 이해한다는 점에서 찾고 있다. 짠드라끼르띠는 세속제를 세속을 진리로 고집하는 세간인만의 진리로 해석하는 것이다; 岸根敏幸(2001: 89): 기시네에 따르면 유세속은 짠드라끼르띠 이제설의 독창적인 특징이다.

이와 같이 '유식'의 실례는 꿈의 비유로 제시되고, 꿈에 관한 개별적인 사례들과 반론은 세 가지 형태로 구성된다. 첫째, '꿈을 꾸는 것'의 사례를 통해 실재하지 않는 것에 대한 지각이 가능하다(주장). 이 사례는 꿈에서 마음의 존재성을 전제해야 한다. 하지만 마음의 존재를 전제할 수 없기에 식은 자체상을 갖고 성립할 수 없다(반론). 둘째, '꿈을 기억하는 것'의 사례는 꿈의 대상들을 외경으로 기억하는 사실을 통해 인식의 실재성만을 확인할 수 있는 것이다(주장). 이 사례는 외계의 존재에 대한 근거이다. 깨어났을 때 꿈의 외경에 대한 기억도 존재하기 때문이다(반론). 셋째, '꿈에서 작용하는 인식능력'의 사례는 의식의 활동만으로 인식이 가능하다는 것을 드러낸다(주장). 꿈에서의 인식은 눈과 대상 그리고 안식의 비실재와 그것들의 무자성함을 드러내는 것이다. 따라서 일체 제법의 허위(무자성)가 성립한다(반론).

(2) 비문증의 비유에 의한 유식무경설 비판

(가) 비문증의 비유에 의한 유식무경설

『입중론』에서 유식무경을 주장하는 유식논사의 두 번째 비유로서 비문증의 비유는 외경의 비실재에도 식의 존재를 주장하는 근거이다. 비문증이 있는 이(taimirika)는 실재하지 않는 머리카락을 보기 때문이다. 「현전지」 제55게에 대한 자주에서 유식논사는 습기(習氣, vāsanā)를 설정하고, 그 성숙의 유무에 따라 인식의 발생이 결정된다고 반론한다.[66] 즉 유식논사의 주장

---

66 MAK(1912: 146, 13-18): rnam par shes pa'i bag chags sngar gzhag pa de smin pa dang ma smin pa

에 따르면 비문증이 없는 자는 머리카락을 보는 지각의 습기가 성숙하지 않기 때문에 머리카락을 볼 수 없다.

> [안]근이 눈병에 걸렸기 때문에 어떤 [이의] 지각에[만]
> 비문증의 힘에 의해서 머리카락 등이 나타나는 것이다.(「현전지」 제54게 a-b)[67]

짠드라끼르띠는 비문증의 비유를 통해 식의 존재를 증명하려는 시도에 인식의 발생에 관한 오류가 있다고 지적한다. 그에 따르면 원칙적으로 비문증이 있는 이와 없는 이는 대상(對境)이 실재하지 않는다는 점에서 동일하다. 이 전제에 따라 비문증이 있는 이가 존재하지 않는 머리카락의 행상을 갖는 식에 의해 머리카락을 본다면 비문증이 없는 이도 그 머리카락을 지각해야 하는 오류가 발생한다.

오가와는 『입중론』에 대해 『유식이십론』 제1게의 비문증의 비유를 유식학파의 유식무경에 대한 근거로 판단하여 비판한다고 생각한다.[68] 기시네도 비문증의 비유에 대해 『유식이십론』에 근거한 것으로 본다.[69] 즉 짠드라끼르띠는 『유식이십론』에 나타난 비중문의 비유를 비판한다고 할 수 있다.

---

dag rnam par shes pa skye ba dang mi skye ba dag gi rgyu yin te, de'i phyir gang la sgra'i rnam pa can gyi shes pa gzhan gyis gzhag pa'i bag chags yongs su smin pa yod pa de kho na la de'i rnam pa can gyi shes pa 'byung gi gzhan la ni ma yin no.

67 MAK(1912: 145, 13-14): dbang po rab rib bcas pa blo gang gis, rab rib mthu las skra rnams gang mthong ba.

68 小川一乘(1988: 60-1) 참조.

69 岸根敏幸(1995: 89) 참조.

> 이것은 유식이다(宗). 실재하지 않는 대상이 현현하기 때문이다(因). 예를 들면 비문증이 있는 이들에게 머리카락이나 달 등이 없지만 보이는 것과 같이(喩).(『유식이십론』 제1게)[70]

『유식이십론』은 "3계는 오직 식뿐이다"라는 주장을 『십지경』에서 인용하여 유식설을 정립한다. 『유식이십론』에 대해 구체적으로 설명하자면 제1게는 삼계유심에 대한 주장(宗)과 이유(因) 그리고 실례(喩)를 담고 있다. 실재론자들의 주장을 반박하여 유식무경을 확립하는 『유식이십론』의 주된 내용은 『입중론』에서 공능의 주장과 반박으로 전개되는 정황과 일치한다. 이는 짠드라끼르띠의 인용에 대한 근거를 보다 분명하게 드러내는 것이라고 할 수 있다.

(나) 비문증의 비유에 대한 반론

유식논사는 비문증이 있는 이가 실재하지 않는 머리카락 등을 보는 것을 외경 없이 인식의 존재를 증명하는 근거로 제시한다. 눈앞에 머리카락이 없음에도 불구하고 비문증자는 머리카락에 대한 형상과 안식을 갖는다. 이에 대한 반론은 꿈의 비유처럼 자체상을 갖는 발생이 없다는 사실에 근거해서 구성된다. 비문증이 없는 이는 머리카락을 보지 않기 때문에 머리카락의 형상과 지각을 갖지 않는다. 즉 자체상을 갖는 발생이 없다는 사실에서 비문증이 없는 이가 머리카락을 지각하지 않는 것이 보다 타당한 것이다.

---

70 Viṁś(1925: 1):
vijñaptimātram evedam asadarthāvabhāsanāt/
yadvat taimirikasyāsatkeśoṇḍukādi darśanaṁ//1//

그의 지각에 있어서는 두 가지(머리카락과 지각) 모두 진실(satya)이지만,
대상을 명확히 보는 이에게 둘 모두는 허망한 것(mṛṣā)이다.(「현전지」 제54게 c-d)[71]

비문증의 힘(timira-prabhāva)에 의해 머리카락 등의 전도된 본질을 망분별한다.
청정한 눈을 가진 자(śuddhadṛṣṭi)가 그것의 본성을 봄으로써
[청정한 눈을 가진 자가 보는]것이 진실이라고 그와 같이 여기에서 알아야 한다.(「현전지」 제29게)[72]

이 논의는 「현전지」 제29게에서 밝히고 있는 승의에 대한 통찰에 바탕한 것이다.[73] 짠드라끼르띠는 비문증으로 인식이 흐려진 이의 그릇된 믿음처럼 전도된 상태의 사람들의 발생에 대한 주장을 그릇된 것으로 본다. 건강한 눈을 갖고 있는 이는 비문증이 있는 이의 머리카락을 실재하지 않는 것으로 생각한다. 마찬가지로 자성의 비존재를 아는 이는 일체 현상에 관해 통찰하는 것이다.

유식의 두 번째 사례로 제시한 비문증의 비유는 비문증이 있는 자의 인

71 MAK(1912: 145, 15-16): de blo la bltos gnyis char bden pa ste, don gsal mthong la gnyis ka'ang rdzun pa yin.

72 MAK(1912: 109, 6-9): rab rib mthu yis skra shad la sogs pa'i, ngo bo log pa gang zhig rnam brtags pa, de nyid bdag nyid gang du mig dag pas, mthong de de nyid de bzhin 'dir shes gyis.

73 岸根敏幸(2001: 105-6): 기시네는 승의에 세 가지 논점을 부여하고 있다. 먼저 승의는 희론을 초월한다. 희론을 초월하고 있는 것은 승의가 일상적인 관념이나 언어를 초월하고 있다는 뜻이다. 둘째, 승의를 자성 그 자체로 규정하는 점이다. 무자성론자를 자인하는 짠드라끼르띠가 자성이라는 용어를 승의와 동일시하고 있다. 셋째, 승의를 주체 내적(자내증)인식과 관련해서 파악한다.

식 때문에 외경이 비실재해도 식의 존재를 증명하는 근거가 된다(주장). 비문증이 없는 이는 머리카락을 보지 않기 때문에 머리카락의 형상과 지각이 발생하지 않는다(반론). 짠드라끼르띠에 따르면 비문증의 비유는 비문증이 없는 이에게 해당하지 않으며, 현실의 실제 모습은 승의에 대한 통찰에 의해서만 알 수 있는 것이다. 따라서 비문증의 비유는 외경 없는 식의 존재에 대한 근거로 타당하지 않으며, 유식학파처럼 인식 이외의 세계를 인정하지 않을 경우에 일상적 대상의 존재론적 객관성을 확보할 수 없는 문제가 발생한다.

(3) 부정관의 비유와 염오된 인식을 통한 유식무경설 비판

(가) 부정관의 비유와 염오된 인식를 통한 유식무경설

짠드라끼르띠는 유심에 관한 경전적 근거로 『입능가경』「게송품」 제86게와 제91게의 경문을 인용한다.[74] 이는 유식학파의 주장으로 제시한 것이

74 MABh(1912: 160, 9-16):
"삼유는 오직 시설된 것으로서 자성에 의해 존재하는 것은 없다. 망상하는 이들이 가설된 사태를 자성[이 있는 것]으로 분별하는 것이다. 자성은 없고 식도 없다. 알라야는 없고 사도 없다. 악[견을 가진] 시신과 같은 망상하는 범부들에 의해서 그것들을 분별한 것이다."
srid pa gsum ni btags pa tsam, ngo bo nyid kyis dngos po med, btags pa dngos po'i ngo bor ni, rtog ge ba dag rtog par 'gyur, rang bzhin med cing rnam rig med, kun gzhi med cing dngos med na, byis pa ngan pa rtog ge ba, ro dang 'dra bas 'di dag btags.
Laṅk(1923: 275, 13-14):
"삼유는 시설일 뿐이며, 사태(事)는 자성으로서 비존재이다. 망상가들이 가설적인 사태를 존재하는 것으로 분별할 것이다."
prajñaptimātraṃ tribhavaṃ nāsti vastu svabhāvataḥ/
prajñaptivastu bhāvena kalpayiṣyanti tārkikāḥ//10-86//
Laṅk(1923: 276, 7-8):
"자성은 없고, 식도 없고, 사도 없고, 알라야도 없다. 사실 그것들은 잘못 망상하는 어리석은 자들에 의해서 분별된 것이다."
na svabhāvo na vijñaptir na vastu na ca ālayaḥ/

아니라 붓다의 밀의(密意)를 파악하지 못한 유식학파를 반박하려는 의도를 갖고 인용한 것이다.[75] 이에 유식논사는 『해심밀경』과 『섭대승론』에서 제시한 바 있는 부정관(不淨觀, aśubha-bhāvanā)의 비유를 유식무경의 세 번째 근거로 제시한다.

> 유가사(yogin)가 스승의 지도에 따라서
> 뼈로 가득찬 대지(大地)를 보는데(「현전지」 제69게 a-b)[76]

『섭대승론』「소지상분」에 따르면 기억에 의한 인식에 대해 대상의 존재가 희미해지거나 소멸하더라도 선정에 머물러서 관하는 시신은 명료하게 인식될 수 있다.[77] 예를 들어 유가사들은 스승의 가르침에 따라 부정관을 수습해서 대상을 뼈로 본다. 유식논사들은 대상을 뼈로 보는 유가사들의 상황을 외계 비실재론의 근거로 제시한다.

---

bālair vikalpitā hy ete vaśabhūtaiḥ kutārkikaiḥ //10-91//

75 MAK(1912: 163, 1-8): de'i phyir ston pa'i gsung rab kyi dgongs pa ma dpyod pa dag gis shes rab kyi rtsal med par sbyar ba rnam par shes par smra ba 'di bsal bar bya ba kho na yin no.

76 MAK(1912: 163, 11-12): rnal 'byor pa yis bla ma'i man ngag las, keng rus kyis gang sa gzhi mthong ba gang.

77 MS(1982: 63 II.8):
"푸른 빛깔의 시신 등과 같이 인식되는 것이 기억에 의한 인식이면 불합리하며, 그것들 대상은 단지 눈앞에 있는 것으로 나타나고 있기 때문이다. 듣고 사유함에 의해 생겨난 지혜가 기억에 의한 인식[작용]이라면 이미 과거에 것으로 현재에 존재하지 않기 때문에 그 대상이 나타나고 있다면 그것은 표상뿐인 것이다."
rnam par bsngos pa la sogs pa la dran pa'i rnam par shes pa yang mi rung ste, dmigs pa de mdun du bzhag na snang ba'i phyir ro, thos pa dang bsams pa las byung ba la dran pa'i rnam par shes pa gang yin pa de yang 'das pa la dmigs pa'i phyir, der snang ba rnam par rig pa tsam du 'gyur ro.

> 비문증에 의해 [결함이 있는 안]근을 가진 자가 [머리카락을 보는] 것과 같아서
> 아귀가 흐르는 물을 피고름으로 지각하는 것도 [이와 마찬가지이다].(「현전지」 제71게 a-b)[78]

「현전지」 제71게에서 유식논사는 동일한 대상에 대한 다른 인식의 발생을 존재 상태의 습기로 설명한다. 다시 말해 유식학파는 외경의 비실재에 대한 근거로 알라야식을 통해 동일한 대상에 대한 서로 다른 인식이 발생한다는 사실을 제시한다. 이는 염오된 인식의 사례이다. 『유식이십론』 제3게에서 아귀의 비유는 염오된 인식의 사례를 보다 분명하게 드러낸다. 『유식이십론』에서 사람들은 과거의 행위와 그 결과로 아귀라는 과보를 받았고, 그들은 모두 흐르는 물을 피고름으로 본다.

> 모든 아귀가 농하(膿河) 따위를 보는 경우와 [같다].(『유식이십론』 제3게 c)[79]

「현전지」 제55게의 자주는 염오된 인식에 의해 지각되는 세계에 관한 예시를 인용한다. 이는 염오된 인식도 외경에 근거하지 않고 머리카락을 지각할 수 있다는 주장이다. 누군가가 머리카락을 보거나 보지 못하는 것의 차이는 식에 설정된 습기의 성숙에 따르기 때문이다. 염오된 인식 내용

---

78 MAK(1912: 164, 12-13): rab rib dang ldan dbang po can mtshungs la, chu 'bab klung la yi dwags rnag blo yang.

79 Viṁś(1925: 1):
saṁtānāniyamaḥ sarvaiḥ pūyanadyādidarśane/

임에도 불구하고 유식논사들은 다양한 비유들을 통해 인식을 습기의 성숙에 대한 문제로 풀어내며 외계 비실재론을 강하게 주장한다.

(나) 부정관의 비유와 염오된 인식에 대한 반론

「현전지」 제69게의 주석에서 짠드라끼르띠는 부정관에 대해 실재하지 않는 해골 등을 인식의 대상으로 삼기 때문에 진실하지 않는 작의(作意)라고 소개하고 있다.[80] 부정관은 몇 가지 예비적 조치와 함께 시작한다. 이는 수행자가 일련의 특징적인 징표나 현상적인 상(nimitta), 혹은 해체 과정 속에 있는 시체와 같은 구역질 나는 현상적 영상을 취하는 것이다. 그리고 이 단계에서 취했던 부정한 것의 현상적 영상을 관찰 가능한 범위의 의식 속에서 현전시키거나(manasikṛ-) 집중함으로써 자의적으로 다시 산출한다(adhimuc-).[81] 이를 승해작의(勝解作意, adhimukti-manasikāra)라고 하며, "어떤 대상에 대해 특정방식으로 집중하다", "의도적으로 특정방식에 따라 관념 속에서 현전화하거나 관상하다"는 의미를 갖는다.

요가 수행에 있어서 탐욕에 끌리는 사람은 부정관을 수습해야 한다. 관을 행할 때 떠오른 영상은 전에 보고, 듣고, 그리고 알았던 사물의 '재생표상'이다.[82] 유가사들은 그러한 영상에 대해 자신의 마음일 뿐(재생표상)이라는 사실을 알아야 하고, 그것에 대응하는 사물을 실제로 존재하지는 않는 것으로 생각해야 한다고 주장한다.

---

80 MABh(1912: 163, 16-17): 'di ni de kho na nyid ma yin pa yid la byed pa'o zhes 'byung ba'i phyir ro.

81 L. 슈미트하우젠(2006: 125-33) 참조.

82 요꼬야마 고우이쯔(1989: 23-4) 참조.

그대의 [주장처럼 의]근에 의해 지각되는 대상들이
부정[관에 의해] 의식의 [대상이] 된다면,
그처럼 [부정관에 의해 생겨난 의식의] 대상(해골)을 여타의 [부정관을 하지 않는] 사람들도 지각하게 될 때 그것(해골)은 허망한 것이 아닐 것이다.(「현전지」 제70게)[83]

유가사의 주장에 대한 반론을 위해 짠드라끼르띠는 「현전지」 제70게에서 희극(戱劇)을 보는 사례를 통해 부정관을 유식무경설 논증의 적절하지 않은 근거라고 지적한다. 희극의 비유는 희극에 집중한 사람들 가운데 한 사람(유가사)의 안식에 의해 해골을 형상으로 대상화한다면 부정관을 수습하지 않는 이들도 그와 같은 해골을 지각해야 한다는 오류를 내포한다. 따라서 부정관을 수습한 유가사의 지각은 유가사의 의식에서만 생겨나며, 유식무경설의 타당한 근거라고 할 수 없다.[84]

비문증의 비유처럼 부정관의 비유도 인식 이외의 세계를 인정하지 않으면 일상적 대상의 존재성과 그것의 객관성을 확보할 수 없는 문제를 갖는다. 짠드라끼르띠의 반론은 일상적 대상의 존재성을 인식 자체만이라고 주장하는 경우에 그 대상의 객관성을 확보할 수 없는 점을 반복적으로 지적하는 것이다. 이에 대한 유식학파의 해명이 「현전지」 제71게 a-b에서 보여

83 MAK(1912: 164, 1-4): khyod kyi dbang blo'i yul rnams ji lta ba, de ltar mi sdug yid kyi yang 'gyur na, de bzhin yul der blo gtad cig shos kyis, rtogs 'gyur de ni rdzun par yang mi 'gyur.

84 MABh(1912: 164, 5-9): ji ltar khyod bzlos gar gyi ltad mo la sogs pa lta ba na, yul der mig gtad pa rnams las ji ltar gcig la mig gi rnam par shes pa de'i rnam pa can skye ba de bzhin du gzhan dag la yang yin pa de bzhin du, rnal 'byor pa ltar rnal 'byor pa ma yin pa keng rus la sogs pa'i yul la lta ba rnams la yang de'i rnam pa can gyi shes pa skye bar 'gyur te.

준 염오된 인식에 대한 비유이다.

유식학파는 동일한 대상에 대한 다른 인식의 발생을 알라야식에 근거한 존재 상태의 습기에 의한 것이라고 해명한다. 유식학파는 짠드라끼르띠의 지속적인 반론에 대해 존재 상태의 습기에 따라 객관적 대상에 대한 다른 지각과 인식의 성립으로 해명한다. 짠드라끼르띠는 비문증 환자가 지각하는 머리카락과 아귀가 바라보는 농혈에 대해 자체상을 갖지 않는 것으로 보는, 즉 발생이 없다는 사실에 근거하여 논쟁의 성립 자체를 비판한다.

짠드라끼르띠는 유식무경설에 관한 비판을 제71게 c-d에서 마무리하고, 근, 경 그리고 식의 무자성과 인식 성립의 계기를 눈(근), 눈의 대상(경) 그리고 그것에 의해 생겨난 의식(식)의 상호의존성으로 해석한다. 다시 말해 이는 인식주관과 인식대상의 무자성을 주장하는 것이다. 제71게를 통해 외계 비실재론으로서 유식무경성에 대한 논의가 일단락된다.

「현전지」에는 제49게에 나타나는 귀류의 형식과 제68게에 나타나는 논증식의 특징은 외경의 실재성을 증명하기보다 대론자의 생각을 오류로 몰고 감으로써 제법의 무자성을 논증하는 것이다.[85] 유식무경에 대한 비판에서 바비베까는 논리식에 의한 증명을, 짠드라끼르띠는 대론자의 주장에 즉한 귀류적인 논증을 취한다. 이는 언어나 논리에 관한 두 사람의 입장 차이라고 할 수 있다. 이 차이는 두 사람을 대표하는 학파의 이름처럼 유식사상 비판에서도 선명하게 나타난다.[86]

---

85 제68게의 논증식은 IV장 4절 '유식사상 비판의 사상사적 의의-대립과 교섭'에서 다룰 것이다.

86 바비베까와 짠드라끼르띠의 경전적 논거에 의한 비판에서도 두 논사의 차이가 나타나고 있는데, 이에 관해서는 IV장 3절 '『십지경』과 『입능가경』에 의한 유심 해석과 유식 비판'에서 다시 다룰 것이다.

2) 공능설 비판

『입중론』의 외계 비실재론 비판의 중심적 위치에 있는 공능설에 대한 비판은 II장 3절 '외계 비실재론에 관한 논의-유식무경설과 인식 발생의 원리로서 공능설'의 논의를 토대로 한다. 공능설에 대한 비판은 유식무경에 대한 비판과 연결된다. 유식무경설은 꿈, 비문증 그리고 부정관의 비유를 근거로 이루어지며, 특히 비문증의 비유는 외경 없는 인식을 발생시키는 공능과 연관된 논의이다. 여기에서 짠드라끼르띠는 외계 비실재론으로서 유식무경설을 비판하며, 공능의 역할과 그 발현과정을 중점적으로 문제 삼고 있다.

> [안]근이 눈병에 걸렸기 때문에 어떤 [이의] 지각에[만]
> 비문증의 힘에 의해서 머리카락 등이 나타나는 것이다.(「현전지」 제54게 a-b)[87]

「현전지」 제56-67게에서 짠드라끼르띠는 유식학파의 유식무경설에 대한 세 가지 비유를 비판하는 과정에서 공능을 설명한다. 물론 보다 근본적인 공능의 출발점은 「현전지」 제54게의 비문증에 관한 논의이다. 제54게에서 유식논사는 비문증의 비유를 외경이 없는 식이 존재할 수 있는 근거라고 주장한다. 이를 비판하기 위해 짠드라끼르띠는 공능의 문제를 공능과 인식의 관계(「현전지」 제56-61게)와 공능을 감각기관과 동일시하는 주장(「현전

87 MAK(1912: 145, 13-14): dbang po rab rib bcas pas blo gang gis, rab rib mthu las skra rnams gang mthong ba.

지」 제62-67게)으로 나눈다.

(1) 공능과 인식의 관계에 대한 비판

『입중론』에서 짠드라끼르띠는 공능에 의해 인식이 생겨난다는 주장을 배격한다. 그는 공능과 인식의 관계를 다음 세 가지 경우로 나누어 배격한다. (가) 현재에서 공능이 자성을 가지고 성립하는 경우, (나) 미래에서 공능이 자성을 가지고 성립하는 경우, (다) 과거에서 공능이 자성을 가지고 성립하는 경우가 그것이다.

(가) 현재에서 공능이 자성을 가지고 성립하는 경우에 대한 배격

「현전지」 제55게에서 짠드라끼르띠는 비문증의 비유를 통해 오직 인식의 존재만을 주장한다면 인식의 발생에 오류가 생긴다고 지적한다. 그가 지적하는 오류란 비문증이 있는 이가 머리카락의 행상을 갖는 식에 의해 존재하지 않는 머리카락을 본다면 비문증이 없는 이도 비문증자와 동일하게 머리카락을 지각해야 한다는 점이다. 왜냐하면 대상으로서 경은 존재하지 않는다는 전제가 비문증이 없는 이와 비문증자 모두에게 적용되기 때문에 비문증의 유무에 상관없이 머리카락에 대한 인식이 자체적으로 발생할 수 있다.

> 만약 인식대상 없이 지각이 발생한다면,
> 대상인 머리카락과 시각 능력은 이후로도 상응해서
> 비문증이 없는 사람에게도 머리카락이 지각될 것이다.

그와 같은 경우는 없기 때문에 그것(인식대상 없이 발생하는 지각)은 존재하지 않는다.(「현전지」 제55게)[88]

이런 오류에 대해 유식논사는 인식을 발생하게 하는 습기를 설정하고, 그것의 성숙의 유무에 따라 인식의 발생이 결정된다고 주장한다. 그들의 주장에 따르면 머리카락을 보는 지각의 습기가 성숙하지 않기 때문에 비문증이 없는 자는 머리카락을 볼 수 없는 것이다.[89] 더 나아가 그들은 짠드라끼르띠에게 "공능은 존재하지 않는가"라고 묻는다. 짠드라끼르띠는 알라야식에서 발생한 현재와 과거 그리고 미래의 인식과 공능의 관련성을 묻고, 공능과 인식의 문법적 관계를 분석한다. 오히려 그는 공능과 인식의 문법적 분석을 통해 공능과 현재 인식과의 관계를 탐색하여 논리적 모순을 도출한다.

먼저 '공능으로서의'(nus pai)가 육격(속격, 'brel sgra)일 때 그것이 현재의 인식에 공능의 성격을 부과하는 경우, 이는 이치에 맞지 않다. 인식과 공능은 시간적으로 평등하게 되어 공능과 인식은 동일한 것이라고 할 수 있게 된다. 다르게 말하면 원인 없는 결과가 가능하다는 것인데 원인인 공능에 따라 결과인 인식이 생하는 인과관계로서 시간적 흐름이 성립하지 않게 되기 때문이다. 또한 결과가 발생해도 원인은 사라지지 않는다고 할 수 있

---

88 MAK(1912: 146, 2-6): gal te shes bya med par blo yod na, skra de'i yul dang mig ni rjes 'brel ba'i, rab rib med la'ang skra shad blor 'gyur na, de lta ma yin de phyir de yod min.

89 MABh(1912: 146, 13-18): rnam par shes pa'i bag chags sngar gzhag pa de smin pa dang ma smin pa dag rnam par shes pa skye ba dang mi skye ba dag gi rgyu yin te, de'i phyir gang la sgra'i rnam pa can gyi shes pa gzhan gyis gzhag pa'i bag chags yongs su smin pa yod pa de kho na la de'i rnam pa can gyi shes pa 'byung gi gzhan la ni ma yin no.

다. 원인으로서의 공능이 멸하여 결과로서의 인식이 생하는 인과관계도 성립하지 않기 때문이다. 다음으로 '공능으로부터'(nus pa las)가 오격(위격, 'byung khungs)일 때 그것은 이미 발생한 인식을 다시 공능에서 생하게 하지만, 이 역시 이치에 맞지 않다. 인식과 공능으로서 종자는 시간적으로 평등해서 원인일 때 결과가 이미 존재하는 셈이 되기 때문이다.[90]

짠드라끼르띠는 공능에 관한 논의에서 인식 발생에서 대상의 유무를 논증하지 않는다. 그는 공능의 성숙을 바탕으로 논의하고 있을 뿐이다. 결국 공능과 식은 문법적 관계에 의해 현재의 인식에는 인식의 원인으로서의 공능이 존재할 수 없는 것이다.

(나) 미래에서 공능이 자성을 가지고 성립하는 경우에 대한 배격

현재의 인식이 공능과 관계없다면 나머지 가능성은 미래와 과거라고 할 수 있을 것이다. 물론 발생하지 않은 미래의 인식에서 공능의 존재를 확인할 수 없을 것이다. 우리는 아직 생겨나기 전의 인식의 여부를 논할 수 없기 때문이다. 다시 말하면 인식이 생겨나기 전에 공능의 차별은 없다고 할 수 있다.

---

90 MABh(1912: 147, 12-148, 2): de la re zhig rnam par shes pa skyes ba la nus pa srid pa ma yin te, gang gi tshe nus pa'i zhes drug pa yin pa de'i tshe ni rnam par shes pa 'bras bu'i ngo bor gyur pa ni rgyu nyid du yang yod do zhes bya bar rigs pa ma yin no, gal te yin na ni 'bras bu rgyu med pa can du 'gyur zhing myu gu skyes pa na yang sa bon mi 'jig par 'gyur ro, de'i phyir skyes pa'i rnam par shes pa la nus pa mi srid do, gang gi tshe nus pa las zhes lnga pa yin pa de'i tshe ni rnam par shes pa skyes pa nus pa las 'byung bar mi rigs te, yod pa'i phyir zhes sngar bshad zin to, de ltar na re zhig skyes pa la nus pa srid pa yod pa ma yin no;
Thon mi sam bho ta(2008): 제5격('byung khungs)은 출처나 기원 혹은 비교를 나타내는 경우, 제6격('brel sgra)은 무언가에 속해 있는 경우에 해당한다.

짠드라끼르띠에 따르면 식과 공능은 '상호의존'(parasparāśraya) 관계에서 발생한다. 인식이 생겨났을 때 공능을 설정하고, 공능에 의존해 인식을 설정하는 것이다. 다시 말해 공능은 인식의 발생에 따라, 인식은 공능에 의존하는 상호의존적 관계에 의해 언어 표현인 가설로 성립하는 것이다. 이는 인식과 공능을 자체적으로 설정할 수 없다는 의미이다. 예를 들면 '긴 것'이 있으면 '짧은 것'이 성립하고, '짧은 것'이 있으면 '긴 것'이 성립하는 이치이다.[91] 더 나아가 그는 공능 비판의 이론적 논거로 『중론』「관연가연품」 제11게를 인용하고, 일체 현상의 발생이란 상호의존적 관계에 있다고 주장한다.[92]

가설된 것으로서의 식과 공능은 그 자체로 자성을 갖고 성립하지 않는다. 이러한 특성에 따르면 미래의 인식을 예견하고 공능과의 의존적 관계를 주장하는 것은 마치 토끼의 뿔과 같이 실재하지 않는 존재를 논하는 것이라고 할 수 있다. 만약 공능과 식의 의존적 관계를 가정하더라도 이미 성립한 것을 다시 성립해야 할 필요는 없으므로 미래와의 연관성은 없다고

91 MABh(1912: 150, 6-12): rnam par shes pa yod na ni de'i nus pa yin la, de las rnam par shes pa 'byung ba yin no zhes de ltar phan tshun gyi don la brten par 'gyur ro, de ltar 'gyur mod ce na, rnam par shes pa rang bzhin gyis yod pa ma yin no zhes bya bar 'gyur ro, dper na ring po yod na thung ngur 'gyur la thung du yod na ring por 'gyur zhing, pha rol yod na tshu rol du 'gyur la tshu rol yod na pha rol tu 'gyur ba ltar btags par 'gyur gyi de dag la grub pa rang bzhin pa med do.

92 MABh(1912: 151, 2-5):
"만약 어떤 사물이 의존해서 성립하는 것, 그것에 의존하여 사물이 성립한다면 만약 의존해야 할 것, 그것이 이미 성립해 있다면, 어떤 것에 의존하여 어떤 것이 성립하는가?"
gal te dngos po gang bltos 'grub, de nyid la yang bltos nas ni, bltos bya gang yin de 'grub na, gang la bltos nas gang zhes 'grub.
MMK(1903: 209, 1-2):
"의존하여 성립하는 그런 존재가 아직 성립하지 않았다면 어떻게 의존하겠는가? 뿐만 아니라 이미 성립된 것이 [다시] 의존한다면 그것의 의존은 타당치 않다."
yo 'pekṣya sidhyate bhāvaḥ so 'siddho 'pekṣate katham/
athāpy apekṣate siddhas tv apekṣāsya na yujyate//10-11//

할 수 있을 것이다.

(다) 과거에서 공능이 자성을 가지고 성립하는 경우에 대한 배격

현재와 미래 이외에 공능과 인식의 상관관계를 분석할 수 있는 영역은 이제 과거뿐이다. 이 논의는 유식학파의 상속(相續, saṁtāna)에 관한 개념을 전제한다. II장 '업상속 이론에 관한 논의'에서 살펴본 바와 같이 상속에 관한 사유는 『구사론』에서부터 기원한다. 전통적으로 아비달마 불교가 '찰나'(kṣaṇa)라는 최소 시간 동안 우리의 의식이 지속한다는 점을 강조하면서 무아성만을 확보했다면, 바수반두의 경우 개체의 의식 활동들이 단락적인 사건이라는 관점에서 무아성을 견지하면서도 상속이라는 개념을 통해 의식 연속성이라는 입장에서 개체의 동일성을 확보한다.[93] 특히 바수반두는 『유식삼십송』에서 상속 개념을 인식이 발현하기 위한 전제 조건으로서 설정한다. 이후 유식학파는 개별적인 인식들이 일련의 연속성을 갖는 상속의 과정에서 습기 또는 공능을 추가적으로 설정하여 외경 없이도 인식이 발현할 수 있는 성립의 지반을 확보한다.

앞의 (나)에서 본 것처럼, 짠드라끼르띠는 인식과 공능의 관계를 상호의존적 관계에 의한 언어 표현으로서 가설로 간주한다. 반면 찰나 연속하는 상속은 시간적 선후에 의한 의존관계가 된다. 시간에 함축되어 있는 논리 즉 '선후관계'라는 문제는 우리의 일반적 이해로서 인과와 관련한 사고다. 이러한 사고는 우리가 한 사건의 결과를 통해 원인을 유추하고 원인을 통

---

93 박창환(2012: 106-111)

해 결과를 예상할 수 있듯이 우리에게 합리적 추론을 가능하게 한다. 다만 과거, 현재, 미래 혹은 전후 계기 등의 여러 개념들이 우리 눈앞에 펼쳐진 사건들에 질서를 부여하면서 사건 그 자체와는 별개의 존재성을 갖는다면 이는 실체성에 바탕을 둔 존재화된 시간이다.[94] 다시 말해 언어 표현으로서 가설로서만 규정할 수 있는 시간을 존재화할 경우 이미 전통 형이상학이 내포한 실체와 속성의 관계가 본질적 또는 내재적이라는 주장들이 마주한 모순과 만나게 된다. 더불어 이러한 모순을 드러내는 것이 중관학파의 철학적 경향성이다.[95] 따라서 상속을 통한 공능으로부터 인식의 발현을 짠드라끼르띠가 문제 삼는 이유는 과거에 속하는 습기에 의해 다음 찰나의 인식으로서 주관과 객관을 구성한다는 주장이 '존재론적'(existential) 선후관계를 전제해야 하기 때문이다. 이는 실체적 이해로 간주할 수 있다. 다시 말해 선후관계를 분석하면 찰나 자체의 실체성 논쟁과 함께 찰나와 찰나를 연결하는 새로운 설정이 요청된다. 이 문제에 대한 유식학파의 대응은 전 찰나와 후 찰나를 상속으로 연결하는 것이지만, 짠드라끼르띠는 이와 같은 상속에 의한 인식의 성립을 부정한다.

일체의 상속(saṁtāna)을 갖는 것들은 서로 별개(pṛthak)이기에(「현전지」

---

94 사사키 겐쥰(2016: 9-10): 인도불교에서는 일차적으로 보편적 kāla 관념을 비판한다. 인도에서도 samaya, kālasamaya, kṣaṇa와 같은 몇 가지 관념을 통해 시간을 표현한다. 특히 kāla란 사건의 존재방식을 의미한다. 또한 밤낮의 길이, 달과 태양의 운행, 보름, 하루 등처럼 어느 정도의 기간은 kālasamaya로 불린다. 특히 kṣaṇa를 시간의 최소 단위로 상정해서 그 중첩을 통해 시간의 연속성이 발생한다고 생각했다. 사실 자연적·물리적 시간을 불교 역시 무시하지 않는다: 김현구(2017: 45)

95 Westerhoff(2009: 202-208)

제59게 c)[96]

유식학파의 논리에 따르면 과거의 의식에 속하는 습기를 원인으로 해서 다음 찰나 결과로서 인식이 생기하는 것은 원인으로서의 습기가 멸함에 따라 발생하는 것이다. 이 경우 인식의 원인과 결과가 존재론적 선후관계라면 찰나라는 단절에 직면한다. 이 단절에 의해 전 찰나와 후 찰나는 서로 연속성을 갖지 못하는 별개로서 남게 된다. 다시 말해 원인과 결과가 실체적 존재성을 갖는다면 개체의 연속성을 확보할 논리적 장치가 요구되는 것이다. 결국 상속이라는 개념만으로는 서로 별개인 공능 혹은 종자에서 별개의 인식이 생기하는 것을 허용하는 셈이 되기 때문에 일체는 일체로부터 생기는 논리적인 오류를 적용할 수 있다.

결국 앞선 반론들처럼 짠드라끼르띠가 시도하는 논변은 현재, 미래, 과거라는 시간성에서 인식과 공능의 인과관계가 도출될 수 없다는 것을 보여주는 것이다. 즉 과거라는 시간관념에서 찰나에 근거하는 상속이론이 갖는 논리적인 오류를 밝히려는 것이다. 짠드라끼르띠는 이와 같은 주장을 타생의 주장에 따르는 논리적 모순으로 판단하고, 「현전지」 제14게와 제17게에서 이미 언급했다. 타생을 주장할 경우 예측 불가능한 발생이 생겨나고, 일체가 원인이 된다는 모순이 있다. 또한 어떤 싹이 특정 씨앗으로부터 발아했으면 이 둘은 서로 다른 시간대에만 존재한다. 이런 존재론적 의존 관계를 전제할 경우, 같은 시간대에 존재할 수 있는 것은 서로 다른 존재론적

---

96 MAK(1912: 152, 13): rgyun can rnams der phan tshun tha dad yod.

본질을 가진 것들뿐이다. 따라서 짠드라끼르띠는 다른 것에서 생겨난다는 입장을 포기할 것을 권하고 있다.

> 마이트레야와 우바굽따에게 의존한 법들은
> [서로] 다른 것이기 때문에 동일한 상속에 속하지 않는다.
> 자체상을 가진 별개로 존재하고 있는
> 그것들이 동일한 상속에 속한다는 것은 이치에 맞지 않는다.(「현전지」 제61게)[97]

「현전지」 제61게는 상속에 근거한 과거의 습기로서의 공능설을 비판하는 내용이다. 제61게에 따르면 마이트레야와 우빠굽따라는 두 사람은 개별적인 사건들을 인식 내용으로 갖고 있기 때문에 동일한 상속이 아니다. 이러한 입장을 한 개인의 인식에서 과거, 현재, 미래의 찰나가 별개의 인식으로서 심연속한다는 입장에 대입하면, 마이트레야와 우빠굽따의 경우처럼 개별적인 인식내용을 심상속으로 갖고 있기 때문에 타자의 인식과 구별할 수 없는 논리적 모순이 발생한다.

공능과 인식의 관계에 대한 비판은 시간적으로 ① 현재에서 공능이 성립한다는 것, ② 미래에서 공능이 성립한다는 것, ③ 과거에서 공능이 성립하는 것을 모두 검토하여 배격하는 논의로 구성된다. 오가와에 따르면 공능에 관한 논의에서 짠드라끼르띠가 알라야식에서 공능을 분석하는 까닭은

97 MAK(1912: 154, 7-10): byams pa nyer sbas la brten chos rnams ni, gzhan nyid phyir na rgyud gcig gtogs min te, gang dag rang mtshan nyid kyis so so ba, de dag rgyud gcig gtogs par rigs ma yin.

알라야식설에서 식과 공능의 상속 관계가 검토와 비판을 필요로 하는 이론이기 때문이다.[98] 따라서 짠드라끼르띠는 과거, 현재 그리고 미래의 모두에서 성립할 수 없는 식과 공능의 상속관계의 오류를 지적했다고 할 수 있을 것이다.

(2) 공능과 감각기관의 동일성 주장에 대한 비판

(가) 유식학파의 주장

짠드라끼르띠는 논증을 통해 공능과 인식의 관련성을 부정한다. 유식논사는 「현전지」 제62-64게에서 공능과 감각기관이 동일하다고 보고, 그에 근거해서 유식무경을 주장한다. 따라서 짠드라끼르띠는 제62-64게에서 유식학파의 입장을 자세히 소개하고, 「현전지」 제65-68게 b에서 그 주장들을 비판한다.

> 안식을 발생시키는 자신의 공능(śakti)으로부터
> 곧바로 [안식이] 생하는 것이 된다.
> 자신의 의식은 의지처로서의 공능 그것에서 [발생한]
> 색근을 '눈'이라고 분별한다.(「현전지」 제62게)[99]

제62게에서 유식논사는 공능으로서 (안)근에 대해 (안)식과 다르지 않다

---

98 小川一乘(1988: 60-1) 참조.

99 MAK(1912: 155, 1-4): mig blo'i skye ba rang nus gang zhig las, de ma thag tu kun nas skye 'gyur zhing, rang gi rnam shes rten gyi nus de la, dbang po gzugs can mig ces bya bar rtogs.

고 주장한다. 제62게에 대한 자주에 따르면 유식학파의 주장은 알라야식에 안식이 멸할 때 훈습된 습기가 성숙하고, 시간적 공백 없이 안식의 행상을 따라서 다음의 안식이 탄생한다는 것이다. 이는 (안)식과 다른 안근의 존재를 부정하는 입장에 대해 반론하는 것이다. 유식학파에 따르면 오직 어리석은 세간인만이 색근으로서의 눈으로 세상을 분별한다.[100]

> 이는 감각기관에서 발생한 인식이
> 외적 대상을 취하지 않고 자신의 종자로부터
> 파랑 등이 현현하는 것을 알지 못하기 때문에
> 중생들은 외적 대상을 지각한다는 생각을 받아들인 것이다.
> "꿈에서는 다른 형상으로서의 대상은 없어서
> 자신의 공능에서 이숙한 [색이나 소리의] 형상을 갖는
> 마음이 생겨나는 것과 같이 꿈에서 깨었을 때도,
> 외경은 비존재이지만 의식이 있다."라고 말한다.(「현전지」 제63-64게)[101]

제63-64게는 공능으로서 그 근에서 인식이 생겨나기 때문에 외경도 알라야식의 현현이라는 유식학파의 주장을 재차 확인한다. 즉 의식만이 존재한

---

100 MABh(1912: 155, 5-13): mig gi rnam par shes pa'i bag chags gang zhig kun gzhi'i rnam par shes pa la rnam par shes pa gzhan gyis 'jig bzhin pa na gzhag pa yin la, de yongs su smin pa las dus phyis de'i rnam pa'i rjes su byed pa'i rnam par shes pa skye bar 'gyur zhing, rnam par shes pa de nus pa'i skad cig bar med par gang zhig las skye ba'i nus pa'i skad cig bar med pa rten du gyur pa de la gti mug gis 'jig rten na dbang po gzugs can mig yin no snyam du rtogs kyi, rnam par shes pa las tha dad pa'i mig gi dbang po ni yod pa ma yin no.

101 MAK(1912: 155, 17-21): 'di na dbang po las byung rnam par rig, phyi gzung med par rang gi sa bon las, sngo sogs snang nyid 'byung bar ma rtogs nas, skye bos phyi rol bzung bar sems khas len; MAK(1912: 156, 15-18): rmi lam na ni gzugs don gzhan med par, rang nus smin las de yi rnam can sems, 'byung ba ji ltar de bzhin sad la'ang 'dir, phyi rol med par yid ni yod ce na.

다는 입장을 강조한다고 할 수 있다. 제63게는 식과 별개인 외경의 존재를 부정하고, 이를 강조한다. 제63게에 대한 자주에서는 호수에 비친 영상의 예시를 통해 외계 비실재론을 논증한다. 호수에 보물의 영상이 현현하더라도 호수에 비쳐진 영상은 실재하는 보물이 아닌 것처럼 식과 외경의 관계도 이와 같다.[102] 제64게의 주된 내용은 꿈속에서 색으로서 대상의 비존재에도 불구하고 공능의 성숙으로 형상이 생기듯이, 깨었을 때에도 외적인 대상의 비존재를 주장하는 것이다. 결과적으로 유식학파는 공능과 감각기관의 동일성을 통해서 유식무경설을 반복해서 주장한다.

(나) 짠드라끼르띠의 반론

공능과 감각기관이 동일하다는 주장에 대한 짠드라끼르띠의 반론이 「현전지」 제65게에서부터 시작된다. 그는 '정상인이 꿈을 꾸는 경우'와 '깨어 있는 맹인의 경우'에 대해 안근의 비존재를 공통점으로 제시하고 반론을 시작한다. 그는 '깨어 있는 맹인'에게 안식의 행상과 일치하는 의식의 존재에도 불구하고 정상인처럼 외경을 볼 수 없는 이유를 묻는다.

> 안[근의 작용이] 없는 꿈에
> 청색 등이 현현하여 의[식]으로서의 마음이 발생하는 것처럼,
> 안근이 없는 [의식만을 가진] 맹인에게는 자신의 종자가 성숙해서

---

102 MABh(1912: 156, 9-13): dper na mtsho chu shin tu dangs pas yongs su gang ba'i dogs kyi mthar skyes pa'i shing gi yal ga la btags pa'i pad ma ra ga'i gzugs brnyan chu nang na yod pa rin po che'i rnam par snang ba chu'i nang na phyi rol lta bur dmigs mod kyi, de de'i nang na yod pa ni ma yin pa de bzhin du rnam par shes pa la yang sbyar bar bya'o.

[청색 등의 현현이] 왜 생겨나지 않는가?(「현전지」 제65게)[103]

유식논사는 맹인에게 안식의 행상과 일치하는 것으로서 색 등이 생겨나지 않는 이유를 안근의 비존재 때문이라고 주장하지 않는다. 그는 정상인과 맹인 모두에게 공능의 성숙 여부에 따라 형상으로서 의식이 나타난다고 보기 때문이다.[104] 이에 대한 짠드라끼르띠의 반론은 다음과 같다. 꿈에서 여섯 의식의 공능이 성숙하는 것을 인정하지만 깨었을 때에 여섯 의식의 실재성을 인정하지 않는다면 귀류적으로 꿈에서 공능의 비성숙이 성립한다. 이 논리에 따라 안근이 없는 '깨어 있는 맹인'에게서도 안근의 비존재는 공능의 성숙과 외경의 현현에 대한 원인이 될 수 없다. 따라서 공능과 감각기관의 동일성에 대한 비판의 요점은 공능의 성숙과 그 유무에 대한 판단이다. 이를 통해 짠드라끼르띠는 공능과 인식의 관계에서 공능의 자체적 성숙의 불가능성을 자연스럽게 논증하는 것이다.[105]

103 MAK(1912: 157, 1-4): ji ltar mig med par ni rmi lam du, sngo sogs snang ba'i yid sems 'byung de ltar, dmigs dbang med par rang gi sa bon ni, smin las long ba la 'dir cis mi skye.

104 MABh(1912: 157, 5-19): gal te 'dir ji ltar sad pa'i gnas skabs su gyur pa mig gis gzugs rnams lta ba las mig gi rnam par shes pa ches gsal ba de bzhin du, rmi lam du yang mig med par rang gi bag chags smin pa las yid kyi rnam par shes pa nyid mig gi rnam par shes pa nyid mig gi rnam par shes pa'i rnam pa dang rjes su mthun par skye na, sad pa'i gnas skabs kyi long ba la yang gnag gis na 'dis ma long pa ltar mthong bar 'gyur ba rang gi bag chags yongs su smin pa las rnam pa de lta bu ci'i phyir 'byung bar mi 'gyur te, gnyi ga yang mig med par mtshungs pa'i phyir ro, ci ste rnam pa de lta bu'i yid kyi rnam par shes pa'i rgyu ni mig med pa ma yin gyi, 'o na ci zhe na, rnam pa de lta bu'i yid kyi rnam par shes pa'i nus pa smin pa yin no, de'i phyir gang nus pa yongs su smin pa yod pa de rnam pa de lta bu'i yid kyi rnam par shes pa 'byung ba yin la, de yang gnyid kyi rkyen gyis rmi lam kho na na yod pa yin gyi sad pa ni ma yin no snyam na.

105 MABh(1912: 158, 5-10): drug pa zhes bya ba ni yid kyi rnam par shes pa zhes bya ba'i don to, gal te tshig gi tshul tsam kho nas rmi lam du rnam pa de lta bu'i yid kyi rnam par shes pa'i nus pa smin par 'dod kyi, sad pa la ma yin na nged cag gi tshig gis kyang 'di ni ji ltar sad pa la rnam pa de lta bu'i rnam par shes pa'i nus pa smin pa, yod pa ma yin pa de bzhin du rmi lam na yang med do zhes 'dod par bya dgos so.

공능설 비판은 다음과 같이 요약할 수 있다. 짠드라끼르띠는 공능과 인식의 연관성을 분석하여, 공능의 존재성을 부정한다. 유식논사는 공능과 감각기관의 동일성을 통해 유식무경설을 반복한다. 짠드라기르띠는 이를 반박하기 위해 '정상인이 꿈을 꾸는 경우'와 '깨어 있는 맹인의 경우'에 대해 안근의 비존재를 공통점으로 제시한다. 그 까닭은 안근이 없는 '깨어 있는 맹인'에게 안근의 비존재는 공능의 성숙과 외경의 현현에 따르는 원인일 수 없기 때문이다. 그는 공능의 성숙과 그 유무를 판단하고, 공능의 자체적 성숙의 불가능성을 통해 유식논사의 주장을 논박한다.

종(宗): 깨어 있을 때 삼법(근, 경, 식)은 자성이 공하다.

인(因): 인식되는 것(upalabdha)이기 때문에

유(兪): 꿈과 같이(「현전지」 제68게 자주)[106]

짠드라끼르띠는 인식에 관한 입장을 밝히면서 공능설에 대한 비판을 마무리한다. 그는 꿈에서 외적 대상을 식별하는 경우에 알라야식의 행상으로서 '대상', '식' 그리고 안식이 의존하는 '안근'을 인정해야 한다고 주장한다. 이 주장의 요지는 근, 경 그리고 식이 무자성한 인식의 성립 조건이라는 사실을 밝히는 것이다.

짠드라끼르띠는 비판을 통해 유식으로 대상의 공함을 증명하려는 유식논사의 답변과 중관논사의 주장의 동일성을 논증한다. 즉 중관의 입장과

---

106 MABh(1912: 159, 9-10): sad pa'i gnas skabs kyi gsum po 'di rang bzhin gyis stong pa yin te, dmigs pa'i phyir rmi lam yin no.

동일한 결론을 얻기 위해서 유식을 주장할 필요가 없다는 것이다. 다시 말해 그는 현상의 근원이라는 실체성의 혐의를 받으면서 유식을 주장할 필요가 없다고 논증한다는 것이다. 나가르주나를 통해 인식 주체나 대상을 불가득의 공성으로 설명할 수 있기 때문이다.

기시네는 짠드라끼르띠의 유식학파 비판의 특징을 바비베까와 비교한다. 바비베까는 유식사상을 전체적인 관점에서 비판하고, 짠드라끼르띠는 비판의 대상을 전술한 특정의 주제에 집중한다. 단적으로 말하면 짠드라끼르띠는 인식의 실재에 대한 주장만을 비판하는 것이다.[107]

3) 자증분설 비판

필자는 II장 3절 '외계 비실재론에 관한 논의 - 의타기성으로서 자증분설'에서 「현전지」에 제시된 유식설의 시기적 다양성을 확인했다. 유식설은 『보살지』 「진실의품」에서 나타나는 의타기성의 실재성 논증에서부터 디그나가의 의타기성으로서의 자증분설까지 성립사적으로도 다양한 시기에 걸쳐 있다고 할 수 있다. 유식설의 시기적 다양성을 확인하는 작업은 자증분과 유식설의 연관성과 그 비판을 설명하는 중요한 근거이다. 짠드라끼르띠는 자증분과 유식설의 연관성을 통해 자증분과 유식설을 동시에 비판하기 때문이다.

가츠라 쇼류(桂紹隆)는 유식사상가들에 대해 자증분설을 유식성(vijñaptimātratā)

107 岸根敏幸(2001: 364): 기시네는 이 특징이 두 논사의 차이점이며, 자립논증파와 귀류논증파라는 호칭명에도 부합한다고 보고 있다.

과 같은 의미로 해석한다고 주장한다.[108] 그는 유식성에 있어서 대상의 인식을 단지 식의 현현일 뿐인 것으로 생각하고, 식의 현현을 알라야식 전변의 결과일 뿐인 것으로 외부 대상에 대한 지각을 반영한 것은 아니라고 본다.[109] 식의 현현은 그 식 자체가 구유하는 자각 기능에 의지해서 인식을 성립시키는데, 이때에 자증분의 논리를 활용하는 것이다.

짠드라끼르띠의 자증분 비판에 나타나는 유식학설의 특징은 유식성을 자증분과 의타기성으로 이해하기 때문에 의타기성과 자증분의 동일성이 성립한다는 점이다. 그는 의타기성과 자증분 사이의 논리적 관계와 근거를 직접적으로 밝히지 않지만 유식성과 자증분의 동일성을 통해 유식(알라야식)을 의타기성으로 이해할 수 있다고 생각한 것으로 보인다. 기시네는 자증분설을 인용하는 근거를 디그나가의 『집량론』에서 찾고 있지만, 의타기성과 자증분을 동일한 것으로 이해하는 부분에 대해서는 언급하지 않는다. 『입중론』에서 유식성(알라야식)과 의타기성의 동일성은 확인할 수 있으나, 의타기성과 자증분의 동일성은 직접적으로 드러나지는 않는다. 필자는 II장 4절 '「현전지」에 나타난 유식사상'에서 유식성과 자증분의 동일성을 통해 유식성과 의타기성의 관계를 확인했다. 이를 토대로 우리는 자증분의 속성을 갖는 의타기성의 특성을 쉽게 추론할 수 있을 것이다.

짠드라끼르띠가 이해하는 유식성은 디그나가의 『관소연연론(觀所緣緣論: *Ālambana-parikṣā*)』에서 확인할 수 있다. 『관소연연론』의 사상사적 의의는 외계의 비존재를 확인하고, 식의 내부의 대상을 논증하여 지각의 성립을

108 가츠라 쇼류(1992: 120)

109 안성두(2005: 161-62) 참조.

설명한 것이다.[110] 디그나가는 『관소연연론』에서 외부의 대상처럼 현현하는 형상에 대해 인식 내부의 대상으로 외경의 비존재에도 불구하고 내적 색을 통해 외경으로 현현하여 소연연이 된다고 주장한다.

> 외부에 존재하는 것처럼 나타나지만 내부에서 지각 대상의 형태로 작용하는 것이 [인식]대상이 된다.(『관소연연론』 제6게 a-b)
> 외부의 대상은 존재하지 않지만 내부에서 분명히 존재하는 소연연이 외부의 대상처럼 나타나는 것이다.(『관소연연론』 제6게 자주)[111]

> 왜냐하면 [내부에서 지각 대상의 형태로 작용하는 인식대상]은 식의 형태를 띠며, 또한 그 식의 소연연으로 작용하기 때문이다.(『관소연연론』 제6게 c-d)
> 내부의 식은 대상[의 형상]을 띠고 나타나며, 그것(내부에 존재하는 소연연)으로부터 발생하기 때문이다. 이 두 가지 속성(① 인식 발생의 원인 ② 형상의 출처)을 갖추고 있기 때문에 반드시 내부의 존재하는 것이 소연연이다.(『관소연연론』 제6게 자주)[112]

디그나가가 주장하는 소연은 ① 인식의 발생의 원인이며, ② 인식에 따르는 형상의 출처라고 할 수 있는 것이다.[113] 그는 두 가지 조건을 충족하는

---

110 竹村牧男(1995a: 226)

111 *dMigs pa brtag pa'i 'grel pa*, no. 4206(Sde-dge), 87a: nang gi shes bya'i ngo bo ni, phyi rol ltar snang gang yin de, don yin. phyi rol gyi don med bzhin du phyi rol lta bur snang ba nang na yod pa kho na dmigs pa'i rkyen yin no.

112 *dMigs pa brtag pa'i 'grel pa*, no. 4206(Sde-dge), 87a: rnam shes ngo bo'i phyir. de rkyen nyid kyang yin phyir ro. nang gi rnam par shes pa ni don du snang ba dang, de las skyes pa yin pas. chos nyid gnyis dang ldan pa'i phyir nang na yod pa kho na dmigs pa'i rkyen yin no.

인식의 대상에 대해 외부에 존재하는 것이 아니라 의식의 내부에 존재하는 지각의 대상으로 본다. 내부에 존재하는 지각의 대상이 소연연이다. 이는 식의 현현을 내부의 소연연만으로 설명하는 것이며, 이를 통해 유식성 개념이 성립한다고 할 수 있다.

필자는 II장 3절 '외계 비실재론에 관한 논의 – 의타기성으로서 자증분설'에서 디그나가의 『집량론』을 인용하여 유식의 성립을 위한 논리적 토대로서 자증분을 설명했다. 디그나가에 있어서 유식성의 성립은 식의 자각성이나 자증성이 전제될 수밖에 없는 것이다. 필자는 유식성과 의타기성의 동일성에 대한 짠드라끼르띠의 이해도 확인했다. 짠드라끼르띠가 이해한 유식학의 체계에 있어서 유식과 자증분, 유식과 의타기성은 동일한 것이기 때문에 결국 자증분과 의타기성의 속성을 동일한 것으로 볼 근거가 충분한 것이다.[114] 자증분으로서의 의타기성에 대한 논의는 『입중론』의 「현전지」 제72게에서 "인식이 의타기성을 파악하는 것이 가능한가?"라는 문제제기로 시작한다.

> 만약 인식대상(소취)이 없다면 인식 주체(능취)도 존재하지 않는다.
> 두 가지[능취·소취]가 존재하지 않는 [공]함에도 의타기성이 존재한다고 한다면,

---

113 박창환(2009: 14) 참조.

114 유식학파가 경량부의 자증분설을 수용한 것은 사실이지만 자증분설에 대한 두 학파의 입장은 차이가 있다. 경량부는 외경을 인정하기 때문에 인식이 확립되기까지 외경 → 형상(유사성, sārūpya) → 자증분으로 전개한다. 따라서 경량부의 자증분이란 인식 발생의 조건이 객관의 외부에 존재하기 때문에 자증분은 형상을 드러내는 능동력일 뿐이다; Moriyama(2010): 자증의 개념이 유식학파에서는 궁극적 실재인 유식성에 인도하기 위해 사용되었다면 경량부는 유형상 지식론의 관점에서 인식과정을 설명한다; P. Williams(1998): 자증분은 대상을 인식하는 마음의 주관적 측면과 모든 대상인식에 동반하는 자기반영적 특징을 갖는다.

이 [의타기성]이 존재하는 것을 무엇으로 알 수 있겠는가?
지각되지 않음에도 존재한다고 말하는 것은 타당하지 않는 것이다.(「현전지」 제72게)[115]

인식대상과 인식주관은 실체가 없기 때문에(공) 독립적으로 존재하지 않는다. 인식주관과 인식대상이 서로 분리될 수 없는 상태에서 인식주관(견분)의 자증분은 성립할 수 없다. 자증분으로서 이해되는 의타기성은 성립하지 않기 때문에 의타기성의 존재는 지각을 통해 검증할 수 없는 문제라고 할 수 있다.

짠드라끼르띠는 제72게의 자주에서 의타기성의 비존재를 주장한다. 즉 그는 인식 스스로 의타기성을 파악할 수 없다고 생각한다. 의타기성으로서의 인식이 견분과 상분으로 분화하지 않은 상태에서 자기 자신을 파악할 수는 없기 때문이다. 그는 여러 비유를 통해 자체적 작용의 불가능성을 주장한다. 검이 스스로를 벨 수 없고, 손가락 끝이 스스로에 닿을 수 없으며, 기인(技人)이 자신의 어깨에 오를 수 없고, 불이 스스로를 태울 수 없으며 그리고 눈이 스스로를 보지 못한다는 것이다. 더 나아가 그는 외부의 인식을 통한 의타기성의 파악이 가능한가를 묻는다. 인식(의타기성)이 외부의 인식에 의해 알려진다면 '유식'에 위배되기 때문에 의타기성은 외부의 인식에 대한 대상이 될 수 없다. 결과적으로 그는 내적·외적으로 지각할 수 없다는 사실을 이유로 의타기성의 비존재를 주장하는 것이다.[116]

---

115 MAK(1912: 166, 1-4): gal te gzung med 'dzin pa nyid bral zhing, gnyis kyis stong pa'i gzhan dbang dngos yod na, 'di ni yod par gang gis shes par 'gyur, ma bzung bar yang yod ces byar mi rung.

116 MABh(1912: 166, 5-16): gal te gzung ba dang 'dzin pa zhes bya ba gnyis kyis stong pa gzhan gyi dbang yod na de'i yod pa de khyod kyis shes pa gang gis dmigs, de nyid kyis de 'dzin par ni mi 'thad de, rang gi bdag nyid la byed par 'gal ba'i phyir ro, 'di ltar ral gri'i so de nyid kyis de nyid mi gcod la,

의타기성으로서의 자증분설에 대한 분석에서 살펴보았듯이 「현전지」 제72게의 자주에는 디그나가의 주장으로 보이는 자증분설이 소개된다. 여기서 인식이란 경험에 대한 기억의 형태로 나타난다. 청색에 대한 인식은 청색을 경험했던 인식(견분)과 그 인식에 대한 인식(자증분)으로 구성된다. 디그나가는 인식 내에서 견분을 재인식하는 기능(자증분)의 존재가 필수적이라고 주장한다. 청색의 지각에 대한 인식(견분)을 재인식하지 않으면 대상의 지각에 대한 인식의 발생은 불가능하기 때문이다. 만약 다른 인식이 견분을 재확인한다면 그 인식은 또 다른 인식의 확인을 요청하는 무한소급에 빠진다. 이러한 오류를 피하기 위해서 견분을 확인하는 자증분의 기능을 요청할 수밖에 없는 것이다.

> 자기가 자신을 지각한다는 것은 성립하지 않는다.
> 만약 나중에 발생하는 기억(smṛti)에 의해 [자증분]이 성립한다면,
> 아직 성립하지 않은 [미래의 기억으로 자증분을] 논증하려고 하는 것이 되기 때문에
> 말이 성립되지 않으며, 이것은 논증할 수도 없다.(「현전지」 제73게)[117]

---

sor mo'i rtse mo de nyid kyis de nyid la mi reg cing, legs par bslabs pa'i gyer zhing yang gzer can gyis kyang rang gi phrag pa la zhon par mi nus shing, mes rang gi bdag nyid mi sreg la, mig gis rang gi bdag nyid la lta ba ma yin no, de ni shes pa gzhan gyis 'dzin pa yang ma yin te, rang gi grub pa'i mtha' dang 'gal ba'i phyir te, gal te rnam par rig pa gzhan zhig rnam par rig pa'i yul yin na rnam par rig pa tsam nyid nyams par 'gyur ro zhes 'byung ba'i phyir ro, de ni shes pa gzhan gyis 'dzin pa yang ma yin te, rang gi grub pa'i mtha' dang 'gal ba'i phyir te, gal te rnam par rig pa gzhan zhig rnam par rig pa'i yul yin na rnam par rig pa tsam nyid nyams par 'gyur ro zhes 'byung ba'i phyir ro.

117 MAK(1912: 169, 3-6): de nyid kyis de myong bar grub ma yin, gal te phyi dus dran pa las grub na, ma grub bsgrub par bya phyir brjod pa yi, ma grub 'di ni bsgrub par byed pa min.

「현전지」 제73-75게에서 짠드라끼르띠는 기억에 대해 논리적 분석과 세간의 언어적 사용을 검토하여 자증분의 근거로서 타당한지 검토한다. 유식논사는 '기억'에 의해 '자증분'을 증명한다. 그의 주장은 연기로 불을 알 수 있다는 것과 같다. 즉 자증분(불)의 성립은 뒤에 발생한 기억(연기)에 의해서 가능한 것이다. 마치 연기(기억)가 불(자증분)의 존재를 증명하는 것과 같다. 짠드라끼르띠는 자증분 없는 기억의 발생에 대해 마치 비를 통해 물을 예상하고 찬목(鑽木)의 마찰에서 불이 생기는 것과 같다고 주장한다.[118] 그는 「현전지」 제74게에서 마이트레야의 자증분과 우빠굽따의 기억을 통한 인식의 관계를 통해 기억에 대한 인식을 자증분의 보증수표로 볼 수 없다는 사실을 밝힌다.

> '자증분이 성립한다고 할지라도',
> 그와 같이 기억(지각 작용)에 대한 기억(지각 작용에 대한 인식)은 타당하지 않다.
> 타자이기 때문에 인식이 다른 상속에 생겨나는 것과 같아서
> 이러한 근거에 의해 차별성(viśeṣa)들도 파괴된다.(「현전지」 제74게)[119]

---

118 MABh(1912: 169, 11-170, 6): de lta na yang rang rig pa'i rgyu can gyis dran pa mi srid pa nyid do, de ci'i phyir zhe na, gal te 'dir me bzhin du shes pa 'ga' zhig gis rang rig pa 'grub par 'gyur na ni de yod pas du bas me ltar dus phyis 'byung ba'i dran pa'i sgo nas yod pa nyid du nges par 'gyur ba zhig na, rang rig pa de ni da rung du yang ma grub pas, rang rig pa'i rgyu can rang rig pa med par mi 'byung ba'i dran pa ga la yod, 'di ltar chu tsam mthong ba las nor bu chu shel lam me tsam mthong ba las nor bu me shel yod pa nyid ni ma yin te, de dag med par yang char la sogs pa dang gtsub shing gtsubs pa la sogs pa las chu dang me dag 'byung ba'i phyir te, de bzhin du 'dir yang rang rig pa med par dran pa ji ltar 'byung ba de ltar ston par 'gyur ro, de'i phyir rang rig pa'i rgyu can gyi dran pa ni de med par med pas, ma grub bsgrub par bya phyir te, rang rig pa bsgrub par bya ba'i phyir dran pa'i tshig brjod pa'i ma grub pa 'di sgrub pa'i dgos pa can du ma grub ste, sgra mi rtag pa la mig gis gzung bya nyid bzhin no snyam du bsam pa yin no.

119 MAK(1912: 170, 7-10): rang rig pa ni grub la rag mod kyi, de lta'ang dran pa'i dran pa rigs min te, gzhan phyir ma shes rgyud la skyes pa bzhin, gtan tshigs 'dis ni khyad par dag kyang 'joms.

제74게의 논리적 특징은 대론자의 주장에 따르는 오류를 드러내는 것이다.[120] 위에 제시된 논증은 「현전지」 제61게에서 마이트레야와 우빠굽따의 인식과 그 차이를 이유로 상속의 비동일성을 주장한 방식과 동일하다. 동일한 상속을 주장하는 경우는 서로 다른 인식의 연속적 상황을 파악한 것일 뿐이기에 동일한 상속의 불가능성으로 결론지을 수 있을 것이다. 자증분과 기억하는 앎의 차이는 A라는 사람의 심상속의 자증분과 B라는 사람의 심상속의 기억하는 앎의 관계를 동일한 심상속의 관계로 볼 수 없는 사실에서 기인한다. 제시된 논증에서는 '타자이기 때문에'를 근거로 제시한다.[121]

> 왜냐하면 누군가에 의해 대상을 지각한 것과
> 그것에 대한 기억을 나(짠드라끼르띠)는 다른 것으로 인정하지 않는다.

---

120 江島惠教(1980: 166) 짠드라끼르띠의 추론식이 독특한 것은 실례가 양쪽이 모두 허용하는 것이 아니라 대론자가 허용하는 것만을 따르고 있다는 점이라고 한다. '자증분이 성립한다고 해도'라는 조건이 부가되고 그 위에서 그것을 부정하고 있다. 그것은 자증분을 주장하는 '대론자에 의한다'라는 한정이 부가되어 있다는 것을 의미한다.

121 MAK(1912: 154, 7-10):
"마이트레야와 우빠굽따에게 의시힌 법들은 다른 것이기 때문에 동시 상속에 속하지 않는다. [각각의] 자체상을 가진 별개로 존재하고 있는 그것들이 동일한 상속에 속한다는 것은 이치에 맞지 않는다."(「현전지」 제61게)
byams pa nyer sbas la brten chos rnams ni, gzhan nyid phyir na rgyud gcig gtogs min te, gang dag rang mtshan nyid kyis so so ba, de dag rgyud gcig gtogs par rigs ma yin.
MABh(1912: 170, 11-171, 2): gal te yang shes pas rang gi bdag nyid dang yul rig par byed mod kyi, de lta na yang dran pa'i shes pas de dag dran pa ni mi rigs te, dran pa'i shes pa ni yul nyams su myong ba'i shes pa las gzhan nyid du khas blangs pa'i phyir ro, 'di ltar byams pa'i shes pa'i rang rig pa dang yul myong ba ni sngar nyams su ma myong bas nyer sbas kyi shes pas dran pa ma yin pa de bzhin du ma shes pa'i rgyud las shes pa ltar gzhan yin pa'i phyir na rang gi rgyud du gtogs pa'i rnam par shes pa dus phyis 'byung bas kyang shes pa dang don dag nyams su ma myong ba'i phyir dran par mi 'gyur ro, ci ste rgyud gcig tu gtogs pa rnams la rgyu dang 'bras bu'i dngos po gnas pa'i phyir, dran pa yod par 'gyur ro snyam du sems na, de yang yod pa ma yin te.

"'내가 보았다'라고 생각하여 기억한다"라는 표현조차도 세간에서나 통용되는 언설일 뿐이다.(「현전지」 제75게)[122]

짠드라끼르띠는 기억을 세간 언설에 따라 성립하는 것이 아니라고 생각한다. 그에 따르면 대상의 경험과 기억은 같은 것이다. 제75게에 대한 주석에서 그는 특정한 대상에 대한 경험을 기억에 의해 인식할 수 있으며, 기억을 시각적 작용과 그것을 기억하는 인식 작용으로 구분할 수 있다고 주장한다. 그는 이러한 구분에 대해 언어적으로 구분되는 세간언설을 통해서만 가능하며, 엄밀한 사찰(vicāra)에 의해 얻을 수 있는 것이 아니라고 정의한다.[123] 따라서 그는 세간의 언어적 사용에 있어서 기억을 자증분의 성립 근거로 보는 것이 적절하지 않다고 주장한다.

행위자(kārakaḥ), 작용대상(karman), 작용(kriyā)이 하나가 아니어서, 자체가 스스로를 아는 것은 타당하지 않다.(「현전지」 제76게 c-d)[124]

「현전지」 제76게에서도 짠드라끼르띠는 자기인식의 부적절성을 이유로 자증분의 성립을 비판한다. 의타기성으로서 자증분의 특성으로서 자기인

---

122 MAK(1912: 171, 13-16): gang phyir gang gis yul myong 'gyur de las, dran pa 'di gzhan nga la yod min pa, de phyir nga yis mthong snyam dran 'gyur te, 'di yang 'jig rten tha snyad tshul lugs yin.

123 MABh(1912: 171, 16-172, 5): gang gis yul myong ba de yul nyams su myong ba'i shes pa de las dran pa'i shes pa gzhan nyid du ji ltar med pa de ltar na sngar bshad zin to, gang gi phyir dran pa gzhan nyid yod pa ma yin pa de'i phyir, gang nyams su myong bas myong ba de dran pa'i shes pas myong ba ma yin pa ma yin pas dran pa yul dang ldan par 'byung la, nyams su myong ba'i shes pas yongs su gcod pa gang yin pa de dran pas yongs su ma bcad pa ma yin pas bdag gis mthong ngo zhes bya bar 'gyur ro.

124 MAK(1912: 172, 7-10): byed po las dang bya ba gcig min pas, de nyid kyis de 'dzin par rigs ma yin.

식이란 인식하는 내용이며, 동시에 반성적 자각이다. 그는 행위자(자증분)와 작용대상(소취) 그리고 작용(능취)에 반드시 따라야 하는 통일성의 부재를 이유로 자증분을 인정하지 않는다. 예를 들면 나무꾼, 나무 그리고 나무꾼의 행위가 통합되는 결과는 발생하지 않기 때문이다.[125]

> 만약 생겨나지 않고, 알 수도 없는,
> 의타기성이 실재한다면
> 무슨 까닭으로도 이 존재는 타당하지 않다.
> 다른 이에게 석녀의 아이가 어떤 해를 입히겠는가?(「현전지」 제77게)[126]

「현전지」 제77게에서 짠드라끼르띠는 발생하지 않고 인식되지 않는 의타기성을 인정할 수 없다고 한다. 그는 자증분과 의타기성의 동일성을 주장하는 유식논사에게 의타기성의 실재성을 인정할 수 없다고 반론한다. 이러한 논의는 이미 III장 1절의 '법무아 논증의 사상적 배경'에서 제시한 『십지경』의 '10가지 법의 동일성'에 대한 교설 중에서 세 번째인 '일체법에 발생이 없다'와 『중론』의 「관인연품」의 제1게를 사상적 배경으로 한다.[127]

---

125 MABh(1912: 12-17): rig par bya bzhin pa'i bdag nyid las kyi dngos por 'gyur la rig par bya ba de nyid kyang byed pa po yin zhing de'i bya ba yang tha mi dad pa nyid yin pas byed pa po dang las dang bya ba gcig tu thal bar 'gyur na, 'di dag gcig pa nyid du ni ma mthong ngo, 'di ltar gcod pa po dang shing dang gcod pa'i bya ba gcig pa ni ma yin no, 'di las kyang rang rig pa yod pa ma yin pas de nyid kyis de 'dzin pa ma yin no.

126 MAK(1912: 4-7): gal te skye ba med cing ma shes pa'i, bdag can gzhan dbang ngo bo'i dngos yod na, gang gis na 'di yod par mi rig pa, gzhan la mo gsham bu gnod ji zhig bya.

127 岸根敏幸(1995: 79)

"어느 때이건 의타기성이 존재하지 않는 경우에
세속의 무엇이 원인으로 되겠는가?"(「현전지」 제78게 a-b)[128]

다른 이(유식학파)들의 경우처럼, 실체(dravya)에 집착함으로써,
세간에 잘 알려지고 확립된 바(loka-prasiddha)가 도리어 모두 파괴된다.(「현전지」 제78게 c-d)[129]

짠드라끼르띠는 「현전지」 제78게를 통해 의타기성으로서의 자증분 비판의 결론을 내린다. 제78게는 유식논사의 반론(제78게 a-b)과 답변의 형식(제78게 c-d)으로 구성된다. 그는 유식학파의 반론에 대해 세속에서의 진정한 원인의 부재를 주장한다. 세간은 가립된 것으로서 자성을 갖지 않기 때문이다. 더 나아가 그는 의타기성의 존재를 주장하지 않는 것이 세간에 잘 알려지고 확립된 바(loka-prasiddha)를 잃지 않는 방법이라고 주장한다.

제78게의 결론은 「현전지」 제47게 "의타기성은 가립된 존재의 토대가 된다"를 전제하고 있다. 짠드라끼르띠는 승의의 공성을 드러내기 위해 의타기성을 부정한다. 그가 부정하는 의타기성은 '변계소집의 소의로서 의타기성'이다. 제47게 d구의 자야난다 주석에서 변계소집은 희론을 본질로 하는 것이고, 의타기성은 변계소집이 없는 것이 본질이다. 다시 말해 짠드라끼르띠는 '변계소집과 관계하는 의타기성의 설정'을 부정하는 것이다. 그

128 MAK(1912: 173, 19-20): gang tshe gzhan dbang cung zad yod min na, kun rdzob pa yi rgyur ni gang zhig 'gyur.

129 MAK(1912: 174, 4-5): gzhan gyi ltar rdzas la chags pa yis, 'jig rten grags pa'i rnam gzhag kun kyang brlag.

에게 변계소집은 본래 존재하지 않는 것이기 때문에 의타기성은 원성실성과 동일한 것이라고 할 수 있다. 본래 존재하지 않는 것에 대한 사실을 주장하는 것이기 때문에 그에게 감멸의 허물은 없다.

4. 유식사상 비판의 특징

짠드라끼르띠는 이숙식으로서의 알라야식을 단(斷, uccheda)·상(常, śāśvata) 중도에 근거해 비판하고(III장 2절), 외계 비실재론으로서의 유식무경설을 이론적 논거를 토대로 비판한다(III장 3절). 이 비판에서 필자는 귀류적인 형식을 사용하는 사례와 단편적이나마 인식에 관한 짠드라끼르띠의 입장을 확인했다. 그는 인식주관과 대상의 무자성이라는 입장에서 근(根), 경(境) 그리고 식(識)의 상호의존(相互依存, parasparāśraya) 관계에 의한 인식의 성립을 주장한다. 이는 SN IV, 106경에 나타나는 초기불교의 삼사화합(三事和合)설에 근거한 인식의 성립에 관한 이론이다. 물론 그가 인식에 대한 체계적인 이론을 제시하지는 않지만 『입중론』에 인식에 관한 관점을 확인할 수 있는 몇 가지 단서들이 등장한다. 필자는 실체론적 분별을 배격하여 남는 것과 그 단서들을 조합하고, 이를 통해 그의 인식에 대한 입장이 인식주관과 인식대상의 무자성이라는 사실을 설명할 것이다.

1) 유식사상 비판의 특징

짠드라끼르띠는 ① 업상속 이론으로서의 이숙식, ② 외계 비실재론으로서의 유식설, ③ 유식 존재 논증으로서의 자증분설을 비판한다. ①에서 그는 『입중론』에서의 알라야식을 어떤 종류의 인상을 남긴다고 가정한 행위의 결과물로 정의한다. 끝난 행위나 지나간 행위는 과보를 산출할 수 없기 때문이다. 그는 업상속 이론으로서의 이숙식 비판을 통해 알라야식의 부재에도 행위와 행위의 결과를 연결할 수 있는 인식론적 사유의 가능성을 제시한다. 특히 ①에서 주목할 점은 단·상 중도에 근거해서 알라야식설을 비판한다는 것이다. ③에서 그는 의타기성으로서의 알라야식설에 집중한다. 그는 유식학파의 삼성설을 문제로 삼기보다 의타기성의 실유성에 대한 논리적인 모순들을 지적한다. 바비베까의 『반야등론』 「열반품」과 「현전지」 제48-71게 나타나듯이 ②에서 그는 유식논서의 논거들에 대한 이론적 반론을 제시한다.

「현전지」의 알라야식 비판의 대상은 바비베까와 즈냐나가르바(Jñānagarbha: 700-760)처럼 불분명하며, 바수반두, 디그나가 그리고 다르마팔라일 것이라는 정황만 있을 뿐이다. 짠드라끼르띠는 의타기성으로서 알라야식의 실재성을 주장하는 자들을 무명의 대론자로 설정하고, 귀류 논증으로 외계 비실재론을 증명하기 위해 제시한 이론적 논거들의 오류를 드러낸다. 귀류 논증의 특징은 『중론』에서 매우 명확하게 드러난다고 할 수 있다. 그는 『입중론』에서 『중론』을 44회 인용하고 있는데 법무아 논의의 이론적 근거를 『중론』으로 밝힌다.[130] 즉 『중론』에 나타난 실체론 비판 또는 유자성론 비판을 『입중론』에서 재구성하고 있는 것이다.

---

130 金澤豊(2007: 88) 참조.

짠드라끼르띠는 나가르주나를 따라 중도(中道)의 사상적 전통과 귀류의 형식적 전통을 계승한다. 나가르주나와 짠드라끼르띠는 부정의 형식을 통해 인식상의 혼돈을 제거하려고 한다. 물론 혼돈은 마치 비문증 환자의 머리카락과 같기 때문에 그것을 제거한다고 해도 우리의 삶에서 실제로 사라지는 것은 아니다. 하지만 혼돈의 존재가 우리의 삶에 중요할 정도로 위험을 초래한다는 것도 사실이다.

혼돈의 원인은 언어에 있기 때문에 오직 언어에 의해서만 배격될 수 있을 것이다. 나가르주나와 짠드라끼르띠는 그것을 배격하기 위한 언어적 도구로 무자성을 제시한다. 무자성은 그 자체로서 성립하는 이론이 아니다. 무자성은 실체의 크기에 비례하는 '그림자'처럼 실체적 이해의 유무에 따라 존재의 향방이 결정되기 때문이다.[131]

> 타자에 연(pratyaya)하지 않으며, 적정하고 희론(prapañca)들에 의해 희론되지 않고, 무분별이며, 서로 다르지 않은 것이 진리의 상(lakṣaṇa)이다.(『중론』「관법품」 제9게)[132]

나가르주나는 『중론』「관법품」에서 인식상의 실체적인 사고 또는 가탁(假託, samāropa)이 사라진 자리를 진리의 모습으로 정의한다. 그에 따르면

131 노양진(2010): 노양진은 공(空)이라는 개념이 경험 영역을 넘어서 있는 초월적 개념에 속하면서 다른 초월적 개념과는 다른 특징을 갖는다고 보고 있다. 그는 그와 같은 공의 특징을 '그림자 개념'(shadow concept)이라는 은유를 통해 설명하고 있다.

132 MMK(1903: 372, 12-14):
aparapratyayaṃ śāntaṃ prapañcair aprapañcitam/
nirvikalpam anānārtham etat tattvasya lakṣaṇam//18-9//

진리는 우리의 세계와 단절된 새로운 이상세계가 아니라 무자성한 일체법의 실상에 근거해서 분별활동이 멈춘 자리라고 할 수 있다. 짠드라끼르띠도 「현전지」 제28게를 통해 일체 현상에 실체가 없다는 사실을 자각해야 한다고 강조한다. 또한 그는 무자성을 강조하기 위해 『중론』 「관연가연품(觀燃可燃品)」 제10-11게 등을 이론적 논거로써 인용한다.

> 무엇인가에 의존하여 성립되는 존재 그것에 실로 의존하여 성립한다. 만일 의존될 것 그것이 성립했다면, 무엇이 무엇에 의존하겠는가? 무엇인가에 의존하여 성립된 존재 그것이 아직 성립하지 않았다면 어떻게 의존하겠는가? 뿐만 아니라 이미 성립된 것이 [다시] 의존한다는 것도 의존에 있어서는 타당하지 않다.(『중론』 「관연가연품」 제10게-11게)[133]

짠드라끼르띠는 「관연가연품」 제10-11게를 근거로 서로 의존해서 성립하는 것에 대해 자성적일 수 없다고 주장한다. 현상을 지각하는 인식의 발생이 공능의 차별에 의존한다면 그 인식은 자체상을 갖게 된다. 그는 『중론』을 인용하여 일체 현상의 발생처럼 식과 공능의 상호의존적 관계를 강조한다. 식과 공능은 자체적으로 설정할 수 있는 것이 아니라 무자성을 근거로 한다. 상호의존은 식의 발생에 있어서 식의 공능을 가설로 설정하고, 공능에 의존해서 식을 가설로 설정하는 관계의 성립이라고 할 수 있다. 상호의

133 MMK(1903: 208, 7-8):
yo 'pekṣya sidhyate bhāvas tam evāpekṣya sidhyati/
yadi yo 'pekṣitavyaḥ sa sidhyatāṃ kam apekṣya kaḥ//10-10//
MMK(1903: 209, 1-2):
yo 'pekṣya sidhyate bhāvaḥ so 'siddho 'pekṣate katham/
athāpy apekṣate siddhas tv apekṣāsya na yujyate//10-11//

존에 관한 예시는 '긴 것'과 '짧은 것'의 관계이다. 즉 가설된 것으로서 식과 공능은 그 자체로 자성을 갖고 성립할 수 없으며, 오직 관계에 의해서 드러나는 작용이다.

짠드라끼르띠는 일체법 무자성과 경전의 권위가 상위하지 않는다고 주장한다. 그가 경전적 논거로서 인용하고 있는 것은 『입능가경』과 『부자상견경(父子相見經: *yab sras mjam pa'i mdo*)』이다.[134] 그는 『입능가경』에서 "세 가지 존재형태가 오직 가립된 것으로 자성을 갖고 존재하는 것은 없으며 가립된 것을 일체의 자성으로 분별한 것이다"를 인용한다.[135] 그는 『부자상견경』에서 "일체종지를 얻은 세존은 전도된 일체 중생을 공성으로 이끌기 위해 안근을 시설했으나, 승의로서는 불가득(不可得)이다"를 인용한다.[136]

---

134 『입중론』에는 경명이 나오지 않지만, 쫑카빠는 dGongrab(2004: 337)에서 『부자상견경』이라고 주석하고 있다.

135 MABh(1912: 160, 9-16):
"삼유는 오직 시설된 것으로서 자성에 의해 존재하는 것은 없다. 망상하는 이들이 가설된 사태를 자성[이 있는 것]으로 분별하는 것이다. 자성은 없고 식도 없다. 알라야는 없고 사도 없다. 악[견을 가진] 시신과 같은 망상하는 범부들에 의해서 그것들을 분별한 것이다."
srid pa gsum ni btags pa tsam, ngo bo nyid kyis dngos po med, btags pa dngos po'i ngo bor ni, rtog ge ba dag rtog par 'gyur, rang bzhin med cing rnam rig med, kun gzhi med cing dngos med na, byis pa ngan pa rtog ge ba, ro dang 'dra bas 'di dag btags.
Laṅk(1923: 275, 13-14):
"삼유는 시설일 뿐이며, 사태(事)는 자성으로서 비존재이다. 망상가들이 가설적인 사태를 존재하는 것으로 분별한 것이다."
prajñaptimātraṃ tribhavaṃ nāsti vastu svabhāvataḥ/
prajñaptivastu bhāvena kalpayiṣyanti tārkikāḥ//10-86//
Laṅk(1923: 276, 7-8):
"자성은 없고, 식도 없고, 사도 없고, 알라야도 없다. 사실 그것들은 잘못 망상하는 어리석은 자들에 의해서 분별된 것이다."
na svabhāvo na vijñaptir na vastu na ca ālayaḥ/
bālair vikalpitā hy ete vaśabhūtaiḥ kutārkikaiḥ//10-91//

136 MABh(1912: 162, 4-7): de ni bcom ldan 'das kyis thams cad mkhyen pa'i ye shes brnyes nas ci tsam du phyin ci log la gnas pa'i sems can rnams gzung pa'i slad du mig gi dbang po zhes btags kyi don dam par ni ma lags so.

그는 경전의 권위를 통해 어떤 법도 자상을 갖고 성립할 수 없다는 사실을 보완하려고 한다.

2) 인식주관과 대상의 무자성

짠드라끼르띠는 알라야식의 실체론적 사고를 비판(破邪)하고, 동시에 특정한 인식의 태도(顯正)를 제시한다. 그러나 우리는 그의 입장을 쉽게 파악할 수 없다. 그의 논술은 대론자의 학설을 귀류하거나 대론자의 학설에 기초해서 추론식을 구성하는 특징을 갖기 때문이다.[137] 이러한 특징은 상대의 주장(A와 B)과 그에 대한 반론(A¹와 B¹)이 독립된 이론이 아니라는 것을 뜻한다.

짠드라끼르띠의 주장은 특정한 이론이라기보다 실체론적 분별을 제거하고 남는 것이라고 할 수 있다. 필자는 우리의 건강한 인식을 위해 혼돈을 제거하는 귀류적 결말을 수용해야 한다고 생각한다. 이를 위해 우리는 짠드라끼르띠의 객관 세계와 인식 발생의 조건에 관한 입장을 이해할 필요가 있을 것이다. 더 나아가 필자는 유식사상 비판의 과정에 나타난 인식에 관련한 주장들과 실체론적 분별을 제거하고 남는 것을 조합하여 하나의 주장으로 구성할 것이다.

짠드라끼르띠의 객관 세계에 대한 입장은 인식대상으로서 소지(所知,

---

137 江島惠教(1980a: 192): ① 중관논사는 자기의 주장을 정립하지 않는다. ② 그러므로 승의공성에 있어서는 침묵해야 한다. ③ 논리적 사고는 세간의 논리에 따른 것이지 그것을 승의에 관계시키는 것은 아니다. ④ 그러므로 논의는 모든 세속의 범위 내에서 행해지는 것으로 중관논사는 자기의 주장을 정립하지 않으며, 어디까지나 대론자의 설을 귀류하는 것, 혹은 대론자의 학설에 기초해서 그것에 즉해서 추론식을 구성하고 논박을 진행한다.

shes bya)의 의미를 통해 확인할 수 있다. 'shes bya'는 'jñeya'의 역어로서 소지로 번역할 수 있다. 'jñāna'는 지(智) 또는 요지(了知)로서 상대적인 인식주관을 의미하며, 소지는 그 대상을 의미한다.[138] 즉 그는 유식을 배격하는 과정 속에서 자연스럽게 소지의 존재성을 인정한다. 더 나아가 그에 따르면 식의 실유만을 주장하는 것은 전도된 견해이며, 유식학파의 외계 비실재론은 세간 사람들이 믿는 객관 세계를 손감한다. 이러한 주장을 통해 객관 세계의 존재성을 긍정하는 그의 입장을 간접적으로 확인했다고 할 수 있을 것이다.

> 정리하면 소지(jñeya)가 없는 것과 같이,
> 인식(jñāna) 또한 없다는 의미를 알아야 한다.(「현전지」 제71게 c-d)[139]

짠드라끼르띠는 제71게의 자주에서 "능지 없이 소지는 없다. 그것(소지)이 없는 식은 없다. 따라서 소지에 의존하여 인식은 있게 된다"는 나가르주나의 「출세간찬(出世間讚)」을 인용한다.[140] 이는 인식 주관으로서 능지와 인

138 무형상 지식론(Anākārajñāna-vāda)의 설일체유부는 소지가 실재하며, 인식은 반드시 소지에서 비롯된다는 입장이다. 반면 유형상 지식론(Sākārajñāna-vāda)의 경량부는 외계의 대상은 찰나멸이기 때문에 오직 추리에 의해서 인식될 뿐이라고 주장한다. 즉 소지는 실재하지만 추리에 의해서만 존재한다고 알 수 있다. 설일체유부와 경량부의 소지의 개념은 유식학파에서 bzung ba가 대신한다. bzung ba는 범어 grāhya의 역어로서 한역에서 소취(所取)로 번역된다. 그리고 범어 grahaka는 능취(能取)라는 뜻이며 소취와 상대적인 의미로서, grāhya와 grahaka는 인식 내면에 나타나고 있는 대상으로서 표상과 그 표상을 아는 것의 관계이다.

139 MAK(1912: 164, 18-19): mdor na ji ltar shes bya med de bzhin, blo yang med ces don 'di shes par gyis.

140 MABh(1912: 165, 3-12): ma shes pa ni shes bya min, de med rnam par shes med pa, de phyir shes dang shes bya dag, rang bzhin med par khyod kyis gsungs, zhes bya ba dang, de bzhin du, rnam shes sgyu ma dang mtshungs par, nyi ma'i gnyen gyis gsungs pa yin, de yi dmigs pa'ang de bzhin te, nges par sgyu ma'i dngos dang 'dra.

식대상으로서 객관 세계를 자체적으로 존재할 수 없는 것으로 판단하는 그의 입장을 대변한다.

짠드라끼르띠는 유식무경설에 관한 비판을 제71게 c-d에서 마무리한다. 그는 근, 경 그리고 식의 무자성을 주장하고, 인식 성립의 계기를 눈(근), 눈의 대상(경) 그리고 그것들에 의해 생겨난 의식(식)의 상호의존적 관계에서 찾는다. 결과적으로 그에게 있어서 객관 세계와 인식 주관의 관계를 통한 인식 발생의 조건은 눈(근), 눈의 대상(경) 그리고 의식(식)의 삼사화합설이라고 할 수 있을 것이다. 『입중론』의 근, 경 그리고 식, 즉 삼사화합의 인식 성립 이론은 SN 86경에서 드러나듯이 초기불교의 인식 성립에 대한 전형적인 설명 방식과 같다.

> 안(眼)과 색(色)을 연하여 안식(眼識)이 생겨난다. 세 가지가 화합하여 촉(觸)이, 촉을 연하여서 수(受)가, 수를 연하여 갈애(渴愛)가 생겨난다. 이것이 괴로움의 집기(集起)이다. …… 의(意)와 법(法)을 연하여 의식(意識)이 생겨난다. 세 가지가 화합하여 촉이, 촉을 연하여서 수가, 수를 연하여 갈애가 생겨난다. 이것이 괴로움의 집기이다.[141]

붓다는 촉의 발생과 조건을 삼사화합에서 찾고, 동시에 수(受)를 번뇌의 근본 혹은 괴로움의 원인으로 본다. 인식 성립의 조건이면서 촉의 발생의

141 SN IV, 106: Cakkhuñca paṭicca rūpe vuppajjati cakkhuviññāṇaṃ, tiṇṇaṃ saṅgati phasso, phassapaccayā vedanā, vedanā paccayā taṇhā, ayaṃ dukkhassa samudayo. …… manañca paṭicca dhamme vuppajjati manoviññāṇaṃ, tiṇṇaṃ saṅgati phasso, phassapaccayā vedanā, vedanā paccayā taṇhā, ayaṃ dukkhassa samudayo.

조건으로서의 안(眼)은 시각적 작용이고, 색(色)은 그 내용이다. 예를 들어 구체적인 색으로서 하나의 꽃을 보는 경우에 다른 것과 구별되는 하나의 특수한 꽃은 선택적으로 인식되어야 한다.[142] 붓다는 보이는 내용으로서 꽃의 식별을 대상에 대한 모사(模寫)로 생각하지 않는다.[143] 그는 인식을 대상의 모사로 판단하는 무형상 지식론(Anākārajñāna-vāda)의 인식이론을 거부한다. 그는 촉의 성립에 대한 계기를 안과 색 그리고 안식으로 본다.

짠드라끼르띠는 『입중론』에서 삼사화합에 근거한 인식과 그 조건들의 무자성만을 강조한다. 그의 인식에 대한 태도는 감각 기관을 통해서 객관 세계 자체를 인식에 그대로 모사한다는 무형상 지식론을 거부하는 것이다. 이는 요소적인 객관 세계 자체, 감각 기관 자체 그리고 식 자체의 조합을 부정하는 것이다. 다시 말해 객관 세계, 감각 기관 그리고 식에 의한 인식의 성립이 각자의 역할을 통해서 결정된다는 것을 의미한다. 상호의존에 의한 인식의 성립은 유식에 의한 현상의 발생을 부정할 뿐만 아니라 인식주관과 대상의 요소적인 결합의 방식까지 부정하는 것이다.

『입중론』에서 짠드라끼르띠는 인식의 발생 조건을 공능설과 같은 실체론적 개념에서 구하지 않는다. 동시에 설일체유부처럼 객관 대상에서 인식의 조건을 찾는 외경실재론이라거나, 경량부처럼 외경을 추리하는 외계요청설을 제시하지 않는다. 그는 오직 무자성에 바탕한 상호의존성을 현상과 인식의 발생 조건이라고 생각한다. 따라서 "일체는 무자성하다"는 사실만

142 와쓰지 데쓰로우(1993: 158-59) 참조.

143 의와 법의 관계는 이중표(1991: 146-53): 세 가지 조건이 12처를 조건으로 발생하고 있기 때문에 유심적인 해석의 동기들을 충분히 갖추고 있다.

을 밝혀야 할 실상이라고 할 수 있을 것이다. 이것이 인식 주관과 대상의 무자성과 유식으로서 인식실재론의 차이에 대한 짠드라끼르띠의 해명이다.

IV
유식사상 비판의 사상사적 고찰과 의의

1. 중관학파와 유식학파의 논쟁
2. 이제설에 의한 의타기성 비판
3. 『십지경』과 『입능가경』에 의한 유심 해석과 유식 비판
4. 유식사상 비판의 사상사적 의의

유식사상 비판의 사상사적 고찰과 의의

1. 중관학파와 유식학파의 논쟁

나가르주나는 중관학파의 교의를 체계화하기 시작한다. 거·래에 관한 논의에서 나가르주나는 '실체의 속성' 혹은 '실체의 변화'에 관한 주장이 봉착하는 모순을 도출한다. 이를 위해 가는 자(gantṛ)는 가는 자를 주체로서 실제화했을 때, 가는 자로서의 실체와 감이라는 속성이 이분화되는 과정과 다시 실체가 속성의 소유자가 되는 과정을 보여준다. 예를 들어 비가 내린다고 말했을 때 비의 '속성으로서의 내림'과 내린다의 '술어가 갖는 내림'의 의미를 반복함으로써 이중의 내림이 존재하는 것과 같다. 명사화된 비는 실체로, 내림은 비의 속성으로서 존재하게 되는 것이다. 이는 주어와 술어의 구조를 통해 실체와 속성을 소유의 관계로 판단하는 경우에 봉착하는 문제이다.

> 색의 인(마차의 부속)을 떠나서 색(마차)은 인식되지 않는다.
> 색이 없으면 색의 인은 보이지 않는다.(『중론』「관오음품」 제1게)[1]

나가르주나는 『중론』「관오음품(觀五陰品)」 제1게에서 색(色)을 인식대상으로서 객관적 존재와 그 구성물로 나누어 고찰한다. 그는 결과로서의 색과 그 원인을 구분하는 관념을 문제로 삼는다.[2] 인식대상에서 그 대상을 구성하는 요소로서의 색을 분리하면 우리는 인식대상을 지각할 수 없다. 예를 들어 수레를 분해하면 우리는 그것의 부속들만으로 수레의 형상을 지각할 수 없을 뿐만 아니라 그 부속들을 수레의 부속으로 지각할 수 없다. 나가르주나는 사대(四大)를 소유하는 색 혹은 색의 원인으로서 사대라는 관념을 논파하는 것이라고 할 수 있다.

> 색의 인을 떠나서 색이 있다면 원인이 없는 색이라는 과실이 된다.
> 원인 없는 사물은 어떤 것이건 어디에서도 존재하지 않는다.
> 만일 색을 떠나서 색의 인이라는 것이 있다면
> 결과가 없는 인이 되는데 결과 없는 인은 없다.(『중론』「관오음품」 제2-3게)[3]

---

1 MMK(1903: 123, 6-7):
rūpakāraṇanirmuktaṃ na rūpam upalabhyate/
rūpeṇāpi na nirmuktaṃ dṛśyate rūpakāraṇam//4-1//

2 D. J. 깔루빠하나(1994: 203)

3 MMK(1903: 123, 12-13):
rūpakāraṇanirmukte rūpe rūpaṃ prasajyate/
ahetukaṃ na cāsty arthaḥ kaś cid āhetukaḥ kva cit//4-2//

「관오음품」 제2-3게에서 나가르주나는 원인 없는 결과와 결과 없는 원인을 거부함으로써 실체론적 관계와 연기의 차이를 명확히 한다. 예를 들어 수레가 부속들을 소유하는 관계는 성립할 수 없다. 또한 수레가 존재하지 않는 경우에 부속들은 수레의 부속들이라고 할 수 없다. 수레는 부속들을 조건으로 성립한 것이고, 부속들은 수레가 있고 난 후에 그것에 속하기 때문이다. 따라서 원인과 결과는 상호의존적 관계라고 할 수 있을 것이다. 나가르주나는 독립적인 원인이나 결과를 인정하는 실체론적 사고를 비판한다. 실체론 비판에 대한 그의 주장은 조건에 의한 시설을 가명으로, 가명의 의지처를 무자성으로 보는 것이다.

그러나 유식학파는 시설된 것(名言所立)과 조건에 의해서 생겨난 것(衆緣所生)을 구별한다. 언어는 반드시 무언가에 의지해야 한다. 그 언어가 의지하는 것으로서의 사건이나 사물은 존재해야 한다. 그들은 언어를 통해 드러나는 것을 가설이라 주장하고, 가설과 그 근거를 구별한다. 가설의 근거로서의 사물과 사건은 실체일 수 없지만, 사물이나 사건이 없다면 언어를 세울 수 없다. 이러한 주장을 통해 그들은 가설과 그 근거를 존재론적 입장에서 명확히 구별한다.[4]

> 그러므로 대승과 관련되고, 심오하고, 공성과 연관되고, 의도를 가지고 고려된, 이해하기 어려운 경들을 들은 후에 설해진 것의 여실한 의미를

MMK(1903: 124, 5-12):
rūpeṇa tu vinirmuktaṃ yadi syād rūpakāraṇam/
akāryakaṃ kāraṇaṃ syād nāsty akāryaṃ ca kāraṇam//4-3//

4 다케무라 마키오(2006: 60-1) 참조.

이해하지 못하고, 올바르지 못하게 분별한 후에, 다만 사변에 의해 정리를 결여하였기 때문에 "모든 것은 가설뿐(prajñaptimātra)이며 이것이 진실이고, 이와 같이 보고 어떤 자는 그는 바르게 보는 것이다."라는 견해를 가진다. 이와 같이 말하는 그들에게는 가설의 근거인 사태뿐(vastumātra)인 것이 존재하지 않기 때문에 바로 이 가설은 모든 방식으로 존재하지 않는다. 다시 어떻게 가설뿐인 진실이 성립하겠는가? 그러므로 이러한 방식으로 그들에 의해 진실도 가설도 그 양자 모두 부정되게 된다. 가설과 진실을 손감하기 때문에 극단적인 허무론자(nāstika)라고 알아야 한다. 그가 이와 같이 허무론자라면 지자와 범행자는 그와 함께 말하지 말아야 하고 함께 머물지 말아야 한다. 그는 자신을 파괴할 뿐 아니라 이 견해에 동의한 세간 사람들도 파괴한다.(『유가사지론』「진실의품」)[5]

가설과 그 근거를 구별하려는 유식학파의 생각은 비실재를 증익한 실체론자와 그릇된 부정의 교학으로서의 중관학파를 비판하는 『유가사지론』「진실의품」에서 드러난다. 유식학파는 「진실의품」에서 언어적 표현을 넘어선 최고의 진실을 논리적으로 증명하려고 시도한다. 또한 그들은 모든 것을 비존재로 보는 악취공(惡取空, durgṛhiīta-śūnyatā)을 가진 자에게 없는 것과 있는 것을 그 자체로 여실하게 파악하는 선취공(善取空, sugṛhīta-śūnyatā)을 선양

---

5 BoBh(2005: 99-100): ato ya ekatyā durvijñeyān sūtrāntān mahāyānapratisaṃyuktāṃ gambhīrāṃ śūnyatāpratisaṃyuktāṃ ābhiprāyikārthanirūpitāṃ śrutvā yathābhūtaṃ bhāṣitasyārtham avijñāyāyoniśo vikalpayitvāyogavihitena tarkamātrakeṇaivaṃdṛṣṭayo bhavanty evaṃvādinaḥ prajñaptimātram eva sarvam etac ca tattvaṃ yaś caivaṃ paśyati sa samyak paśyatīti teṣāṃ prajñaptyadhiṣṭhānasya vastumātrasyābhāvāt saiva prajñapatiḥ sarveṇa sarvaṃ na bhavati// kutaḥ punaḥ prajñaptimātraṃ tattvaṃ bhaviṣyati// tad anena paryāyeṇa tais tattvam api prajñaptir api tadubhayam apoditaṃ bhavati// prajñaptitattvāpavādāc ca pradhāno nāstiko veditavyaḥ// sa evan nāstikaḥ akathyo bhavaty asaṃvāsyo bhavati vijñānāṃ sabramacāriṇām// sa ātmānam api vipādayati/ lokam api yo 'sya dṛṣṭyanumatam āpadyate//

한다. 더 나아가 그들은 『반야경』과 중관학파의 일체법무자성, 즉 공의 가르침에 대해 여전히 붓다의 가르침으로서 문자 그대로 전하지 않았다고 주장한다. 그들에 따르면 『해심밀경』의 삼상·삼무자상설이 붓다의 가르침에 대한 진실한 의도로서 요의이다.[6]

유식학파는 일체법의 무자성을 허무주의적 손감론으로 규정하고, 요의로서 삼성설을 제시한다. 삼성설은 무자성설의 긍정적 표현이라고 할 수 있다. 그들은 삼성설을 바탕으로 인식의 전도된 모습을 본래 적멸한 것으로 판단하고, 이를 이해하는 기반으로서의 방편을 존재하는 것으로 생각한다. 그들의 주장은 세속적 조건에서 발생하는 법(緣生法)의 존재(의타기성)에 대한 전도성(변계소집성)을 부정함으로써 전도되지 않은 진실성(원성실성)을 전환적으로 인식하려는 삼성설이다.[7] 이와 같은 주장은 『현양성교론』 「성무성품(成無性品)」 제1-2게에 잘 드러난다.[8]

반면 중관학파는 유식학파의 주장을 비판한다. 야마구찌에 따르면 중관학파는 유식학파를 ① 식의 존재(識有)를 주장하며 ② 승의제를 비존재(無)의 존재(有)로서 표현한다고 평가한다.[9] 나가르주나의 주장에 따르면 조건에 의해 시설된 것은 가명이기 때문에 가명의 의지처는 무자성한 것이다.

---

6 山口益(1972: 329-347) 참조.

7 야스이 고사이(1989: 255-57) 참조.

8 바비베까는 『반야등론』 「열반품」에서 『현양성교론』을 인용하고 있다;
『顯揚聖教論』(『대정장』 31, 557b):
"삼성이 알려져야 한다. 첫째는 변계이다. 둘째는 의타이며, 셋째는 원성이다. 상과 같이 생과 승의의 무자성으로서 그들 삼자성은 무자성성이라고 인정된다."
三自性應知 初遍計所執 次依他起性 最後圓成實 三無性應知 不離三自性 由相無生無 及勝義無性

9 山口益(1975: 40-1) 야마구찌는 공·유 논쟁의 배경을 붓다의 깨달음의 내용인 연기에 대해 인도불교사상 초기부터 있어 왔던 해석 양식을 계승하는 과정에서 나타난 것으로 보고 있다.

유식학파는 소의인(所衣因)을 부정하지 않고, 의지처로서 의타기자성을 인정한다. 가명의 조건과 의지처로서 사물의 존재를 부정하면 가명은 성립할 수 없고, 일체는 비존재가 되기 때문이다. 『유가사지론』을 계승한 『현양성교론』에서 유식학파는 의타기성(識)의 존재를 인정하는 이유를 밝히고 있다.

> "가립된 것은 소의인(所依因)을 갖는다. 만약 다르다면 두 가지(실물, 가법)는 파괴된다. 잡염은 얻을 수 있기 때문에 의타기성이 존재한다고 알아야 한다."
>
> 논하길, 마땅히 일체의 법이 가유라고 말해서는 안 된다. 왜냐하면 가법은 반드시 소의인을 가지기 때문이다. 실물이 없는 것이 아니기 때문에 가법이 성립한다. 만약 그렇지 않다면 실물이 없으므로 가법 역시 비존재가 될 것이다. 그러면 곧 두 가지 법(실물과 가법)이 파괴될 것이다. 두 가지 법이 파괴되므로 잡염의 법은 마땅히 얻어지지 않을 것이다. 그러나 잡염의 법이 현실에서 얻어지고 있으므로 반드시 의타기자성이 있다고 알아야 할 것이다.(『현양성교론』「성무성품」 제10게와 주석)[10]

「성무성품」 제10게는 의타기성의 존재를 증명하는 대표적인 교설이며, 중관학파가 문제를 제기한 교설이다.[11] 중관학파는 『현양성교론』의 인용문을 통해 식의 존재를 주장하는 유식학파의 주장을 평가한다고 할 수 있을

10 『顯揚聖教論』(『대정장』 31, 558c-559a): 假有所依因 若異壞二種 雜染可得故 當知依他有 論曰 不應宣說諸法唯是假有. 何以故假法必有所依因故. 非無實物假法成立. 若異此者. 無實物故假亦是無. 即應破壞二法. 二法壞故. 雜染之法應不可得. 由雜染法現可得故. 當知必有依他起自性.

11 安井廣濟(1970: 319): 바비베까는 『반야등론』「열반품」에서 유식학파의 의타기성의 존재 증명으로 『현양성교론』「성무성품」 제10게를 제시하고 있다; 竹村牧男(1995: 337-42): 다케무라는 야마구찌, 야스이가 지적하고 있는 이 게송을 의타기성의 존재 논증에서 고찰하고 있다.

것이다.[12] 『현양성교론』「성무성품」 제10게에서 유식학파는 의타기성의 존재를 증명하기 때문이다. 유식학파는 잡염법의 비존재와 그 사례를 통해 의타기성의 필요성, 즉 잡염법이 현재에 존재하기 때문에 가설의 소의로서 의타기성의 존재를 주장한다.[13]

『중변분별론』「상품」 제1게의 "허망분별은 있다"는 현실적인 허망분별을 출발점으로 한다. 허망분별은 삼성 중 의타기성이고, 이것을 소의(所衣)로 변계소집성을 고려할 수 있다. 이에 대한 집착에서 벗어나는 경우를 원성실성이라고 부른다. 다시 말해 의타기성이 삼성의 중심에 위치하기 때문에 일체는 허망분별이다. 이러한 귀결은 나가르주나의 사상에서 부정의 매개물에 대한 불명확한 설명을 반성한 결과물이다.[14]

> 이와 같이 어떤 것(A)이 어떤 것(B)에 없을 때 어떤 것(B)은 어떤 것(A)의 공이라고 여실하게 관찰한다. 한편 그곳에 남아 있는 것(C=B-A)이 있다면 여기에 그것(C)이 있다고 여실하게 안다.(『중변분별론석』 1b, 5-6)[15]

『중변분별론』「상품」 제1게에 대한 바수반두의 주석에 유식학파의 진리관이 드러난다. 유식학파는 희론이 멸한 소취와 능취의 비존재성으로의 공

---

12 남수영(2004: 183-191): 남수영은 「보살지」, 『중변분별론』, 『구성일승보성론』, 『현양성교론』 등에서 '남아 있는 것'의 존재라는 표현이 발견되며 『소경공』의 사고를 계승한 것이라는 나가오의 연구를 근거로 식유의 입장을 설명하고 있다.

13 竹村牧男(1995: 339-340) 참조.

14 나가오 가진(2005: 218-222)

15 MVBh(1964: 18):
evaṁ yad yatra nāsti tat tena śūnyam iti yathābhūtaṁ samanupaśyati/
yat punar atrāvaśiṣṭaṁ bhavati tat sad ihāstīti yathābhūtaṁ prajānāti//

성을 '남아 있는 것'이라고 주장한다. 다시 말해 유식학파에게 공성은 소취와 능취가 남아 있지 않은 것의 존재성이다.

중관학파의 바비베까는 ① 식의 존재와 ② 비존재의 존재로서 승의제를 유식학파의 주장으로 제시하여 비판한다. 그는 『반야등론』에서 『현양성교론』과 『중변분별론』를 인용한다. 특히 『반야등론』에서 『현양성교론』「성무성품」 제1, 10게를, 『중변분별론』「상품」에서 제3, 6, 13, 21, 22게를 인용한다. 이를 토대로 비판의 주된 표적이 아상가라는 것을 확인할 수 있다.[16]

> "[유식학파는] 토끼뿔이라는 것이 비록 존재하진 않지만 '사'(事, vastu)를 결여한 것은 아니[라고 주장한다]." 이와 같이 비존재인 사와 승의인 것을 동일하다고 하면, 단견(斷見)이 성립할 것이다.(『반야등론』「열반품」)[17]

바비베까는 승의제로서 비존재의 존재를 유식학파의 주장으로 생각하고, 공으로서의 진여를 존재하는 것으로 보는 유식학파의 입장을 비판한다. 바비베까는 유식학파에 대한 비판을 통해 '비정립적 부정'(prasajya-pratiṣedha)으로 공으로서의 진여를 절대부정하려는 중관학파의 입장을 공고히 한다.

---

16 山口益(1975: 72); *dBu ma'i sning po'i 'grel pa rtog ge 'bar ba*, no. 5256(Peking edition) 218b: "대승교도인 궤범사 아상가(thogs med)와 바수반두(dbyig gnyen)를 시작으로 하는 여타의 사람들은 여래에 의해 증험되고 또 성 나가르주나의 정해인 대승의 의궤를 다르게 받아들여, 무참무괴하게 의미를 알지 못한다."(『중관심론주 사택염』「입유가행진실결택장」)
theg pa chen po kyi slob dpon thogs med dang, dbyig gnyen la sogs pa gzhan dag ni de bzhin gshegs pas lung dstan cing, sa rab du brnyes pa'i 'phags pa klu sgrub kyis yang dag par rtogs pa'i theg pa chen po'i don gyi lugs gzhan du 'dren par byed cing ngo tsha dang khre la me pa don rnam par mi shes pa de bzhin du rnam pa shes shing mkhas par nga rgyal byed pa dag 'di skad smra ste.

17 *dBu ma'i rtsa ba'i 'grel pa shes rab sgron ma*, no. 3853(Sde dge) 247b: ri bong gi rva med pa yang dngos po med pa ma yin te, 'di ltar med pa'i dngos po de dang, don dam par 'dra bar gyur na chad par lta ba 'grub par 'gyur ro.

그에 따르면 토끼뿔이 존재하지 않는 경우에 토끼뿔의 부정은 부정 그 자체로 끝나야 한다. 만약 유식학파와 같이 토끼뿔의 비존재를 최고의 진실로 인정한다면 이는 비존재를 존재화하려는 극단적 시도라고 할 수 있을 것이다. 즉 중관학파는 부정으로 일관하는 비정립적 부정을 공성에 대한 해석의 정설로, 이에 반해 유식학파는 실체성의 부정을 통해 남겨진 것을 긍정하는 '정립적 부정'(paryudāsa-pratiṣedha)을 공성에 대한 해석의 정설로 생각한다고 할 수 있을 것이다.

바비베까는 공성에 관한 근본적인 해석의 차이를 토대로 유식삼성설을 비판한다. 그는 『중변분별론』「진실품(眞實品)」의 오사와 삼성의 상관관계에 근거해 삼성설 비판을 시작한다. 그는 삼성설을 오사의 발전적 형태로 이해하며, 『중변분별론』「진실품」 제13게에서 오법과 삼성의 관계를 상(nimitta)과 분별(vikalpa)을 의타기로, 이름(nāman)을 변계소집으로 그리고 진여(tathatā)와 정지(samyagjñāna)를 원성실성으로 포섭한다.[18] 야스이에 따르면 바비베까는 세간극성의 진실이라고 할 수 있는 세속의 변계소집성을 허공의 꽃(空華)과 같이 존재하지 않는 형상으로 보는 유가행파의 입장을 손감이라고 비난한다.[19] 오가와는 바베비까의 비판을 유식삼성설에 대한 것으로 본다. 유식삼성설은 의타기성을 유(有)적인 존재로 설정하고, 변계소집성의 부정과 원성실성의 긍정을 시도하기 때문이다.[20]

---

18 야스이 고사이(1989: 272) 참조; MVBh(1964: 42-43): nimittasya vikalpasya nāmnaśca dvayasaṁgrahaḥ/ samyagjñānasatattvasya ekenaiva ca saṁgrahaḥ//13//

19 야스이 고사이(1989: 338-39)

20 小川一乘(1988: 56)

필자는 바비베까에 의한 유식삼성설 비판의 핵심을 변계소집성과 의타기성을 별개의 성질로 이해하는 유가행파의 입장에 대한 부정이라고 생각한다. 변계소집성은 의타기성에 대한 그릇된 인식이지만, 의타기성이 그릇된 인식세계 이외의 곳에 따로 존재하는 것은 아니다. 그릇된 변계소집성에 대한 인식 그 자체가 의타기성이므로 변계소집성과 의타기성은 논리적으로만 구분될 수 있을 것이다. 결국 바비베까는 변계소집성과 의타기성의 동일성을 긍정하는 입장에서 논의를 전개하는 것이다.

바비베까는 유식삼성설 비판과 함께 유식무경설로서 외계 비실재론에 대한 비판도 진행한다. 그는 『중변분별론』「상품」 제3게를 근거로 유식무경의 입장을 소개한다. 「상품」 제3게에 따르면 vijñāna는 artha, sattva, ātman, vijñapti라는 4종의 식이다. 그러나 그것(식)에는 대상이 없다. 그것(식)이 존재하지 않을 때 그것도 없다.[21] 즉 그는 「상품」 제3게에 근거하여 대상물의 존재를 부정하는 유식학파의 주장을 비판한다.

바비베까는 외계 비실재론을 이론적 논거와 『십지경』과 『입능가경』의 경전적 논거를 통해 체계적으로 논파한다. 이론적 논거는 논리학을 바탕으로 유식사상을 비판하는 특징이 두드러진다.[22] 경전적 논거는 『십지경』과 『입능가경』의 목적, 즉 유심설의 목적에 대해 외경의 부정이 아니라는 주장으로 요약할 수 있다. 유식학파를 비판하는 과정에서 바비베까의 사상적 특징이 나타나며, 이는 중관학파의 바비베까와 유식학파의 다르마팔라 사

---

21 MVBh(1964: 18):
artha sattvātma vijñapti pratibhāsaṁ prajāyate/
vijñānaṁ nāsti cāsyārthas tad abhāvāt tad apy asat//

22 바비베까의 이론적 논거에 의한 유식사상 비판은 야스이 고사이(1989)를 참고하시오.

이의 논쟁을 '공'(空)·'유'(有) 논쟁[23]으로 정의하는 주된 이유라고 할 수 있을 것이다. 야마구찌는 공·유 논쟁에 대해 공을 주장하는 중관학파와 시설된 것으로서의 존재를 주장하는 유식학파가 각자의 특징을 상대에게 강조하는 과정에서 발생한 것으로 본다.[24]

2. 이제설에 의한 의타기성 비판

공성에 대한 해석에 있어서 중관학파는 공성에 대해 부정으로 일관하는 비정립적 부정을, 유식학파는 실체성의 부정에 따라 남겨지는 것을 긍정하는 정립적 부정을 정설로 선택한다. 유식학파는 언어와 실재의 관계를 통해 중관학파의 공성에 함축된 부정의 사유 방식을 비판한다고 할 수 있다. 그들은 설일체유부의 실체론적 해석과 언어의 비실유성을 주장하는 중관학파를 유·무의 양극단으로서 지양(止揚)하고, 중도로 종합하려고 시도한다. 그들은 이러한 시도를 소위 삼성 또는 삼상의 이론으로 체계화한다.[25] 그러나 중관학파는 이제설을 통해 삼성설에 문제를 제기한다.

삼성설의 성립 이전의 선행이론으로는 『유가사지론』「보살지」 제4장 「진실의품」에서의 설명과 「섭결택분」의 '오사'를 유력한 후보로 제시할 수 있

23 『成唯識論了義燈』(『대정장』 43, 660a): 護法菩薩千一百年後方始出世 造此論釋及廣百論釋 淸辯菩薩亦同時出 造掌珍論 此時大乘方諍空有. 혜소(慧沼: 651-714)는 『성유식론요의등(成唯識論了義燈)』에서 "다르마팔라는 『대승광백론석(大乘廣百論釋)』을 저술하고 바비베까는 『대승장진론(大乘掌珍論)』을 지어 공과 유를 논쟁하였다"라고 서술함으로써 '공유논쟁'(空有論諍)이라는 술어가 오늘에까지 이르고 있다.

24 山口益(1975: 46-7) 참조.

25 안성두(2007: 200) 참조.

다. 「진실의품」의 주된 내용은 언어표현의 근거로서의 사태(vastu) 및 불가언설로서의 진여와 언어의 관계에 대한 체계화이다. 「진실의품」에서 실천적 수행법으로 4종 심사(尋思)와 4종 여실지(如實知)에 의한 대상의 여실한 인식이 제시된다. 4종 심사란 ① 명심사 ② 사심사 ③ 자체가립심사 ④ 차별가립심사, 즉 명칭과 사물에 있어서 모든 존재의 실체를 개념으로, 그 차별된 모습도 개념으로 보는 것이다. 4종 여실변지도 4심사를 차례대로 요지하는 것이다. 유식학파는 언어(nāma), 대상(vastu) 그리고 의미 내용(artha)의 구분을 통해서 명칭과 그 명칭에 대응하는 사물과 그 명칭이 지시하는 의미 내용의 관계를 분석하고, 그 본질이 개념이라는 것을 확인하는 언어적 반성을 시작한다. 더 나아가 그들은 언어와 대상과의 관계를 우연적인 것으로 정의한다.

「보살지」의 삼성설은 『대승아비달마집론』, 『중변분별론』 그리고 『대승장엄경론』에서 변화한다. 金成哲에 따르면 「보살지」에서는 무분별지(無分別智, nirvikalpa-jñāna)의 대상을 '불가언설성으로서의 진여'로, 「섭결택분」과 『해심밀경』에서는 원성실성을 '성자들의 인식대상인 진여'로 규정하지만, 마이트레야의 논서에서는 원성실성 개념을 '비존재의 존재'로 규정한다. 「보살지」의 무분별지는 언어를 배제한 직접적 인식으로서 진여의 실재성을 부정하지 않는다. 반면 마이트레야 논서의 무분별지는 선정을 기반으로 하는 개념적 인식의 성격을 갖는다. 이는 「보살지」의 실재론적인 공성설에서 유식론적인 삼성설로의 변화를 의미한다. 또한 실재론적 무분별지의 개념에서 유식론적 무분별지로의 발전을 의미한다.[26]

---

26 金成哲(2008: 121)

유식삼성설은 중관 이제설의 발전적 형태나 공사상의 유식적 발전으로 해석된다. 하지만 바비베까는 『반야등론』「열반품」에서 유식삼성설을 논파한다. 오가와는 바비베까의 비판을 유식설의 토대로서의 삼성설에 대한 비판이라고 주장한다.[27] 야스이에 따르면 바비베까는 세간극성의 진실이라고 할 수 있는 변계소집성을 의타기성 상의 공화와 같은 비존재의 형상으로 보는 유가행파의 입장에 대해 손감론으로 규정한다. 그는 세속의 변계소집성에 연생법으로서의 존재성을 갖게 하고, 변계소집성에서 무자성공으로서의 승의의 진실을 드러낸다.[28]

유식학파는 변계소집성과 의타기성에 대해 별개의 성질을 갖는다고 주장한다. 그들은 변계소집성을 의타기성의 내용이 없는 비존재로 보고, 부정하기 때문이다. 그러나 바비베까는 현실적인 입장에서 변계소집성에 의타기성으로서의 성격을 부여하고, 변계소집성과 의타기성의 동일성을 주장한다. 변계소집성은 의타기성에 대한 그릇된 인식이지만, 의타기성이 그릇된 세속의 인식세계 이외의 곳에 존재하는 것은 아니기 때문이다. 즉 그릇된 변계소집성의 인식세계는 의타기성의 세계이기 때문에 한 사태를 변계소집성과 의타기성으로 구분할 수 없는 것이다. 그는 인식의 실제 사태로써 변계소집과 논리적인 추론에 의한 의타기의 구분을 배격하고, 삼성설

27 小川一乘(1988: 56): 오가와에 따르면 유식설의 기본이란 의타기성을 유적인 존재로서 설정한 후에 변계소집성을 부정되어야 할 것으로, 원성실성은 긍정되어야 할 것으로 승인하려고 하는 입장이다.

28 야스이 고사이(1989: 338-39): 바비베까의 이제설은 유식삼성설에 대해 세속을 초월한 승의의 진실을 세속 밖에 있는 초월적인 것이라고 하여 유상(有相)으로써 인식하는 것이 아니라, 어디까지나 세속 내에서 절대 부정적으로 무상(無相)으로써 직관하려고 하는 행위적인 증오(證悟)의 입장이다.

을 체계적으로 논박한다. 특히 그는 의타기성의 무용성을 주장하고, 유식삼성설을 변계소집과 원성실성으로 구분한다. 이는 자신의 이제관에 근거해서 유식삼성설을 해석하는 것이라고 할 수 있다.[29]

마츠모토는 짠드라끼르띠의 이제설을 이변(二邊)중관설로 해석하고, 공성논증의 방법이나 이제설에 있어서 바비베까와 짠드라끼르띠 사이에 근본적인 차이가 없다고 주장한다.[30] 그러나 필자는 짠드라끼르띠와 바비베까의 입장에 대해 승의를 강조하는 측면에서 동일하나 공성논술의 방법적 차이에서 그 내용이 다르다고 생각한다. 추론식의 주장명제에 '승의에 있어서'라는 한정(限定)을 부가하는 논리학적 방법이 존재한다. 에지마에 따르면 바비베까는 이 논리학적 방법을 이제설에 도입한다.[31] 그리고 에지마는 두 논사의 차이를 이제설의 차이로 본다. 바비베까와 마찬가지로 짠드라끼르띠의 유식사상 비판은 자신의 이제관에 근거하지만, 이는 형식적인 이제의 측면일 뿐이다. 짠드라끼르띠는 승의의 인식이라는 입장에서 불생을 논의하고, 이를 토대로 유식사상을 비판한다. 더 나아가 그는 세속 유의 자기부정에 의해 승의 무를 증득할 수 있다는 입장에서 승의 무를 증득하기 위한 수단으로써 세속 유를 세속지로 긍정하는 바비베까를 비판한다.[32] 이태승에 따르면 짠드라끼르띠는 바비베까의 올바른 세속을 부정한다.[33]

---

29 야스이 고사이(1989: 11)

30 마츠모토 시로(2008: 468-85)

31 江島惠教(1980: 151-62); 江島惠教(1980a: 102): 바비베까는 붓다 가르침의 두 가지 진실을 그것을 아는 방식에 반영시켜 승의지와 세속지로 구분한다. 그는 또한 세속에서 승의로 건너게 하는 것, 즉 세속에 있으면서도 승의를 지향하는 승의세속을 인정하고 있다. 여기에 추론식을 중심으로 한 바비베까의 방법이 확립되고 있다.

32 小川一乘(1988: 22)

오가와는 바비베까와 짠드라끼르띠의 차이에 대해 승의제를 증득하는 방식에서 기인한 것으로 생각한다. 그에 따르면 바비베까는 '승의적 승의제'와 '세간적 승의제'를 구분하고, 공성 그 자체이며 무분별지의 대상인 승의제와 무생 등의 교설 그리고 문(問), 사(思), 수(修)와 같은 지혜를 청정 세간지의 대상으로 구분한다.[34] 짠드라끼르띠는 승의제를 유일한 진리라고 생각하고, 바비베까도 같은 입장이다. 바비베까는 승의제를 증득하기 위한 수단으로써 '세간적 승의제'를 설정하는 것에 비해 짠드라끼르띠는 그것을 용인하지 않고 이언진여(離言眞如)로서의 승의제를 강조한다. 물론 짠드라끼르띠는 승의를 자성 그 자체로 정의하고, 그 영역을 붓다 자내증(pratyātma)으로 한정한다.

바비베까와 짠드라끼르띠 사이에 나타나는 이제설의 근본적인 차이는 유식사상 비판에도 투영된다고 할 수 있다. 바비베까는 유식삼성설을 그의 이제설로 해석하여 의타기성의 무용성을 주장하고, 짠드라끼르띠는 인식론을 결합한 의타기성, 즉 의타기성으로서 알라야식과 의타기성으로서 자증분에 대한 비판을 통해 결론적으로 의타기성을 비판한다. 그는 바비베까처럼 이제설의 형식적 측면을 적용하기보다 내용적 측면을 적용한다.

짠드라끼르띠의 이제설은 외계 비실재론의 근거로서「현전지」제53게

33 이태승(1996: 165): 바비베까에 있어서 일상적인 행위를 지칭하는 말과는 달리 공성을 지시하는 말이나 '팔불'(八不) 등을 설하는 연기법 등은 세간적 언어와는 다른 것이다. 또한 무분별지나 수행을 통해 체현되는 문(問), 사(思), 수(修) 삼혜 등은 일상적 관념이나 분별과는 다르며 제일의제에 준하는 것으로 생각하였다. 이 세 가지는 속제와 제일의제를 연결시켜주는 중간 매개이다. 이것은 제일의제는 아니지만 제일의제다운 것이다. 이러한 유익한 세간을 통해서 육바라밀다의 실현과 공성의 체득이 이루어질 수 있다고 확신했다.

34 小川一乘(1988: 18-9)

‘꿈의 비유’와 제54게 ‘비문증의 비유’에서 나타난다. 그는「현전지」제23게와 제29게에서 세속과 승의를 설명하기 위해 ‘무명의 잠’과 ‘안질환’이라는 개념들을 사용한다.[35] ‘무명의 잠’은 세속을 진리로 아는 범부의 이야기이다. 범부는 무지로 인하여 현상에 대해 자성을 갖는 것으로, 허망한 것에 대해 실재하는 것으로 알기 때문이다. 또한 ‘안질환자’는 실재하지 않는

---

35 MAK(1912: 102, 8-11):

"모든 존재(bhāva)를 진실(samyak)과 거짓(mṛṣā)으로 보는 사람들에 의해 두 가지 자성을 가진 사태로 파악된다. 진실을 보는 영역(viṣaya), 그것은 진실(tattva)이고 허망하게 보는 것은 세속제라고 설하였다."(「현전지」제23게)

dngos kun yang dag rdzun pa mthong ba yis, dngos rnyed ngo bo gnyis ni 'dzin par 'gyur, yang dag mthong yul gang yin de nyid de, mthong ba brdzun pa kun rdzob bden par gsungs.

MABh(1912: 102, 12-103,10):

"이제의 체성을 전도됨 없이 증지(證知)하신 제불세존께서 행(行)과 싹 등 안과 밖의 모든 현상의 체성이 두 가지라고 선설하셨다. 이 입장이 세속과 승의이다. 그 가운데 승의는 진실하게 보는 것으로 특별한 지혜의 대상성으로 자체의 성질(自相)이 얻어진다. 그 자체로 성립하지 않는데(無自性) 이것이 하나의 체이다. 다른 것은 범부가 무명의 안질환의 혼탁함으로 지혜의 눈이 모두 가리어져 허망한 능력에 의해 보는 것으로서 스스로의 존재성이 얻어진다. 범부가 보는 대상과 같이 자성적인 체성은 성립하지 않는다. 그러므로 일체 현상은 그 두 가지 자성이 얻어진다. 두 가지의 자성에서도 진실하게 본 대상 그것이 승의제라고 말하는 의미이다. 이것의 체성을 말해야 한다. 허망하게 본 대상, 이것이 세속제이다."(「현전지」제23게 주석)

'di na bden pa gnyis kyi rang gi ngo bo phyin ci ma log par mkhyen pa sangs rgyas bcom ldan 'das rnams kyis, 'du byed dang myu gu la sogs pa nang dang phyi rol gyi dngos po thams cad kyi rang gi ngo bo rnam pa gnyis nye bar bstan te, 'di lta ste, kun rdzob dang don dam pa'o, de la don dam pa ni yang dag par gzigs pa rnams kyi ye shes kyi khyad par gyi yul nyid kyis bdag gi ngo bo rnyed pa yin gyi, rang gi bdag nyid kyis grub pa ni ma yin te, 'di ni ngo bo gcig yin no, gzhan ni so so'i skye bo'i ma rig pa'i rab rib kyi ling thog gis blo'i mig ma lus par khebs pa rnams kyi mthong ba brdzun pa'i stobs las bdag gi yod pa rnyed pa yin te, byis pa rnams kyi mthong ba'i yul du 'gyur pa ji lta ba de lta bu'i rang bzhin du rang gi ngo bos grub pa ni ma yin no, de'i phyir dngos po thams cad rang bzhin de gnyis 'dzin pa yin no, rang bzhin de gnyis las kyang mthong ba yang dag pa'i yul gang yin pa de ni de nyid de, de ni don dam pa'i bden pa'o zhes bya ba'i don to, de'i rang gi ngo bo ni bshad par bya'o, mthong ba brdzun pa'i yul gang yin pa de ni kun rdzob kyi bden pa'o.

MAK(1912: 109, 6-9):

"비문증의 힘(timira-prabhāva)에 의해 머리카락 등의 전도된 본질을 망분별한다. 청정한 눈을 가진 자(śuddhadṛṣṭi)가 그것의 본성을 봄으로써 그것이 진실이라고 그와 같이 여기에서 알아야 한다."(「현전지」제29게)

rab rib mthu yis skra shad la sogs pa'i, ngo bo log pa gang zhig rnam brtags pa, de nyid bdag nyid gang du mig dag pas, mthong de de nyid de bzhin 'dir shes gyis.

머리카락 등을 보지만, '안질환이 없는 이'는 그와 같은 사실을 실재하지 않는 것으로 알기 때문에 안질환이 없는 자의 인식만이 승의이며 성인의 의식을 의미한다.

	인식주관	인식대상
세속제(saṃvṛti-satya)	감관이 손상된 근(doṣavay-indriya) 정상적인 근(vispaṣṭa-indriya) 지자	사세속(mithyā-saṃvṛti) 정세속(tathya-saṃvṛti) 유세속(saṃvṛti-mātra)
승의제(paramārtha-satya)	붓다	자내증(pratyātma)

제일의로서 승의를 붓다의 승의이자 자내증이라고 한다면 붓다 이외의 지자(知者)나 범부는 승의를 인식할 수 없는 문제를 갖는다.

> 그 가운데 중생들의 승의, 그것은 현현함을 수반하는 행위의 영역을 가진 지자들에게 세속일 뿐이지만, 그것의 자성이 공한 것, 그것은 그들에게[만] 진리이다. 붓다의 승의는 본질 그것이며, 그것은 또한 허위가 없으므로 승의제이지만, 그것은 그(제불)들에게 있어 자내증(pratyātma)되어야 하는 것이다. 세속제는 허위이기 때문에 승의제가 아니다.(「현전지」 제28게 주석)[36]

36 MAK(1912: 108, 14-20): de la so so'i skye bo rnams kyi don dam pa gang yin pa de nyid 'phags pa snang ba dang bcas pa'i spyod yul can rnams kyi kun rdzob tsam yin la, de'i rang bzhin stong pa nyid gang yin pa de ni de rnams kyi don dam pa'o, sangs rgyas rnams kyi don dam pa ni rang bzhin nyid yin zhing, de yang slu ba med pa nyid kyis don dam pa'i bden pa yin la, de ni de rnams kyi so so rang gis rig par bya ba yin no, kun rdzob kyi bden pa ni slu bar byed pa nyid kyi phyir don dam pa'i bden pa ma yin no.

짠드라끼르띠는 이 문제의 해결을 「현전지」 제28게의 주석에서 시도한다. 그는 승의제의 정의 이외에 지자의 승의를 인정하고, 승의에 관해서 성인의 견해를 따라야 한다고 주장한다. 그에 따르면 지자는 성인의 역할을 대신하고, 범부와 다른 관점을 통해 그 역할을 수행한다. 따라서 세간은 성인의 지견(知見)을 갖는 지자의 바른 인식수단과 그에 의해 파악한 것을 비난할 수 없다.

> 성인의 지견(知見)에 머무르는 그때 통달한 자(知者)가 바른 인식수단(pramāṇa)에 의해 [관찰하는] 이때 세간이 힐난하지 못한다. 지자의 입장에 의해 다른 것들도 사찰되어야 한다.(「현전지」 제31게 자주)[37]

승의제는 관념과 언어를 넘어서 일체 존재가 현현하지 않는 것이다. 승의제는 무소득한 것이기 때문에 세간 범부들의 인식대상이라고 할 수 없다. 이러한 이유로 승의에 관해서 세간인의 인식수단이 바르지 못하다고 할 수 있다. 즉 승의에 대해서 통달한 자(知者)를 따라야 한다고 강조하는 이유는 자내증의 영역이 붓다나 성인의 인식이기 때문이다. 따라서 성인의 입장을 따르는 경우 세간인으로서 지자도 바른 인식수단을 갖는다고 할 수 있을 것이다.[38] 세간인 혹은 지자와 대비되는 성인의 인식은 침묵으로만

---

37 MAK(1912: 113, 12-14): gang gi tshe 'phags pa'i gzigs pa la gnas te, skye bo mkhas pa tshad mar byed pa de'i tshe ni 'jig rten gyi gnod pa yod pa ma yin no, mkhas pas phyogs 'dis gzhan yang dpyad par bya'o.

38 岸根敏幸(2001: 111): 기시네에 따르면 짠드라끼르띠는 승의의 문제에 관해서 지자의 견해만을 유일한 것으로 수용해서 그것에 의해서 자신의 견해도 정량으로 위치시키려고 한다. 기시네는 이와 같은 방법이 관념과 언어를 초월한 진실로서 승의를 지향하기 위해 짠드라끼르띠가 제시한 방법이라고 지적한다.

표현할 수 있다. 짠드라끼르띠는 세간인의 논리를 따라 세간에 성인의 침묵을 알려야 한다고 주장한다. 그는 성인들의 견해를 빌려서 사태를 사찰하기 때문에 승의에 대해서 바른 인식수단을 가질 수 있다고 말한다. 즉 자신이 지자로서의 의무를 이행하는 것이다. 지자는 성인의 승의, 즉 현현하는 제 존재의 자성이 공하다는 것을 공성논술을 통해 구현한다. 따라서 성인의 견해를 따라서 공성논술을 전개한 언설은 지자의 승의이지만 승의로 간주되므로 그 의의를 가질 수 있다.[39]

「현전지」 제39-78게에서 짠드라끼르띠는 이숙식으로서 알라야식설, 외계 비실재론으로서 유식무경성 그리고 의타기성으로서 자증분설을 비판한다. 이 비판은 두 가지 진리(이제)의 논의로 수렴된다. 「현전지」 제79에서 그는 나가르주나의 가르침에서 벗어나 실체화된 의타기성으로서의 알라야식설에 대해 열반을 얻는 길이 아니라고 비판한다.

> 궤범사 나가르주나의 길로부터 [벗어난],
> 그 밖의 입장은 적정[을 얻는] 방편(upāya)이 아니다.
> 그들은 세속과 실상으로부터 멀어져서,
> 해탈을 이루지 못한다.(「현전지」 제79게)[40]

「현전지」 제80게에서 짠드라끼르띠는 세간에 수순한 방법으로 공성을

---

39 江島惠教(1980: 163); 岸根敏幸(2001: 119-200) 참조.

40 MAK(1912: 174, 15-19): slob dpon klu sgrub zhabs kyi lam las ni, phyi rol gyur pa zhi ba'i thabs med do, ci'i phyir zhe na, 'di ltar de dag kun rdzob de nyid bden las nyams, de las nyams pas thar pa grub yod min.

논술한다고 밝힌다. 공성은 본래 논술할 수 없는 것이지만 그것을 이해하지 않고서 승의를 파악할 수 없기 때문이다. 또한 그는 공성을 논술하는 목적을 갖는 성인의 관점에서 세간인의 입장으로 전환한다. 즉 방편적으로 공성에 대한 논의를 진행하는 것이다. 그는 세간인의 차원에서 승의의 파악을 위해 이용해야 할 논리가 있으며, 그것이 가능하다고 생각한다.[41]

> 언설제(vyavahāra-satya)는 방편인 것(upāya-bhūta)이고,
> 승의제는 방편소생(upeya-bhūta)이다.
> 이제의 구분(vibhāga)을 모르는 이들은
> 잘못된 분별(mithyā-vikalpa)에 의해 하열한 길(kumārga)에 들어간다.
> 그대가 의타기라는 사태를 인정하지만
> 나는 세속으로도 인정하지 않는다.
> [다만] 과를 위해 이것들은 비존재일지라도 존재하는 것이라고
> 세간의 입장에서 나는 말하는 것이다.(「현전지」 제80-81게)[42]

짠드라끼르띠는 언설제를 '방편인 것'으로, 승의제를 '방편소생'(方便所生)으로 정의하여 붓다의 가르침에 내재된 이제적 구조를 확인한다. 그에게 있어서 언설제는 방편적 가르침이라고 할 수 있다. 그는 승의제를 제시하기 위한 수단으로서 언설제를 제시한다.[43] 즉 유식학파의 의타기성(알라

---

41 江島惠教(1980: 163-64) 참조.

42 MAK(1912: 175, 3-6): tha snyad bden pa thabs su gyur pa dang, don dam bden pa thabs 'byung gyur pa de, de gnyis rnam dbye gang gis mi shes pa, de ni rnam rtog log pas lam ngan zhugs;
MAK(1912: 179, 7-10): ji ltar khyod kyis gzhan dbang dngos 'dod ltar, kun rdzob kyang ni bdag gis khas ma blangs, 'bras phyir 'di dag med kyang yod do zhes, 'jig rten ngor byas bdag ni smra bar byed.

43 vyavahāra은 전통적으로 언어적 관습, 언어활동 등으로 번역하지만 江島惠教(1980), 岸根敏幸

야식)은 중관논사의 입장에서 붓다의 방편교설이라고 할 수 있을 것이다. 「현전지」 제43-44게에서 짠드라끼르띠는 "알라야식이 있다", "개아가 있다", "여러 온 등이 있다" 등을 방편적 가르침으로 열거한다. 이는 심오한 불법의 의미를 이해하지 못하는 이들을 위한 것이다. 그는 붓다도 '나' 그리고 '나의 것'이라고 설하듯이 모든 현상에 자성이 없지만 '있다'라는 불요의를 설했다고 주장한다.

「현전지」 제94-96게에서 짠드라끼르띠는 외경의 비실재를 가르치는 이유에 대해 색에 집착하는 이들에게 집착을 끊는 방법을 전하기 위해서라고 말한다. 인식대상으로서의 색의 비존재를 알 수 있다면 인식하는 자도 비존재한다는 사실을 쉽게 깨달을 수 있기 때문이다. 즉 불요의의 가르침을 통해서 요의를 체득한다는 의미인 것이다. 「현전지」 제97게에서 그는 "경전적 논거의 전기를 정확히 아는 것에 의해 경전에서 실상이 아닌 것을 말하는 내용이 불요의로 설해졌음을 안다. 이 차이들을 깨닫고서야 인도되므로, 공성을 내용으로 하는 것이 요의임을 알아야 한다."[44]라고 말한다. 그에게 있어서 요의란 공성의 의미를 갖는 가르침이며, 그 외의 붓다 가르침들은 불요의라고 할 수 있다.

짠드라끼르띠의 이제설은 두 가지의 특징을 갖는다. 첫째, 승의에 근거한 인식으로 유식사상을 배격한다. 둘째, 유식사상을 불요의설로 연결하는

(2001)에서는 영위(營爲)라고 번역한다. 필자는 언설이라는 용어를 사용한다; 小川一乘(1988: 24-5): 짠드라끼르띠는 교설의 차제를 의미하는 세속제를 지시하는 경우 언설제라는 표현을 사용하고, 부정되어야 할 세간적인 진리라는 의미를 세속제라는 표현을 사용하고 있다. 이것은 중관의 이제설에 있어서 세속제의 본래적인 형식을 강조한 것이다.

44 MAK(1912: 199, 13-16): de ltar lung gi lo rgyus shes byas te, mdo gang de nyid ma yin bshad don can, drang don gsungs pa'ang rtogs nas drang bya zhing, stong nyid don can nges don shes par gyis.

구도를 통해 유식학파를 하위의 종의로 삼는다. 이와 같은 특징을 함축하고 있는 그의 이제설은 나가르주나가 주장한 붓다 교법의 형식을 포괄하면서도 보다 확장된 의미에서의 이제관이다.[45] 또한 요의와 불요의의 차제를 설정하고 있는 두 번째 특징은 경전의 권위에 의한 비판에서 교상판석의 형태로 나타난다. 경전의 권위에 의한 비판은 다음 절 '『십지경』과 『입능가경』에 의한 유심 해석과 유식 비판'에서 자세히 다룰 것이다.

3. 『십지경』과 『입능가경』에 의한 유심 해석과 유식 비판

일반적으로 초기 대승경전의 출현은 기원전 1세기와 기원후 1세기 사이로 알려져 있다. 이 시기에 가장 중요한 대승경전은 『반야경』, 『법화경(法華經: *Saddharmapuṇḍarīka*)』, 『입법계품(入法界品: *Gaṇḍavyūha*)』 그리고 『십지경』 등이다.[46] 제시된 대승경전의 종류와 그 중요성은 바비베까의 『반야등론』에 나타나는 특징이며, 짠드라끼르띠에게서 심화된다. 바비베까와 짠드라끼르띠에 따르면 『십지경』 「현전지」의 주된 내용으로서 유심설이 외경을 부정하려고 주장한 것이 아니라 행위자(kartṛ)로서 아트만을 배격하는 것이다.

「현전지」 제45게에서 짠드라끼르띠는 삼종의 세계(三界)를 오직 식일뿐인 것으로 보는 유식학파의 주장을 인용한다. 「현전지」 제84게에서 그는

45 나가르주나의 이제관과 짠드라끼르띠의 이제관에 관해서는 김현구(2010), 짠드라끼르띠의 언어관에 관해서는 윤희조(2010)를 참조하시오.

46 다카사키 지키도(1984: 110-19) 참조.

"삼종의 세계(三界)가 오직 마음일 뿐"이라는 『십지경』의 문구를 해석하면서 유식학파의 주장에 대한 비판을 시작한다. 기시네에 따르면 『십지경』은 유식설의 근거이기 때문에 짠드라끼르띠는 중관학파의 입장에서 『십지경』을 다시 파악해야 할 필요가 있었을 것이라고 추정한다.[47] 짠드라끼르띠가 또 다른 경전적 논거로 제시하는 『입능가경』은 그 성립시기에 대한 복잡한 논의를 전제한다. 바비베까와 짠드라끼르띠는 『입능가경』의 위상에 대해 서로 다르게 이해한다. 그리고 필자는 유식사상이 성립하는 과정에서 경전적 논거로서 『십지경』과 『입능가경』을 도입하는 맥락과 그에 대한 중관학파의 비판을 고찰할 것이다.

1) 『십지경』에 의한 유심 해석과 유식 비판

「현전지」 제48-71게에서 짠드라끼르띠는 외계 비실재론에 대한 비판을 꿈, 비문증 그리고 부정관의 비유 등에 대한 부정으로 구성한다. 그는 객관적 대상에 대한 실재성을 논증하지 않고, 인식대상과 인식주관의 무자성을 주장한다. 더 나아가 상호의존에 관한 예를 통해서 모든 가설된 것은 자성을 갖고 성립할 수 없다는 입장을 확인한다.

짠드라끼르띠는 유식화된 알라야식설의 비판에 집중하며, 바비베까와 다른 입장을 드러낸다. 짠드라끼르띠는 이숙식으로서의 알라야식을 입상속의 이론으로, 유식화된 알라야식을 외계 비실재론으로 간주하며, 인식의 발생을 위한 유식학파의 공능설과 자증분설을 비판한다. 특히 「현전지」 제

47 岸根敏幸(2001: 323)

72-78게에서 그는 유식학파의 삼성설을 문제로 삼기보다 의타기성으로서의 자증분설을 주장하는 근거들에 대한 논리적인 모순을 꼬집는 형식을 취한다. 이는 유식사상의 이론적 비판에 대한 바비베까와 짠드라끼르띠의 첫 번째 차이점이다.

> 그는 이와 같이 사유한다. "삼계와 관련한 이러한 [모든] 것들은 오직 마음일 뿐이다."(『십지경』「현전지」)[48]

「현전지」 제84게에서 짠드라끼르띠는 『십지경』의 유심설을 인용하고, 이를 토대로 논의를 시작한다. 이 논의는 『섭대승론』과 『유식이십론』의 주장과 그 근거로 『십지경』을 인용한 정황에서 출발한다. 구체적으로 그 정황은 심과 식을 동의어로 해석하는 과정 중 『십지경』에서 "삼종의 세계(三界)가 오직 식일 뿐"이라는 명제를 인용한 것이다. 『십지경』에서 유심을 설하기 때문에 『유식이십론』에서 '심, 의, 식 그리고 요별'을 동의어로 정의한다. 유식학파가 심을 식과 동의어로 보는 전거는 『중변분별론』에서 제일 먼저 나타난다.

『중변분별론』「상품」 제3게에서 'vijñāna'는 'artha' 'sattva' 'ātman' 'vijñapti', 즉 4종의 식이다. 바수반두는 'artha'를 색(성, 향, 미, 촉, 법) 등으로, 'sattva'를 안 등의 오근으로, 'ātman'을 염오의(kliṣṭamanas)로, 'vijñapti'를 안식 등의 육식으로 설명한다. 『중변분별론』「상품」 제8게에서 심(citta)과 심소(caitta)

48 DBh(1926: 49): tasyaivaṁ bhavati-cittamātram idaṁ yad idaṁ traidhātukam//

는 모두 허망분별로 언명되고 있으며, 'citta'는 'vijñāna'로 표현된다.[49] 'citta'를 'vijñāna'로 보는 바수반두의 직접적 서술을 통해 『중변분별론』도 'citta'와 'vijñāna'를 동의어로 본다고 할 수 있을 것이다.[50]

『구사론』에서 바수반두는 심, 의 그리고 식을 동의어로 설명한다.[51] 그는 '심(citta)'의 어근을 '생각하다(cit)'라고 제시하며, '다르다(citra)'의 'cit'과 '쌓였다(ācita)'의 'ci'를 취해서 'citta'를 말한다. 마음은 과거의 다양한 행위의 축적, 즉 다양한 행위를 종자로 생각하여 내부에 저장하기 때문이다. 즉 그는 그것들의 어원을 "쌓이기 때문에 심이고, 사량하기 때문에 의이며, 인식하기 때문에 식이다"로 해석한다.[52]

경전에 "승리자의 아들이여! 실로 삼종의 세계는 유심이다"라고 설해져

---

49 심, 의, 식에 관한 초기 유식학파에 나타나고 있는 주목할 만한 변화가 마음작용과는 다른 염오의의 존재이다. 마음작용과 별도의 염오의는 시간적으로 현행식과 한 찰나에 작용하고 있는 사건이다; 葉阿月(1975: 208-11): 「상품」 제3게 vijñāna는 artha, sattva, ātman, vijñapti의 4종은 식이며 似塵식, 似根식, 似我식, 似識식의 4식으로 볼 수 있다. 현현자 또는 현현된 경은 모두 식성이라고 말할 수 있다. 그 식성은 모두 허망분별이라는 말로 『섭대승론』에서 서술하고 있다. 티베트 역은 rnam par shes pa, 한역은 심으로 번역하고 있다.

50 葉阿月(1975: 213-16): 「상품」 제3게에서 염오의는 의근이라고 보이지만 「진실품」 제22게에서, 그 manas는 전식의 일종으로서 기술하고 있다. 「진실품」에 있어서 manas는 전식의 한 가지로 서술하고 있기 때문에 「상품」에서 의근으로 나타나고 있는 manas는 「진실품」 제22게 이르러 전식의 일종으로 발전한 형태로 완성되었다. 그 manas에 대해서 현장은 의로 번역하는 것을 진제는 심으로 번역하고 있는 점이 의문이다. 현장은 manas를 말라식으로 진제는 의근으로 보고 있다.

51 AKBh(1967: 61, 20-62, 4):
"심의식의 체는 하나인데 심과 심소에는 소의도 있고, 소연도 있고, 행상도 있는데 상응하는 다섯 가지 대상이 있다."
cittaṁ mano'tha vijñānam ekārthaṁ cittacaitasāḥ/
sāśrayālambanākārāḥ saṁprayuktāś ca pañcadhā//34//

52 葉阿月(1975: 208-11): 마음은 『대승성업론』에서 種種心과 集起心의 두 가지 심을 들고 있는 것도 citra와 ci에 의한 것일 것이다;
『대승성업론』(『대정장』 31, 784c): 心有二種. 一集起心. 無量種子集起處故. 二種種心. 所緣行相差別轉故.

> 있기 때문이다. 심(citta)과 의(mano)와 식(vijñāna)과 요별(vijñapti)은 동의어이다. 여기서 '심'은 상응을 가진 것으로 의도되어 있고, '오직'이라는 것은 대상을 차단하기 위한 것이다.(『유식이십론』)[53]

심, 의 그리고 식과 동의어로 등장하는 '요별'(vijñapti)은 『유식이십론』에서 유식무경의 논증의 일환으로 제시된 개념이다. 이 논증의 주된 목적은 바이세쉬까학파와 설일체유부의 무형상지식론에 바탕한 인식이론을 비판하는 것이다. 더 나아가 유식의 목표와 소취로서 인식대상의 비존재를 근거로 능취의 비존재를 논증하는 것이다.[54]

『유식이십론』의 경전적 논거로서 『십지경』의 '유심'은 외경의 비존재를 의미하는 것이 아니다. 『십지경』의 '유심'은 생사윤회의 존재를 12연기로 관찰하는 경우에 행위자나 감수자로서의 나를 제외한 마음의 존재를 의미한다. 바비베까는 『반야등론』 「열반품」에서 이와 같은 방식으로 『십지경』을 해석한다.

> 세존에 의해서 유심이라고 설해진 경전의 의미는 마음 이외의 행위자와 감수자가 없기 때문에 유심이라고 설해진 것으로 인정되기 때문이다. 따라서 그와 같이 확정될 수 없다.(『반야등론』 「열반품」)[55]

---

53 Viṁś(1925: 3): cittamātraṁ bho jinaputra yad traidhātukam iti sūtrāt/ cittaṁ mano vijñānaṁ vijñaptiś ceti paryāyāḥ/ cittam atra saṁsaprayogam abhipretam/ mātra ity artha pratiṣedhārtham//

54 兵藤一夫(2011: 84-7)

55 *dBu ma'i rtsa ba'i 'grel pa shes rab sgron ma*, no. 3853(Sde dge) 245b: bcom ldan kyis sems tsam zhes gsungs pa'i mdo sde'i don kyang sems las gzhan pa'i byed pa po dang, za ba po med pa'i phyir sems tsam mo zhes gsungs par khas blangs pa'i phyir, de ltar nges par byar mi nus te.

바비베까는 12지 연기에 따라 생과 멸을 관찰하면 자재천과 같은 행위자나 형이상학적 자아와 같은 감수자의 비존재를 알 수 있다고 주장한다. 연기의 이치를 아는 자는 삼계가 마음으로부터 출현하며 마음에 의해서 조작되는 것으로 보며, 자재천 등의 행위자의 비존재를 분명하게 판단할 수 있다. 다시 말해 연기의 이치를 아는 자는 유(mātra)에 대해 행위자를 부정한다. 이는 외경을 부정하는 것이 아니라는 사실을 알 수 있다. 바비베까의 주장은 『십지경』의 12지 연기관에 기초하여, 외경을 부정하려는 목적으로 『십지경』에서 유심을 주장하지 않았다는 것으로 정리할 수 있다.[56]

> 이러한 방식으로 "행위자(kāraka)와 감수자(vedaka) 없이 모든 고통의 무더기(duḥkhaskandha), 즉 고통의 나무(duḥkhavṛkṣa)가 증장하게 된다."라고 사유한다. 또한 그들은 '행위자'에 집착하기 때문에 행위들(kriyā)이 알려진다. 행위자가 없는 곳에서는 행위 또한 궁극적인 대상의 관점에서 인식되지 않는다'라고 사유한다. 또한 그는 이와 같이 사유한다. "삼계와 관련한 이러한 [모든] 것들은 단지 유심이다."(『십지경』 「현전지」)[57]

---

56 *dBu ma'i rtsa ba'i 'grel pa shes rab sgron ma*, no. 3853(Sde dge) 245b: yan lag bcu gnyis kyi skye ba dang, 'gag pa la so sor rtog pa na 'di snyam du sdug bsdal gyi phung po 'ba' zhig pa 'dis sdug bsngl gyi shing ljon pa mngon par 'grub par byed kyi, byed pa po am tshor ba po ni med do snyam nas de 'di snyam du sems te, byed pa po la mngon par zhen pa las bya ba mngon par 'gyur gyi, gang la byed pa po med pa de la don dam par bya ba yang dmigs su med do snyam nas de 'di snyam du sems te, 'di lta ste, khams gsum pa 'di ni sems tsam ste, sems tsam gyis rab tu phye ba dang sems kyis mngon par 'du byas pa yin gyi, dbang phyug la sogs pa byed pa po med do snyam du rnam par nges par mdzad nas, kye rgyal b'i sras 'di lta ste, khams gsum pa 'di ni sems tsam mo zhes gsungs te, tsam zhes gsungs pa de ni byed pa po med de dgag pa yin par shes par bya'i don dgag pa ni ma yin par shes par bya'o.

57 DBh(1926: 49): evam ayaṁ kevalo duḥkhaskandho duḥkhavṛkṣo 'bhinirvartate kārakavedakavirahita iti// tasyaivaṁ bhavati-satyeṣv anabhijñānaṃ paramārthato 'vidyā kārakābhiniveśataḥ kriyāḥ prajñāyante/ yatra kārako nāsti kriyāpi tatra paramārthato nopalabhyate/ tasyaivaṁ bhavati-cittamātram idaṁ yad idaṁ traidhātukam//

짠드라끼르띠도 『십지경』 「현전지」를 인용한다.

> 현전[지에서 법계를] 현전하는(abhimukha) 보살은
> '세 가지 존재 형태는 유식'임을 통달한다.
> 상주하는 자아(ātman)로서 행위자의 부정을 알기 때문에 그는
> '행위자는 단지 마음일 뿐'이라고 깨닫는다.(「현전지」 제84게)[58]

「현전지」 제84게에 대한 자주에서 그는 12지 연기의 교설에 근거해 상일주재(常日主宰)하는 아트만으로서의 행위자를 부정하고, 언설 상으로만 유심을 행위자로 알 수 있다고 주장한다.[59]

『십지경』의 연기설은 십중십이인연관(十重十二因緣觀)으로 대표된다. 그 까닭은 현전지에 이른 보살의 지혜는 십이연기를 관하는 것에 의해 얻어지기 때문이다. 『십지경』 「현전지」는 십이연기를 십종의 행상으로 순관과 역관(anuloma-pratiloma)을 해야 한다고 정의한다. 『십지경』 「현전지」 십중십이인연관은 다음과 같다.

> ① 십이 유지의 상속(bhavāṅgānusaṃdhi)
> ② 일심에 들어가는 것(ekacitta-samavasaraṇa)
> ③ 각 지분에 있어서 작용의 차별(svakarmāsambheda)

---

58 MAK(1912: 182, 2-5): mngon gyur mngon phyogs byang chub sems dpa' yis, srid gsum rnam shes tsam du gang rtogs pa, bdag rtag byed po bkag pa rtogs phyir des, byed pa po ni sems tsam yin par rtogs.

59 MAK(1912: 182, 15-18): de'i phyir de ltar bdag rtag pa byed pa po bkag nas kun rdzob tu sems tsam zhig kho na byed pa po mthong zhing khams gsum rnam par shes pa tsam du rtogs pa yin no.

④ 서로 분리(각 지분이 의존하는 것)되지 않는 것(avinirbhāga)

⑤ 삼도를(혹, 업, 고)를 전전하는 것(trivartmānuvartana)

⑥ 전제(무명, 행)와 현재(식, 명색, 육입, 촉, 수)와 후제(애, 취, 유)를 관하는 것(pūrvānta-pratyutpannāparāntāvekṣaṇa)

⑦ 삼고(고성, 고고성, 괴고성) 집합(tri-duḥkhatā-samudaya)

⑧ 인과 연으로부터 생기함(hetu-pratyaya-prabhava)

⑨ 생멸에 연박된 것(utpāda-vyayavinibandhana)

⑩ 비존재(非有)와 진(abhāvakṣayatā)이다. 이것을 관하는 것(pratyavekṣaṇa)이 된다.(『십지경』「현전지」)[60]

짠드라끼르띠는『입중론』에서 십중십이인연관 가운데 다음의 내용을 요약하고 있다. 그는『십지경』의 ① 행위자에 대한 집착이 무명에 시작하는 순관과 역관, ② 12지 지분 각각의 두 가지 기능, ③ 12지 지분과 지분 사이의 불가분리성, ④ 불생·불멸의 연기의 교설 등을 인용한다.[61]

짠드라끼르띠는『십지경』의 주된 논의를 근거로 유심의 '유'를 재해석한다. 그에게 유심은 마음의 중요성을 강조하는 것이라고 할 수 있다. 유식학파에게 유식은 외적인 대상을 부정하고, 식 혹은 표상의 실재성만을 인정하는 것이라고 할 수 있다. 짠드라끼르띠는 유에 대한 새로운 정의를 통해 마음을 세간의 행위자로 보고, 유에 의해서는 외경으로서 소지(所知)가 부

60 DBh(1926: 51): sa evaṃ daśākāraṃ pratītyasamutpādaṃ pratyavekṣate 'nulomapratilomaṃ yaduta bhavāṅgānusaṃdhitaś ca ekacittasamavasaraṇataś ca svakarmāsaṃbhedataś ca avinirbhāgataś ca trivartmānuvartanataś ca pūrvāntapratyutpannāparāntāvekṣaṇataś ca triduḥkhatāsamudayataś ca hetupratyayaprabhavataś ca utpādavyayavinibandhanataś ca abhāvākṣayatāpratyavekṣaṇataś ca //

61 金澤豊(2007) 참조.

정될 수 없다고 주장한다. 그는 '유' 해석의 정당성을 『십지경』에서 찾는다.

> 실상을 상세히 [아시기에] 붓다라고 언설하듯이
> 그와 같이 유심이 주된 것이라는 것과 세간에 있어서
> 경전에 유심이라고 설해지고 있는 곳에서
> 색(rūpa, 외경)이 부정되는 것이 경전의 의미는 아니다.(「현전지」 제87게)[62]

짠드라끼르띠는 유심설에 대해 외계를 부정하면서 마음의 존재에 대해서만 긍정하는 해석으로 이해한다면 마음만을 유일한 사태로 파악할 수밖에 없는 오류가 발생할 것이라고 주장한다. 그는 『십지경』의 12지 연기설에서 유심설의 본래 취지를 확보한다. 이 과정에서 『십지경』의 유전문의 연기(anulomākāra-pratītyasamutpāda)에 근거한 행위자와 감수자의 비존재에 대한 해석을 통해 창조자 혹은 형이상학적 실체를 부정한다. 또한 그는 연기 지분들의 두 가지 작용을 통해 식의 원인을 무명과 행으로 보고, 환멸문(pratilomākāra-pratītyasamutpāda)의 "식은 행을 조건으로 생기한다"거나 "행이 없으면 식도 없다"를 인용하여 식의 발생과 그 조건을 연기에 의한 것으로 설명한다.[63]

---

62 MAK(1912: 185, 10-13): de nyid rgyas la sangs rgyas bsnyad ji bzhin, de bzhin sems tsam gtsor gyur 'jig rten la, mdo las sems tsam zhes gsungs gzugs ni 'dir, 'gog pa de ltar mdo yi don ma yin.

63 MAK(1912: 189, 5-13): de lta bu la sogs pas rnam par shes pa ma rig pa dang, 'du byed kyi rgyu can du bstan pa yin no, de ltar re zhig phyin ci log gi rkyen yod pas rnam par shes pa yod par gsal bar byas mod kyi, de med pas de yang med pa ji ltar zhe na, ma rig pa 'gags pas 'du byed rnams 'gag go zhes bya ba ni rkyen ma rig pa med pas 'du byed rnams nye bar zhi zhing rton pa med pa'o, 'du byed 'gags pas rnam par shes pa 'gag go zhes bya ba ni rkyen 'du byed med pa rnam par shes pa nye bar zhi zhing rton pa med pa'o zhes rgyas par gsungs nas.

짠드라끼르띠는 『입중론』에서 『반야등론』의 『십지경』에 대한 해석과 다른 관점을 제시한다. 『반야등론』은 『십지경』의 '유심'과 그 의미를 재확인하고, 유식학파의 경전적 논거와 그 오류를 강조한다. 짠드라끼르띠는 유식학파의 경전적 논거에 의한 '유심'을 유식으로 해석할 수 없다고 지적한다. 더 나아가 그는 『십지경』의 12지 지분을 통해 식의 상호의존성을 강조하고, 유식을 부정한다. 즉 그는 경전적 논거를 바탕으로 유일한 사태로서의 식을 부정할 뿐만 아니라, 연기를 식의 발생 조건으로 제시한다. 이는 무자성한 감각기관, 인식대상 그리고 인식주관의 상호의존에 의한 인식성립을 통해 유일한 사태로서의 식에 근거한 현상 발생을 부정하는 것과 같은 관점이다.

> 마음에 의해서 유정세간과
> 기세간의 각종의 차별이 만들어졌고,
> 중생은 누구나 업으로부터 태어난다고 설하셨다.
> 마음이 끊어지면 업 역시 있을 수 없다.(「현전지」 제89게)[64]

짠드라끼르띠는 「현전지」 제89게에서 유정세간(有情世間, sattva-loka)을 개인의 업에 의해서, 기세간(器世間, bhājana-loka)을 사람들의 총체적인 업에 의해서 생기하는 것으로 보고, 현상세계를 사람들의 업에 의해서 성립하는 것이라고 설명한다. 「현전지」 제89게에 대한 자주에 따르면 "마음을 가진

64 MAK(1912: 190, 10-13): sems nyid kyis ni sems can 'jig rten dang, snod kyi 'jig rten shin tu sna tshogs 'god, 'gro ba ma lus las las skyes par gsungs, sems spangs nas ni las kyang yod ma yin.

자만이 업을 쌓기 때문이며, 마음이 없으면 업 또한 없다."라고 한다. 자주에서는 중생이 유전하는 것은 마음이 주요한 원인이고, 다른(색 등)것은 주요한 원인이 아니기 때문에 『십지경』에서 마음만이 주요하다고 하는 것이다.[65] 즉 마음만이 행위자이고, 마음에 의해 업으로서의 유정과 기세간이 생기하기 때문에 마음과 세간의 관계에서 마음이 '주된 것'이라는 결론을 내릴 수 있는 것이다.

> 마음과는 다른 행위자를 거부하지만
> 색을 부정하는 것은 아니다.(「현전지」 제90게 c-d)[66]

짠드라끼르띠는 유심에 대해 그 행위자를 거부한 것이지 색(물질)에 대한 부정이 아니라고 주장한다. 그는 외경을 부정하는 유식학파의 입장을 인정하지 않는 것이다. 슈미트하우젠(L. Schmithausen)의 분석은 바비베까와 짠드라끼르띠의 『십지경』 해석을 지지할 수 있다. 그는 두 논사의 유식사상 비판을 전제하지 않지만 『십지경』 「현전지」 연기설의 주된 주장에 대해 유심의 외경에 대한 부정을 목적으로 저술한 것이 아니라 행위자로서의 아트만을 배격하기 위한 것으로 해석해야 한다고 주장한다.[67] 아상가의 『섭대승론』은 유식을 증명하기 위한 경전적 논거로 『십지경』을 인용하고 있지만,

---

65 MAK(1912: 191, 7-12): gang gi phyir de ltar na 'gro ba ma lus pa las las skyes shing las kyang sems la brten pa yin te, sems dang bcas pa kho na la sogs pa'i phyir la, sems med na las med pa'i phyir ro, de'i phyir 'gro ba rab tu 'jug pa la, sems nyid gtso bo'i rgyu yin gyi gzhan ni ma yin pas mdo las sems tsam zhig kho na gtso bor gzhag gi gzugs ni ma yin no.

66 MAK(1912: 191, 16-17): des na sems las gzhan pa'i byed pa po, bzlog gi gzugs ni bkag pa ma yin no.

67 L. Schmithausen(1976: 245)

실제로 인용한 구절은 '유식'(vijñaptimātra)이라는 용어 대신 '유심'(cittamātra)이라는 용어다.[68] 金成哲은 『십지경』 경문에 대한 바비베까를 시작으로 하는 중관학파의 비판에 대해 유식학파의 대응을 분석한다. 그에 따르면 다르마팔라는 『십지경』에 대한 바비베까의 해석도 알고 있었을 가능성이 높지만 다르마팔라는 바비베까의 비판에 특별한 반응을 보이지 않고, 단지 유식을 증명하는 여러 경증의 하나로 인용하는 것에 그치고 있다. 또한 金成哲은 스티라마티의 『대승장엄경론』, 무성의 『섭대승론석』, 비니타데바(Vinītadeva, 調伏天, ca. 645-715)의 『유식이십론복주(Prakaraṇaviṃśaka)』, 라트나카라샨티의 『반야바라밀론(Prajñāpāramitopadeśa)』의 인용문을 분석한다. 하지만 이 과정에서 유식학파는 『십지경』 인용문에 대한 중관학파의 비판에 어떤 반응도 내놓지 않았다는 사실이 드러난다.[69]

필자는 『십지경』의 '삼계유심'설에 관한 두 논사의 해석을 통해 유심설이 외계 비실재론의 근거로 부적절하다는 사실을 확인할 수 있었으며, 더 나아가 그들의 주장이 유식학파의 주장에 대한 효과적인 반론으로 제시될 수 있을 것이라고 생각한다.

2) 『입능가경』에 의한 유심 해석과 유식 비판

짠드라끼르띠는 『십지경』의 유심을 해석하고, 그 정당성을 『입능가경』에서 찾는다. 문제가 있다면 『입능가경』의 성립연대와 성격에 불명확한 부분

68 김성철(2016: 275)

69 이에 대한 자세한 논의는 金成哲(2016: 282-288) 참조.

이 있다는 것이다. 다카사키 지키도(高崎直道)에 따르면 『입능가경』은 유식학파의 유식설로부터 유래한 주요 교리들을 포함하고 있으나 아상가는 그의 저서에 전혀 인용하지 않고, 바수반두가 『석궤론(釋軌論: *Vyākhyāyukti*)』에 경명 없이 인용하는 것이 유일한 사례이다.[70] 그러나 박창환에 따르면 『입능가경』은 바수반두에 의해 『석궤론』과 『중변분별론』부터 정통 유식학파의 주된 경전으로 인용되었고, 5세기에는 유식학파의 한 부류로서 간주된다.[71]

이와 같은 역사적인 정황 아래에서 바비베까는 『반야등론』에서 중관학파의 주장을 뒷받침하는 경전적 논거로 『입능가경』을 제시한다. 후루사가 고우이치(古坂紘一)는 『반야등론』에서 인용한 『입능가경』을 다음과 같이 제시한다.[72]

『반야등론』	『입능가경』	『입능가경』「게송품」
「관인연품」 제2게와 관련	「무상품」 제14게	제196게
「관오음품」 제1게와 관련	「무상품」 제88게 일부 「삼만육천일체법집품」 제140게	 제85게
「관오음품」 마지막 부분	「무상품」 제52게 「삼만육천일체법집품」 제175게	제86게 제167게
「관육종품」 제8게와 관련	「무상품」 제22게	제476게
「관삼상품」 제16게와 관련	Lańk(1923) 76, 3-5	
「관본주품」 제12게와 관련	「무상품」 제52게 「삼만육천일체법집품」 제175게	제86게 제167게
「관여래품」 마지막 부분	Lańk(1923) 189, 12-190, 3 Lańk(1923) 190, 8-9	
「관사제품」 제18게와 관련[73]	Lańk(1923) 74, 14	

70 Takasaki jikido(1982: 560) 참조.

71 박창환(2011: 273-74) 참조.

72 古坂紘一(1989) 참조.

73 「관사제품」 제18게와 관련한 인용문은 Lańk(1923: 74)의 원문과 완전히 일치하지 않는다.

에지마는 경전을 인용하는 방식에 있어서 바비베까에게 일정한 형식이 있다고 주장한다. 그에 따르면 바비베까는 『반야등론』 각 품의 마지막에 그 의의를 밝히고, 관련된 경전을 인용하는 정형화된 특징이 있다. 특히 바비베까는 『중론』을 중심으로 추론식을 구성하거나 대론자의 주장을 논파하는 것으로 자신의 글을 끝내는데, 이는 추론에 의한 논증과 경전의 내용이 일치할 수 있도록 구성한 것이다.[74]

『반야등론』에서 바비베까는 『입능가경』 이외에 반야부에 속하는 경전들과 『십지경』 그리고 보적부에 속하는 경전 등을 인용한다. 후루사가에 따르면 『반야등론』에서 『선용맹반야경(善勇猛般若經)』과 『입능가경』이 경전적 논거로서 가장 많이 등장한다. 그는 바비베까의 인용에 대해 중관학파의 입장에서 『반야등론』을 통해 새로운 대승경전들을 정리하는 것이라고 생각한다.[75] 구체적으로 바비베까는 『중론』 「열반품」 제24게와 관련 있는 『반야등론』 「열반품」에 『입능가경』 「삼만육천일체법집품」 제191게와 제144게 그리고 「무상품」 제14게를 인용하여 유식삼성설을 비판한다.[76] 또

---

dBu ma'i rtsa ba'i 'grel pa shes rab sgron ma, no. 3853(Sde dge) 230b:
"대혜여! 자성에 의한 발생이 없는 것이라고 생각해서 **일체법은 공하다고 설한다**."(고딕 필자 강조)
blo gros chen po ngo bo nyid kyis skye ba med pa la dgongs nas, cho thams cad stong par bshad do.
Laṅk(1923: 74):
"대혜여! 홀로 자성이 없이(svabhāvābhāvena) 발생한다는 점에서 보사면, **일체법들에게는 존재의 자성이 공하다**."(고딕 필자 강조)
svayam svabhāvābhāvotpattito mahāmate bhāvasvabhāvaśūyatā bhavati sarvadharmāṇām/

74 江島惠教(1980a: 82-83) 참조.

75 古坂紘一(1983: 25-36) 참조.

76 Laṅk(1923: 131, 10-11):
"변계된 것은 비존재이며, 의타기는 존재한다. 증익과 손감을 분별한다면, [그 사람의 지성은] 그릇된다."
nāsti vai kalpito bhāvaḥ paratantraś ca vidyate/

한 그는 유식학파의 『입능가경』 「무상품」 제33게를 인용하여 외계 비실재론으로서 유식설을 비판한다.

> 경 가운데 "외계에 나타나는 것은 존재하지 않으며, 신체(deha), 감각대상(bhoga), 토대(pratiṣṭhāna)와 같은 것으로 마음이 여러 가지로 현현하기 때문에 나는 유심이라고 말한다."(『반야등론』 「열반품」)[77]

제시한 구문은 『입능가경』 「게송품」과 『중변분변론』의 '3종의 소취(grāhya)', 즉 신체, 토대 그리고 감각대상과 같은 개념이다.[78] 바비베까는 『입능가경』을 대승경전으로 인용하고, 동시에 유식학파의 소의경전으로 해석한다. 이

---

samāropāpavādaṃ hi vikalpanto vinaśyati//2-191//
Laṅk(1923: 85, 8-9):
"조건이란 발생해야 할 것도 아니고 발생한 것도 아니다. 어떤 것도 존재하지 않는다. 그러나 언설로써 말한다."
na cotpādyaṃ na cotpannaḥ pratyayo 'pi na kiṃcana/
saṃvidyate kvacit kecid vyavahāras tu kathyate//2-144//
Laṅk(1923: 147, 13-14):
"어떤 것도 발생하지 않는다. 어떤 것도 멸하지 않는다. 세간이 적멸하다고 보는 자는 '있다 [혹은] 없다'라고 다가가지 않는다."
yasya notpadyate kiṃcin na ca kiṃcin nirudhyate/
tasyāsti nāsti nopaiti viviktaṃ paśyato jagat//3-14//

77 *dBu ma'i rtsa ba'i 'grel pa shes rab sgron ma*, no. 3853(Sde dge) 245a: lung las phyi rol snang ba yod min te, lus dang longs spyo gnas 'dra bar, sems ni sna tshogs snang bas na, sems tsam du ni nga smra'o;
Laṅk(1923: 154, 5-6):
"외계에 보이는 것은 존재하지 않는다. 실로 다양한 마음이 보일 [뿐]이다. 나는 신체, 인식의 대상, [기세간의] 토대를 단지 유심이라고 말한다."
dṛśyaṃ na vidyate bāhyaṃ cittaṃ citraṃ hi dṛśyate/
dehabhogapratiṣṭhānaṃ cittamātraṃ vadāmy aham//3-33//

78 박창환(2011: 273-74); Laṅk(1923: 273, 15-16):
"인식대상으로 표상되는 것은 신체, [기세간의] 토대, 인식의 대상 세 가지이며, 염오의, 오식신, 표상에 대한 분별식이 인식의 주체로 [표상되는] 세 가지이다."
dehaḥ pratiṣṭhā bhogaś ca grāhyavijñaptayas trayaḥ/
manaudgrahavijñaptivikalpo grāhakās trayaḥ//10-72//

는 『입능가경』의 다양한 대승적인 성격 때문인 것으로 추정할 수 있을 것이다.[79]

아발로끼따브라따는 『입능가경』을 인용한 바비베까의 의도를 다음과 같이 주석한다. 세속으로서의 외경이 거짓된 현상이라는 사실을 이해할 수 없다면 환영을 실재로 아는 것과 같다. 왜냐하면 "마음이 여러 가지로 현현한다"는 신체와 감각대상 그리고 토대와 유사한 종종의 마음이 생하기 때문이며, "신체와 감각대상 그리고 토대와 유사하다"는 신체와 감각대상 그리고 토대의 영상과 마음이 같은 색이기 때문이다. 아발로끼따브라따는 『입능가경』을 인용한 바비베까의 목적에 대해 경전의 의미를 정확하게 해석하지 못한 유식학파의 입장을 비판하는 것이라고 본다.[80] 후루사가에 따르면 바비베까는 『입능가경』을 경전적 논거로 인용하고, 외계 대상의 존재성을 언설로만 승인하며 그리고 유심을 인간 행위의 원인으로 파악한다.[81] 바비베까는 『십지경』의 해석처럼 『입능가경』을 통해 유심과 유식의 차이

---

79 C. Lindtner(1992: 274-76): 린트너(C. Lindtner)는 『입능가경』과 초기 대승문헌 사이의 관계를 고찰하고 있다.

80 *Shes rab sgron ma'i rgya cher 'grel pa*, no. 3859(Sde dge) 290b:
"승의로서 외경이 자체를 가지고 존재하지 않기 때문에 외경이 자체를 가지고 존재하지 않는다는 점에서 경은 '바깥에 보이는 것은 존재하지 않는다'라고 설하며 세속으로서 일체의 외경이 환 등과 같이 존재하기 때문에 경은 '신체와 수용과 의처로 유사하게 마음이 종종으로 현현하기 때문에'라고 설해서 마음과는 다르게 작용하는 행위자와 감수자가 없기 때문에 경은 '우리는 유심으로 말한다'라고 설한 것이며 성교에는 세속으로서 외경이 존재하는 것으로 제시되고 있다."
de'i don ni phyi rol gyi yul de don dam par ngo bo nyid las yod pa ma yin pa'i phyir, phyi rol gyi don ngo bo nyid las yod pa ma yin pa'i lung las, phyi rol snang ba yod min te, zhes gsungs pa dang, kun rdzob phyi rol gyi yul rnams sgyu ma la sogs pa bzhin du yod pa, lung las lus dang longs spyod gnas 'dra bar, sems ni sna tshogs snang bas na zhes gsung pa dang sems las gzhan bya ba'i byed pa po dang, za ba po med pa'i phyir lung las, sems tsam du ni nga, zhes gsungs pas, kun rdzob tu phyi rol gyi don yod pa nyid du bstan par bya ste.

81 古坂紘一(1991: 149)

에 대한 경전의 문맥을 분명히 한다.

짠드라끼르띠는 『입능가경』을 유식학파의 소의경전으로 인용한다. 『입능가경』의 인용은 다르마팔라로부터 분명하게 나타난다. 『성유식론』에서 알라야식의 존재를 논증하기 위한 경전적 논거들 중 『대승아비달마경』, 『해심밀경』 그리고 『입능가경』을 인용한다. 특히 『입능가경』은 알라야식의 존재를 논증하기 위한 결정적 논거로 제시된다.[82] 이와 같은 정황은 짠드라끼르띠의 다르마팔라에 대한 언급을 통해서 확인할 수 있으며, 짠드라끼르띠의 『입능가경』에 대한 해석 방식을 통해 보다 직접적으로 확인할 수 있다.

『명구론』	『입능가경』	『입중론』「게송품」
「관자성품」 제2게와 관련	「무상품」 제51게 「무상품」 제52게	제79게 제86게
「관사제품」 제18게와 관련	Lańk(1923) 74, 14	
「관열반품」 제8게와 관련	「삼만육천일체법집품」 제166게	제453게

짠드라끼르띠는 『명구론』「관자성품」 제2게, 「관사제품」 제18게 그리고 「관열반품」 제8게와 관련한 논의에서 『입능가경』을 인용한다. 그는 『명구론』에서 『입능가경』을 인용하지만, 이는 『반야등론』보다 인용 횟수가 작다. 또한 이론적 논거에 대한 경전적 논거로써 『입능가경』을 제시하지 않는다. 다만 『입중론』「현전지」 제68게, 제76게, 제85게, 제93게 그리고 제95게에 관련한 논의에서 『입능가경』「삼만육천일체법집품」 제123게, 제138게

82 竹村牧男(1995: 103)

의 주석, 제139게, 「무상품」 제33게 그리고 「게송품」 제86게와 제91게를 인용한다. 이 인용문은 모두 유식학파를 비판하기 위해 유식학파의 주장을 구체적으로 설명하기 위해 제시한 것이다.

짠드라끼르띠는 『입중론』에서 『입능가경』을 유식학파의 주장으로 제시하며, 특히 『십지경』의 유심설과 관련하여 유심의 의미를 재차 확인한다. 『입능가경』을 인용하는 그의 의도는 『십지경』의 유심에 대한 해석과 그 정당성을 확보한 것으로 볼 수 있다. 『십지경』의 유심 해석과 관련하여 『입능가경』을 인용하고 있는 사례는 「현전지」 제85게의 주석에 나타난다.

짠드라끼르띠는 제85게의 주석에서 『입능가경』 「삼만육천일체법집품」 제139게의 "pudgala와 상속(相續, saṁtati), 온(蘊, skandha), 연(緣, pratyaya), 극미(極微, aṇu), 승성(勝性, pradhāna), 자재천(自在天, Īśvara), 행위자(作者, kartṛ)는 유심이라고 나는 설한다"는 구절을 인용한다.[83] 그는 『입능가경』의 인용을 통해 뿌드갈라 등의 행위자를 부정하고, 유심을 행위자로 인정하기 위한 근거를 확보한다. 즉 『입능가경』에서는 행위자로서 다양한 주체가 열거되지만, 그는 유심만을 행위자로 인정한다. 『십지경』의 유심에 대한 해석을 통해서 상일주재하는 아트만으로서 행위자의 비존재를 증명했기 때문에 『입능가경』을 통해 그러한 해석을 확정짓는 것이라고 할 수 있다. 더 나아가 그는 유식설을 불요의설로 받아들여 대승 교설로 인정한다.

---

83 MAK(1912: 183, 13-16): gang zag rgyun dang phung po dang, de bzhin rkyen dang rdul dag dang, gtso po dbang phyug byed po rnams, sems tsam du ni ngas bshad do.
Laṅk(1923: 79, 11-12):
"pudgala와 상속, 온, 연, 극미, 승성, 자재천, 행위자, [그것들은] 유심이라고 생각되는 것이다."
pudgalaḥ saṃtatiḥ skandhāḥ pratyayā aṇavas thatā/
pradhānam īśvaraḥ kartā cittamātraṃ vikalpyate//2-139//

기시네는 『십지경』과 『입능가경』의 경전적 근거에 의한 유식비판을 다음과 같이 정리한다. 첫째, 『십지경』의 유심설에 대한 짠드라끼르띠의 해석을 제시한다. 둘째, 유심설의 근거로서 『입능가경』의 내용을 밀의(密意)로 해석한다. 셋째, 짠드라끼르띠의 밀의에 대한 해석을 『십지경』의 유심설에 적용하는 중층적인 구조를 갖는다.[84] 『입능가경』에 대한 해석은 요의설과 불요의설에 관한 논의와 연결된다.

3) 요의설과 불요의설의 해석

짠드라끼르띠는 『입능가경』「무상품」 제33게를 통해 외경을 부정하는 유식학파의 입장을 제시한다.[85] 유식학파는 짠드라끼르띠의 유심에 대한 해석, 즉 행위자로서 마음을 색과의 관계에서 중심에 두는 해석과 일치하지 않는 입장을 견지한다. 즉 유식학파는 『입능가경』을 통해서 유심으로 외적 존재를 부정한다. 반면 짠드라끼르띠는 『입능가경』을 통해서 상일주재하는 아트만으로서의 행위자를 유심으로 부정한다.

> 그 경전(『입능가경』)에서는 "외경으로 현현하는 것은 실재하지 않으며 마음이 여러 가지로 현현한다"라고 설하셨다.
> 그 밀의는 다음과 같다.

---

84 岸根敏幸(2001: 328)

85 Laṅk(1923: 154, 5-6):
"외계에 보이는 것은 존재하지 않는다. 실로 다양한 마음이 보일 [뿐]이다. 나는 신체, 인식의 대상, [기세간의] 토대를 단지 유심이라고 말한다."
dṛśyaṃ na vidyate bāhyaṃ cittaṃ citraṃ hi dṛśyate/
dehabhogapratiṣṭhānaṃ cittamātraṃ vadāmy aham//3-33//

색에 탐착하는 그들을 위해
색을 부정하는 것이다. 따라서 그 [경전의 내용]은 불요의이다.(「현전지」 제94게)[86]

짠드라끼르띠는 서로 상반되는 주장을 해결하기 위해 유식학파의 교설을 붓다의 밀의로 규정하고, 그 의도를 「현전지」 제94게에 서술한다. 제94게의 자주에 따르면 『입능가경』에서 유심에 대한 붓다의 의도는 불요의로서 설해진 것이라고 할 수 있다. 즉 이는 형상을 조건으로 집착하는 이들을 제도하기 위해 부정관을 수습하도록 설한 것과 같다.

[외경이 실재하지 않는다는] 그것은 교조께서 불요의로 설하신 것이다.
이것은 불요의로서 이치에 부합한다.
그와 같은 종류의 다른 경전도 또한
불요의의 가르침인 것은 경전적 논거에 의해서 분명하다.(「현전지」 제95게)[87]

짠드라끼르띠는 「현전지」 제95게의 자주에서 『해심밀경』과 『입능가경』을 불요의설로 설한 근거를 제시한다. 그는 『해심밀경』 「심의식상품」[88]과

86 MAK(1912: 194, 16-20): mdo sde gang las phyi rol snang yod min, sems ni sna tshogs snang ngo zhes gsungs pa, de'i dgongs pa ni 'di yin te, gzugs la shin tu chags gang de dag la, gzugs bzlog pa ste de yang drang don nyid.

87 MAK(1912: 195, 13-18): 'di ni ston pas drang don nyid gsungs shing, 'di ni drang don nyid du rigs pas 'thad, rnam pa de lta'i mdo sde gzhan yang ni, drang don nyid du lung 'dis gsal bar byed.

88 MAK(1912: 120, 3-4):
"아다나식은 심심하고 미세하며, 일체 종자는 폭류와도 같고, 자아로 분별할까 우려해서 나는 범부들에게 그것을 설하지 않는다."
len pa'i rnam par shes pa zab cing phra, sa bon thams cad chu bo'i rgyun ltar 'bab, bdag tu rtogs par gyur na mi rung zhes, byis pa rnams la ngas ni de ma bstan.

『입능가경』「삼만육천일체법집품」 제123게[89]를 인용하여 불요의설의 기준을 확보한다.

그러나 요의설과 불요의설에 관한 유식학파의 구분에 따르면 『반야경』과 그것을 소의경전으로 삼는 중관학파의 일체법무자성으로서의 공은 붓다의 가르침과 그 진의를 문자 그대로 전한 것이 아니다. 『해심밀경』에 따르면 붓다의 교설을 3단계로 구분할 수 있다. ① 성문승을 위해 '사제'(四諦)의 가르침을 설한다. ② 대승을 위해 '일체법무자성'의 가르침을 은밀상(隱密相)으로 설한다. ③ 일체승을 위해 '일체법무자성'의 가르침을 현료상(顯了相)으로 설한다.[90] 유식학파는 『반야경』에서 은밀상으로 설하는 붓다의 공사상을 수용하여 현료상으로 무자성 공을 설하는 점이 특징이다. 현료상으로 무자성 공이란 『해심밀경』에서 설하고 있는 삼무상(三無相)·삼무자상설(三無自相說)로 이 가르침이 요의이다.[91]

기에라 류세이(計良龍成)는 요의설·불요의설의 판단 기준을 경전의 문구에 대한 이해의 차이로 정의한다. 『석궤론』에 따르면 요의는 문자 그대로의 교설

SNS(1935: 58): len pa'i rnam par shes pa zab cing phra, sa bon thams cad chu bo'i klung ltar 'bab, bdag tu rtogs par gyur na mi rung zhes, byis pa rnams la ngas ni de ma bstan.

89 MAK(1912: 120, 8-12):
"각종의 환자들에게 의사가 약 등을 주는 것과 같이 붓다도 이와 같이 유정에게 유심이라고 설하셨다. 이 경전적 논거에 의해서 불요의임이 명백해진다."
ji ltar nad pa nad pa la, sman pas sman rnams gtong ba ltar, sangs rgyas de bzhin sems can la, sems tsam du yang rab tu gsungs, zhes bya ba'i lung 'dis drang ba'i don nyid du gsal bar byed do.
Laṅk(1923: 49, 2-3):
"여러 환자들에게 치료약을 주듯이, 붓다는 여러 중생들에게 유심을 설한다."
āture āture yadvadbhiṣadragvyaṃ prayacchati/
buddhā hi tadvatsattvānāṃ cittamātraṃ vadanti vai//2-123/

90 사이구사 미쓰요시(1993: 99-101) 참조.

91 山口益(1972: 329-47) 참조.

을 의미하고, 불요의는 문자 그대로 이해하지 않아야 할 교설을 의미하기 때문이다. 『석궤론』의 요의설·불요의설 판단 기준을 유식학파의 주장에 적용하면 무자성설은 삼무성을 의도해서 설한 것이기 때문에 별도의 의미를 의도한 밀의라고 할 수 있다. 즉 무자성설을 불요의로 간주할 수 있는 것이다.[92]

짠드라끼르띠에 따르면 외경의 비실재를 말하는 것은 방편적인 붓다의 가르침으로서 색(色)에 크게 집착하는 이들을 교화시키기 위한 목적을 갖는다. 이는 인식대상으로서의 색의 비존재를 통해 인식하는 자마저 존재하지 않는다는 사실을 깨닫도록 이끌기 위한 것이다. 만약 그가 요의설·불요의설에 대한 유식학파의 기준을 따르더라도 유식설은 결국 불요의설로 해석된다고 할 수 있을 것이다.

짠드라끼르띠도 요의설·불요의설에 대한 기준을 갖는다. 물론 유식학파와는 분명히 다르다. 그는 『입능가경』「삼만육천일체법집품」 제138게의 주석을 통해 '질병을 치료하기 위해 의사가 약을 주는 것과 같이 유심에 관한 교설'과 '무아를 두려워하는 자들을 위한 여래장에 관한 교설'을 불요의설로 정의한다. 그에 따르면 공성, 불생, 불이 그리고 무자성을 시설하는 경전은 요의의 가르침이며, 그 이외의 경전은 불요의의 가르침이다.[93]

---

92 計良龍成(2009: 134)

93 MAK(1912: 198, 10-13):
"대혜여! 공성, 불생, 불이, 무자성이라는 특징은 모든 붓다들이 [설한] 경전 안에 들어 있는 그 가르침이다."
blo gros chen po stong pa nyid dang mi skye ba dang mi gnyis pa dang rang bzhin med pa'i mtshan nyid sangs rgyas thams cad kyi mdo sde'i nang du chud pa 'di bstan to.
Laṅk(1923: 77, 3-4):
"대혜여! 공성, 불생, 불이, 무자성에 의해 특징지어지는 것들은 모두 모든 붓다가 [설한] 경전에 포함되는 것들이다"
etad dhi mahāmate śūnyatānutpādādvayaniḥsvabhāvalakṣaṇaṃ sarvabuddhānāṃ sarvasūtrāntagatam//

소지(所知, jñeya)가 존재하지 않을 때 능지(能知, jñāna)가 제거되는 것은
쉽게 증득된다고 붓다들께서 설하셨다.
소지가 있지 않으면 능지의 부정이 성립하기 때문에
먼저 소지의 부정을 말씀하셨다.(「현전지」 제96게)[94]

제96게에 대한 자주에 따르면 붓다들이 불요의설을 우선적으로 설하는 배경은 다음과 같다. 그들은 사람들을 무자성으로 이끌기 위해 소지의 부정으로 무아(nairātmaya)를 깨닫게 한다. 이는 복덕을 쌓게 하려고 보시 등의 방편을 가르치는 이치와 같다. 소지와 무아의 동일성을 깨닫는 자들은 능지와 무아의 동일성을 신속히 깨닫기 때문에 소지와 무자성의 동일성을 깨닫는 자들은 능지와 무자성의 동일성을 스스로의 힘으로 깨닫는 것이다.[95]

이와 같은 경전적 논거의 역사를 알아서
실상이 아닌 것을 말하는 경전은
불요의로 설했다고 이해한 후에 [요의 교설로] 인도되는데,
공성을 내용으로 하는 것이 요의임을 알아야 한다.(「현전지」 제97게)[96]

---

94 MAK(1912: 198, 16-20): shes bya med na shes pa gsal ba ni, bde blag rnyed ces sangs rgyas rnams kyis gsungs, shes bya med na shes pa bkag 'grub pas, dang po shes bya dgag pa mdzad pa yin.

95 MAK(1912: 199, 1-11): sangs rgyas bcom ldan 'das rnams kyis ni gdul bya rnams rim gyis rang bzhin med pa la 'dzud par mdzad do, de la bsod nams byas pa rnams chos nyid la bde blag tu 'jug pa'i phyir chos nyid la 'jug pa'i thabs yin pas ji ltar thog mar sbyin pa la sogs pa'i gtam sbyor bar mdzad pa de bzhin du, shes bya bkag pa yang bdag med par khong du chud pa'i thabs yin pa'i phyir bcom ldan 'das rnams kyis sngar shes bya dgag pa kho na gsungs te, shes bya'i bdag med par rig pa rnams shes pa'i bdag med pa la bde blag tu 'jug pa'i phyir ro, shes bya rang bzhin med par rig pa rnams kyis shes pa rang bzhin med par res 'ga' rang nyid kho nas rtogs par 'gyur la res 'ga' ni cung zad cig nye bar bstan pa tsam gyis 'gyur bar shes bya dgag pa nyid sngar gsungs so.

96 MAK(1912: 199, 13-16): de ltar lung gi lo rgyus shes byas te, mdo gang de nyid ma yin bshad don can, drang don gsungs pa'ang rtogs nas drang bya zhing, stong nyid don can nges don shes par gyis.

짠드라끼르띠는 「현전지」 제97게를 통해 중관학파의 종의로서 일체법의 무자성을 모든 붓다들의 궁극적 가르침으로 제시한다. 그에 따르면 공성을 설하지 않는 경전은 불요의, 공성을 시설하는 경전은 요의의 가르침이다. 그는 요의설·불요의설의 기준을 『명구론』에도 제시한다. 『명구론』에서 『무진의보살경(無盡意菩薩經: *Akṣayamatisūtra*)』을 인용하여 "도(道)에 진입하기 위하여 설해진 경전들을 불요의경이며, 과(果)에 도달하기 위하여 설해진 경전을 요의경"으로 정의한다. 또한 『삼매왕경(三昧王經: *Samādhirājasūtra*)』도 인용하여 "선서에 의해 선설된 공성이 수승한 요의경이고, 유정(sattva), 뿌드갈라(pudgala), 뿌루샤(pūruṣā)로 설해진 일체법은 불요의"라고 정의한다.[97]

짠드라끼르띠는 「현전지」 제80게에서 언설제를 설정한다. 그는 언설제에 요의설과 불요의설의 차제(次第)를 설정하여 유식의 입장을 불요의설로 수용한다. 유식에 관한 논의는 승의의 관점에서 지양(止揚)되어도 방편적 가르침으로서 인정되는 것이다. 이를 통해서 그는 『입능가경』에서 유식학파의 인용문들과 이것들을 대기설법적인 교설로 해석하는 자신의 주장과의 불일치를 해결하려고 한다.

짠드라끼르띠는 『입능가경』에 대한 대기설법적인 해석의 정당성을 이

---

97 MMK(1903: 43, 4-6):
"도(道)에 진입하기 위하여 설해진 경전들은 불요의경이며, 과(果)에 도달하기 위하여 설해진 경전은 요의경이다."
ye sūtrāntā mārgāvatārāya nirdiṣṭā ima ucyante neyārthāḥ/ ye sūtrāntāḥ phalāvatārāya nirdiṣṭā ima ucyante nītārthaḥ//
MMK(1903: 44, 2-5):
"선서에 의해 선설된 공성이 요의임을 알고, pudgala, 유정, puruṣa로 설해진 일체법을 불요의로 안다."
nītārthasūtrāntaviśeṣa jānati yathopadiṣṭā sugatena śūnyatā/ yasmin punaḥ pudgalasattvapūruṣāneyārthato jānati sarvadharmān//

론적 논거에 의해서도 확보한다. 그는 『중론』「관사제품」 제10게 "언설에 의지하지 않고서 승의는 설해지지 않는다. 승의에 의지하지 않고서 열반은 얻어지지 않는다"를 인용한다.[98] 즉 그는 '붓다 교법의 형식'을 강조한 나가르주나의 이제관을 투영하여 유식학파의 주장들을 붓다 교설의 방편적 측면인 불요의로 보고, 불요의의 교설을 언설제로 수용한다고 할 수 있다.[99]

> 혹자는 온의 숲에 집착하고, 혹자는 식의 국토에 장애된다.
> 실제의 낭떠러지에도 떨어지지 않는 승자의 후손은 유희(遊戱)한다.(『중관심론』「입유가행진실결택장」 제113게)[100]

짠드라끼르띠의 요의설·불요의설의 구분과 같은 중관학파의 교판은 바비베까의 『중관심론』「입유가행진실결택장(入瑜伽行眞實決擇章)」 제113게에 나타난다.[101] 바비베까는 「입유가행진실결택장」 제113게에서 오온(五蘊)의 실유를 주장하는 설일체유부로 대표되는 이부(異部)의 유(有)종을 제1종(宗)으로 하고, 식의 존재를 주장하는 유식학파를 제2시교(時敎)로 제시한다. 이는 중관적인 3시 교판이라고 할 수 있다.[102]

짠드라끼르띠의 유식사상 비판에서 학파의 종의에 차제(次第)를 설정하

---

98 MMK(1903: 494, 12-13):
vyavahāram anāśritya paramārtho na deśyate/
paramārtham anāgamya nirvānaṃ nādhigamyate//24-10//

99 나가르주나의 이제관에 관한 논의는 김현구(2010)를 참조하시오.

100 *dBu ma'i snying po*, no. 3855(Sde-dge), 24a: kha cig phung po'i ljon shing chags, kha cig rnam shes rgyal thogs, yang dag mtha' yi gyang sar yang, ma lhung rgyal ba'i thugs sras rol.

101 山口益(1972: 346) 참조.

102 山口益(1975: 611-614) 참조.

는 것은 바비베까로부터 연속적으로 나타나는 공통점이다. 짠드라끼르띠는 요의와 불요의의 차제를 설정하고 유식의 입장을 불요의설로 수용한다. 그가 수용하고 있는 유식학파의 교의는 자재천을 듣고 의지한 채 오랜 생을 익혀온 이들에게 가르치는 알라야식설이다. 알라야식은 외도들의 전통을 제거하고 불교에 귀의시키려는 목적을 갖는다.[103] 즉 승의의 관점에서 지양(止揚)되어도 방편적 가르침으로서 인정되는 것이다. 이는 중관사상을 최상의 견해로 위치시키는 과정에서 나타나는 특징이다.

4. 유식사상 비판의 사상사적 의의

1) 대립과 교섭

나가르주나는 초기 유식학파의 사상 형성에 적지 않은 영향을 준 것으로 확인된다.[104] 중관학파의 주된 주장으로서 '일체법 무자성'이 초기 유식학파의『해심밀경』에 나타나기 때문이다. 물론 유식학파는 독자적인 관점에서『반야경』을 해석하여『해심밀경』이나『대승아비달마경』등의 경전을 저술한다. 따라서 그들은『해심밀경』에서 삼전법륜설로 무자성의 긍정적 표현인 삼성설을 부각시킨다.

---

103 MAK(1912: 132, 14-19): gdul bya gang dag yun ring por mu stegs kyi lta ba la goms par byas pas chos nyid zab mo la 'jug par mi nus shing bdag med do 'byung bar mi 'gyur ro zhes ji skad bstan pa'i chos nyid thos nas skrag pa thog ma kho nar ston pa'i nye bar bstan pa la gyang sa dang 'dra bar sems pa de dag de la rgyab kyis phyogs pas don chen po bsgrub par mi 'gyur ro.

104 Saito Akira(2010) 참조.

『해심밀경』의 삼전법륜설의 내용은 다음과 같다. ① 초기 부파불교의 수행법들을 소개하고, 이를 통해 점진적 수습의 장점들을 제시한다. 이는 사성제(四聖諦)의 가르침에 근거한다.[105] ② '일체법 무자성'의 가르침을 이해시키기 위해 "일체제법(一切諸法), 개무자성(皆無自性), 무생무멸(無生無滅), 본래적정(本來寂定), 자성열반(自性涅槃)"[106]의 가르침을 설한다. 즉 중생들은 삼자성에 대한 집착으로 번뇌잡염, 업잡염 그리고 생잡염으로 염오하고 윤회하기 때문에, 이를 삼무자성으로 대치하는 것이다.[107] ①과 ②는 불요의 교설로 설한 것이다. ③ '일체법 무자성'의 가르침을 부정적으로 이해하는 수행자들은 일체법의 존재와 그 특질을 완전히 부정한다. 따라서 그들의 허무주의적 견해를 치유하기 위해 의타기상과 원성실상의 존재를 설한다.[108] ③은 요의 교설로 설해진 것이다.

의타기성으로서의 자증분설은 논리학의 관점에서 출발한 것이다. 디그나가의 고민은 자신과 타자 사이에 의사소통의 지반을 확보하려는 점에서 무의미한 것이 아니다. 그가 제시하는 의사소통의 지반은 마음속의 형상이다. 그는 의타기성으로서의 자증분을 통해 마음속의 형상을 확인할 수 있는 것으로 간주하고, 의타기성의 존재성을 강하게 긍정한다. 짠드라끼르띠

105 SNS(1935: 65-6) VII. 1에서는 삼전법륜의 첫 번째 법륜에 해당하는 점진적 수습의 여러 장점들을 제시하고 있다.

106 SNS(1935: 67): don dam yang dag 'phags de'i phyir nyon cig dang, ngas ci las dgongs nas chos thams cad ngo bo nyid med pa, chos thams cad ma skyes pa, ma 'gags pa, gzod ma nas zhi ba, rang bzhin gyis yong su mya ngan las 'das pa zhes gsungs pa khyod la bcad par bya'o.

107 SNS(1935: 67-77) VII. 3-19에서는 일체제법, 개무자성, 무생무멸, 본래적정, 자성열반의 가르침이 설해진 의도를 묻고 답하고 있다. 이는 삼전법륜의 두 번째 법륜의 내용에 해당한다.

108 SNS(1935: 77-8) VII. 20에서는 의타기상과 원성실상의 존재를 인정하고 있다. 이는 삼전법륜의 세 번째 법륜의 내용에 해당한다.

는 의타기성으로서의 자증분설을 실체론적인 개념으로 본다. 무자성설에 대한 허무주의적 견해에 따라 삼성설이 설시되고, 의타기성이 실체적으로 이해됨에 따라 무자성을 강조하기 때문이다. 따라서 디그나가의 의타기성으로서 자증분설을 고려하면 의타기성의 존재를 인정하는 유식학파의 주장은 요의 교설로서 삼성의 취지를 망각한 것이라고 할 수 있다. 삼자성에 대한 집착으로 삼무성을 설하고, 삼상을 부정하는 허무주의적 견해를 치유하기 위해 삼성을 설하기 때문이다.

짠드라끼르띠의 유식사상 비판은 세 단계로 나눌 수 있다. ① 삼무자성(三無自性)의 긍정적 표현으로서 삼성(三性)설과 실체화된 의타기성을 비판한다. ② 의타기성의 실재성에 대한 반성을 통해 원성실성이 드러난다. ③ 원성실성의 비실체적 성질에 대한 자각은 중관학파의 무자성과 일치한다. 이상의 과정을 통해 그는 유식학파와 나가르주나의 교집합을 드러낸다. 이는「현전지」 제68게에 대한 주석에서 분명하게 드러난다.

[중관학파의 주장은] 다음과 같다.
종(宗): 깨어 있을 때 삼법(근, 경, 식)은 자성이 공하다.
인(因): 인식되는 것(upalabdha)이기 때문에
유(喩): 꿈과 같이(「현전지」 제68게 자주)[109]

[어떤 대론자들은] 다음과 같이 주장한다.
종(宗): 깨었을 때의 식은 대상을 갖지 않는다.

109 MABh(1912: 159, 9-10): sad pa'i gnas skabs kyi gsum po 'di rang bzhin gyis stong pa yin te, dmigs pa'i phyir rmi lam yin no.

인(因): [유]식이기 때문에

유(喩): 꿈 중에 식과 같이[라고 말하는 것과]

종(宗): 깨었을 때 인식되는 대상은 허망성을 본질로 한다.

인(因): 경이기 때문에

유(喩): 꿈속의 대상과 같이[라고 말하는 것과]

마찬가지로

종(宗): 잡염과 청정은 의타기[성]이 없다면 실재하는 것이 아니다.

인(因): 소의(āśraya)가 없기 때문에

유(喩): 거북이 털[로 만든] 옷과 같다[라고 주장한다].(「현전지」 제68게 자주)[110]

유식무경의 유식성이 소취와 능취를 취할 수 없음을 주장하기 위해서라면 제68게의 주석에서 짠드라끼르띠는 중관의 가르침에 따라 꿈의 비유나 비문증의 비유로 일체법의 공성을 설할 수 있다고 주장한다. 유식은 대상의 비존재성에 대한 자각을 통해 깨닫고, 유식성은 유식의 비존재에 대한 자각을 통해 알려진다. 결국 유식성은 공성을 설명하기 위한 것이기 때문에 새롭게 유식사상을 제기할 필요가 없다.[111]

중관학파와 유식학파의 주장은 의타기성의 부정을 통해 원성실성의 승의적 성격을 드러내는 점에서 일치한다. 이러한 논의는 「현전지」 제47게,

---

110 MABh(1912: 159, 10-17): pha rol po gang zhig sad pa'i rnam par shes pa ni don gyis stong pa yin te, rnam par shes pa yin pa'i phyir rmi lam gyi rnam par shes pa bzhin no zhes bya ba dang, sad pa'i gnas skabs su dmigs pa'i yul ni rdzun pa'i rang bzhin can yin te, yul yin pa'i phyir rmi lam gyi yul bzhin no zhes bya ba dang, de bzhin du kun nas nyon mongs pa dang rnam par byang ba dag ni gzhan gyi dbang med na yod pa ma yin te, rten med pa'i phyir rus sbal gyi spu'i gos bzhin no zhes smra'o.

111 小川一乘(1988: 62) 참조.

제95게 그리고 제97게의 자주에도 잘 나타난다. 제47게는 아상가와 바수반두의 저작에서 두드러지는 잡염·청정 이분의 근거로서의 의타기성을 소개한다. 잡염·청정 이분의 근거로서의 의타기성은 변계소집성과 원성실성으로 전개되는 중추적 모델(pivotal model)로 이해할 수 있다.

> 『해심밀경』에서 변계소집, 의타기, 원성실로서 삼성을 설하고 있으며, 변계소집은 있는 것이 아니지만, 의타기는 실유이다.(「현전지」 제95게 자주)[112]

제95게에 대한 자주는 『해심밀경』에서 삼성설을 인용한다. 『해심밀경』은 유식학파의 문헌들 중에서 초기에 속하는 경전이다. 『해심밀경』의 삼성설은 유식학파 내에서 가장 최초로 성립된 이론으로 추정된다.[113] 주목할 점은 『해심밀경』에 중추적 모델과 의타기성의 소멸을 설하는 발전적 모델(progressive model)이 동시에 나타난다는 점이다.[114] 짠드라끼르띠는 의타기성의 소멸을 주장하는 발전적 모델보다 중추적 모델을 비판한다. 이는 『해심밀경』의 인용문을 통해 중추적 모델의 특징인 의타기성의 실유성을 비판하는 것이다.

짠드라끼르띠는 『해심밀경』의 "아다나식(ādānavijñāna)은 심심하고 미세

---

112 MABh[1912: 195, 19-120, 2]: dgongs pa nges par 'grel ba'i mdo las, brtags pa dang gzhan gyi dbang dang yongs su grub pa zhes bya ba rang bzhin gsum bstan pa las, brtags pa med pa nyid dang, gzhan gyi dbang yod pa nyid dang.

113 나가오 가진(200: 513)

114 안성두(2005) 참조.

하며, 일체 종자는 폭류와도 같고, 자아로 분별할까 우려해서 나는 범부들에게 그것을 설하지 않는다"[115]는 인용문을 바탕으로 유식학파의 원전을 독창적으로 해석한다. 그는 『입능가경』「삼만육천일체법집품」 제123게의 "질병을 치료하기 위해 의사가 약을 주는 것과 같은 붓다의 유심에 관한 가르침을" 불요의설로 제시한다.[116] 이는 의타기성으로서의 알라야식을 붓다의 대기설법적인 교설로 해석한 것이다.

> 예를 들어 뱀은 연기한 새끼줄에 의해 변계된 것이다. 그것(뱀)은 거기(새끼줄)에 존재하는 것이 아니기 때문이다. 그것(새끼줄)은 뱀이라는 사물에서 원성실(pariniṣpanna)이다. 그것(새끼줄)은 변계된 것이 아니기 때문이다. 그와 같이 자성도 의타로서 만들어진 것들에서 변계된 것이다.(「현전지」 제97게 자주)[117]

대기설법적인 맥락에서의 논의가 계속되는 제97게의 자주에서 짠드라

---

115 MABh(1912: 120, 3-4): len pa'i rnam par shes pa zab cing phra, sa bon thams cad chu bo'i rgyun ltar 'bab, bdag tu rtogs par gyur na mi rung zhes, byis pa rnams la ngas ni de ma bstan.
SNS(1935: 58): len pa'i rnam par shes pa zab cing phra, sa bon thams cad chu bo'i klung ltar 'bab, bdag tu rtogs par gyur na mi rung zhes, byis pa rnams la ngas ni de ma bstan.

116 MABh(1912: 120, 8-12): ji ltar nad pa nad pa la, sman pas sman rnams gtong ba ltar, sangs rgyas de bzhin sems can la, sems tsam du yang rab tu gsungs, zhes bya ba'i lung 'dis drang ba'i don nyid du gsal bar byed do.
Laṅk(1923: 49, 2-3):
"여러 환자들에게 치료약을 주듯이, 붓다는 여러 중생들에게 유심을 설한다."
āture āture yadvad bhiṣagdravyaṃ prayacchati/
buddhā hi tadvat sattvānāṃ cittamātraṃ vadanti vai//2-123//

117 MABh(1912: 201, 7-11): dper na sbrul ni thag pa bsdogs pa rten cing 'brel bar byung ba la rtags pa yin te, de de la yod pa ma yin pa'i phyir ro, de sbrul dngos la ni yongs su grub pa yin te, de kun tu ma brtags pa'i phyir ro, de bzhin du rang bzhin yang gzhan gyi dbang byas pa can la ni kun tu brtags pa yin te.

끼르띠는 유식학파의 삼성설을 '뱀과 새끼줄'의 비유로 설명한다. 그는 자성의 개념과 변계된 뱀을 실체로서 집착하는 것이 같다고 주장한다. 연기한 새끼줄을 통해 실재하지 않는 뱀을 실재하는 것으로 분별할 수 있기 때문이다. 제97게의 주석에서 그는 새끼줄 자체를 원성실성으로 정의한다. 그는 삼성설과 불요의설의 동일성을 강조하고, 자신의 해석에 대해 요의라고 주장한다.[118]

짠드라끼르띠는 의타기성을 비판함으로써 의타기성의 설정을 부정하고 원성실성의 승의적 성격을 강조한다. 더 나아가 그는 의타기성으로서의 알라야식을 방편교설이자 중관학파의 하위 교설로 평가한다. 이러한 사실은 자야난다와 쫑카빠의 주석을 통해서도 확인할 수 있다. 자야난다는 새끼줄과 뱀의 비유를 주석하면서 "경에서 변계소집과 의타기성의 의미를 설하고 있는 것은 불요의이며, 원성실성의 의미를 설하는 것이 요의"[119]라고 정의한다. 쫑카빠는 「현전지」 제97게의 주석 중에 "소취·능취의 두 가지는 의타기를 여의어서는 별도로 존재하지 않기 때문에 의타기에서 그것들 두 가지(소취·능취)는 변계소집된다는 것을 사찰해야 한다"[120]는 내용에 대해

---

118 이 인용문이 『섭대승론』 「입소지상분(入所知相分)」에 나오고 있는 '사승마'(蛇繩麻)의 비유를 인용하고 있는 것이라면, 사상(蛇想, 망상) → 새끼줄(유식무경) → 식무(희론적멸)로 전개하는 '입무상방편상'(入無相方便相)의 유례일 것이다. 소의저로서의 의타기성 비판의 주된 목적은 의타기성의 실재성 비판이며, 짠드라끼르띠는 「현전지」 제81게에서 세속에 있어서도 의타기성의 존재성을 인정하지 않고 있다. 따라서 이 논의는 세속제에서 의타기성의 존재를 인정하는 입무상방편상과 관련이 없는 것으로 판단된다.

119 *dDu ma la 'jug pa'i 'grel bshad ces bya ba*, no. 3870(Sde-dge), 216b: kun tu brtags pa dang, gzhan gyi dbang gi don la brten nas mdo gang gsung pa de ni drang ba'i don yin la, gang yongs su grub pa'i brten nas gsung pa de ni nges ba'i don do.

120 MABh(1912: 202, 2-4): gzung ba dang 'dzin pa gnyis ni gzhan gyi dbang las ma gtogs par dngos po med pa'i phyir na, gzhan gyi dbang la de gnyis kun du brtags pa nyid bsam par byas te, "희론은 충분하다." spros pas chog go.

서 "소취·능취는 다른 것에 의존하는 것이기 때문에 그 소취·능취가 없는 의타기는 실재로서 존재하지 않는다"라고 주장한다.[121] 결론적으로 자야난다를 통해서 삼성설의 요의설·불요의설에 관한 해석 태도를, 쫑카빠의 주석에서 의타기성에 대한 비판적 시각을 확인할 수 있다.

이 분석을 통해 의타기적 사태에 대한 비판을 넘어서 의타기성의 실재성을 부정하는 짠드라끼르띠의 입장을 분명하게 확인할 수 있다. 유식사상 비판의 과정에서 중관학파와 유식학파 사이의 긴장이 드러나고, 교섭의 과정에서 유식학파의 사상을 수용하는 중관학파의 태도가 나타난다. 나가오가 밝히고 있듯이 이러한 비판과 교섭의 가능성은 삼무성의 삼성이 어디까지나 일체법 무자성을 주장한 나가르주나로부터 출발한 것이기 때문이다.[122] 즉 짠드라끼르띠는 그 사상적 기원으로부터 중관학파와 유식학파의 교집합을 설정한 셈이다. 이것이 「현전지」에 나타나는 유식사상 비판의 의의라고 할 수 있다.[123]

2) 짠드라끼르띠 이후의 전개

샨띠데바(Śāntideva, 寂天: 687-763)는 『입보리행론(入菩提行論: *Bodhicaryāvatāra*)』

121 dGongrab(2004: 409): gzung 'dzin gnyis ni gzhan dbang yin gyi de min pa'i gzhan bang ni dngos por med pa'i phyir no.

122 나가오 가진(2005: 227-231) 참조.

123 안성두(2005: 68): 중추적 모델에 따르면 의타기성 비판을 "우리는 연기하는 것을 공성이라고 말한다. 그것(공성)은 자신의 부분에 의존해서 언어로 표현(假名)된 것이며 그것(공성)은 실로 중도(中道)이다."라고 표현하는 『중론』「관사제품」 삼제게에 따라 설명할 수 있다. 즉 연기법으로서의 의타기성이 무자성이고, 단지 세간적 언설에 의해 명명되었을 뿐이라고 하는 인식 그 자체가 완전한 해탈적 인식이므로 또 다른 긍정적 존재로서의 열반이나 깨달음을 정립할 필요가 없는 것으로 정리된다.

「지혜품(智慧品)」 제15-29게에서 유식학파를 비판한다. 물론 그의 비판은 바비베까나 짠드라끼르띠와 비교할 만한 것이 아니다. 유식학파 비판은 즈냐나가르바의 『이제분별론(二諦分別論: *Satyadvayavibhaṅga*)』에서부터 다시 불붙는다. 즈냐나가르바는 데벤드라붓디(Devendrabuddhi: 630-690년경)의 설을 통해 유식학파를 비판한다. 샤카붓디(Śākyabuddhi: 8세기 전반)는 즈냐나가르바에 반론을 제기하고, 샨따락쉬따(Śāntarakṣita 寂護: 725-784)는 샤카붓디의 반론을 비판한다.[124]

까말라쉴라(Kamalaśīla 蓮花戒: 740-797년경)는 요의 해석을 시도한다. 이 시도는 밀의취설을 불요의설로 보는 유가행파에 대해 "밀의취설은 반드시 불요의설인 것으로 한정하지 않는다"는 생각에 근거를 부여하기 위해 기획된 해석이다.[125] 그에 따르면 무아와 무자성성은 지각할 수 없지만 합리적으로 증명할 수 있는 대상이다. 요의 해석에 있어서 그가 유식학파와 중관학파의 조화와 그 가능성을 직접적으로 주장하는 것은 아니지만, 다르마끼르띠의 『양평석(量評釋: *Pramāṇavārttika*)』에서 설해진 경전의 신뢰성과 권위를 확정하는 3종류의 방법을 받아들인 것이라고 할 수 있다.[126]

티베트 불교사 전전기에 나타나는 중관학파는 경중관(mdo sde pa'i dbu ma)과 유가행중관파(rnal abyor sbyod pa'i dbu ma)로만 분류된다. 보다 주목해야 할 것은 티베트 종의문헌에서 중관학파에 대한 전전기(前傳其, snga dar)

124 즈냐나가르바에서 시작해서 샨따락쉬따까지 이어지는 유식사상 비판은 이태승(2012)의 연구가 뛰어나다.

125 計良龍成(2009: 137)

126 Tom J. F. Tillemans(2000: 78-79)

와 후전기(後傳期, phyi dar)의 기술체계가 변화한다는 사실이다. 이는 전전기에 샨따락쉬따와 까말라쉴라를 최고의 사상으로 간주하다가 후전기에 귀류논증파를 최고의 견해로 승인하는 것이다. 이는 짠드라끼르띠의 노력이 티베트에서 결실을 맺은 것이라고 할 수 있다.

후전기 티베트 불교는 아띠샤의 포교로부터 시작한다. 아띠샤나 자야난다와 같은 인물들이 적극적으로 짠드라끼르띠의 사상을 도입하고, 나가르주나와 짠드라끼르띠의 중관사상을 절대시하는 학풍으로 발전한다. 아띠샤는 『보리도등론』에서 짠드라끼르띠를 나가르주나와 아리야데바에 연속하는 중관사상의 정통적 계승자로 평가한다. 기시네는 이와 같은 평가에 대해 짠드라끼르띠의 진리설과 나가르주나의 공성논술에 기초한 유식사상 비판의 후기 중관학파에 미친 영향력으로 본다.[127]

후전기의 티베트 종의논사들은 짠드라끼르띠의 중관사상을 기준으로 인도 중관사상을 재해석하고, 이것은 티베트 불교사의 전환점으로 작용한다.[128] 이 과정에서 자립논증파와 귀류논증파가 등장한다. 특히 쫑카빠는 『정리대해(正理大海: *Tsa ba'i shes rab ces bya ba'i rnam bshad rigs pa'i rgya mtsho*)』와 『의취선명』에서 자립논증파와 귀류논증파의 학파적 특징과 차이를 드러내고, 더 나아가 귀류논증파를 불교 최고의 견해로 정립한다. 따라서 후전기 종의문헌은 티베트의 불교학을 집대성한 쫑카빠에 의해 깊은 영향을 받는다. 쫑카빠가 짠드라끼르띠의 교학을 중시했기 때문에 티베트 불교의

127 岸根敏幸(2001: 42-50) 참조.

128 티베트 불교의 역사는 랑 다르마(Glang Darma. 809-842)의 죽음 이후, 고대 티베트 왕조 분열과 함께 약 2세기에 걸친 혼란기를 경계로 해서 전전기와 후전기로 구분한다.

주류는 샨따락쉬따와 까말라실라의 유가행 중관파에서 귀류논증파로 옮겨간다. 이 과정을 추측하게 하는 쫑카빠의 『도차제론(道次第論: *Lam lim*)』의 내용은 다음과 같다.

> 위대한 지존(아띠샤)이 궤범사 짠드라끼르띠의 견해를 중심으로 하여 [그것에] 따라서 [도차제에 관한] 가르침에 있어서 옛 큰 스승들도 역시 그의 견해를 중심으로 삼았다. 궤범사 짠드라끼르띠는 『근본반야(rtsa she)』의 주석자 가운데 궤범사 붓다빨리따가 성자의 밀의('phags pa'i dgongs pa)를 완전하게 주해했다고 보아 그 견해를 근본으로 하고 있다. 궤범사 바비베까께서도 선설을 계승하고 있지만 다소 일치하지 않는다고 생각하는 것을 배척하여 성자의 밀의를 주해하고 있다. 그 두 사람 궤범사의 주석서는 성 부자('phags pa yab sras)의 저서(gzhung)를 해설하기 위하여 가장 우월하다고 보았기에 여기에서는 궤범사 붓다빨리따와 짠드라끼르띠에 의해서 성 부자의 밀의를 해석할 것이다.[129]

쫑카빠는 『도차제론』에서 티베트 불교사 후전기의 중관파를 분류하는 방식을 소개한다.[130] 그에 따르면 귀류논증파와 자립논증파 구분은 공성을

---

129 ツルティム・ケサソ・高田順仁(1996: 6): jo bo chen po slob dpon zla ba grags pa'i lugs la gtso bor mdzad pa'i rjes su 'brangs nas gdams ngag 'di'i bla ma gong ma chen po rnams kyang lugs de gtso bor 'dzin no, slob dpon zla bas ni rtsa she'i 'grel byed rnams kyi nang nas, slob dpon sangs rgyas bskyangs kyis 'phags pa'i dgongs pa rdzogs par bkral bar gzigs nas lugs de gzhir 'jog cing, slob dpon legs ldan 'byed kyi 'ng legs bshad mang po blangs la, cung zed mi 'thad par snang ba rnams sun pyung nas 'phags pa'i dgongs pa 'grel lo, slob dpon 'di gnyis kyi 'grel pa rnams ni 'phags pa yab sras kyi gzhung 'chad pa la ches pul du byung bar mthong bas na, 'dir ni slob dpon sangs rgyas bskyangs dang zla ba'i zhabs kyi rjes su 'brang nas 'phags pa yab sras kyi dgongs pa gtan la dbab bo.

130 『도차제론』에 관한 논의는 ツルティム・ケサソ・高田順仁(1996: 2-7) 참조: 『도차제론』에는 중관파를 나가르주나와 아리야데바를 '근본논서를 저작한 중관파'(gzhung phyi mo'i dbu ma pa)로 그 외의 논사를 '학파를 조직한 중관파'(phyogs 'dzin pa'i dbu ma pa)로 이분하고 있다.

이해하는 견해에 있어서 심상속에서 일어나는 방식의 차이와 언설로서 외계에 대한 인정 유무에 따른 것이다. 또한 그는 귀류논증파와 자립논증파의 명칭을 사용하는 것이 『명구론』의 논지와 일치한다고 주장한다.

쫑카빠의 『중론』 주석서 『정리대해』와 『입중론』의 주석서 『의취선명』에서 귀류논증파를 우위에 두는 교판이 나타나고, 쫑카빠의 정의에 따라 이후의 종의문헌가들이 중관학파의 사상 중에서 귀류논증의 관점을 가장 높은 사상체계로 평가하기 때문이다.[131] 쫑까파 이후 티베트 게룩파(Gelugpa) 삼대 사원의 불교 강원은 쫑카빠의 『입중론』 주석서 『의취선명』을 중관사상의 핵심으로 받아들이고, 귀류논증파의 견해를 타 학파와 다른 최상승의 가르침으로 교육한다.[132] 반면 동아시아 불교권에서 짠드라끼르띠의 저작은 근래에 와서야 주목받기 시작한다.[133]

---

131 이 주제에 관한 자세한 논의는 김현구(2012)를 참조하시오; 『정리대해』의 논의는 Tsong kha pa(2006: 65-72) 참조: 『의취선명』에 관한 논의는 Tsong kha pa(2004: 160-175) 참조.

132 福田洋一[2009] 참조.

133 짠드라끼르띠의 저작이 동아시아 불교권에 소개되지 않은 배경은 짠드라끼르띠는 활동기에 거의 무명이었으며 바비베까와 다르마팔라 사이의 논쟁과 즈냐나가르바의 데벤드라붓디 비판처럼 유식학파의 대응이 분명하게 나타나고 있지 않기 때문이라고 추정된다; 岸根敏幸(2001: 42-50): 기시네에 따르면 짠드라끼르띠의 재세 이후 7-10세기에 걸쳐서 그의 행적(行蹟)을 명확하게 언급하고 있는 문헌은 확인할 수 없다. 그를 언급하고 있는 문헌으로는 아발로끼따브라따(Avalokitavrata: 700)가 그의 저서 『반야등론광주(般若燈論廣注: Prajñāpradipaṭikā)』에서 『중론』의 대표적인 주석자로서 8인의 이름을 들면서 짠드라끼르띠를 그 한 사람으로 제시하고 있다.

V
결 론

결 론

중관학파로서 바비베까는 최초로 유식학파를 비판한다. 나가르주나의 정신을 계승한 그는 공성에 대해 유식학파와는 다른 관점을 취하기 때문이다. 구체적으로 유식학파는 공성을 '정립적 부정'으로, 바비베까는 '비정립적 부정'으로 해석한다. 또한 바비베까는 유식삼성설을 중관 이제설로 해석하고, 변계소집과 원성실로 구분한다. 더 나아가 그는 변계소집을 범부의 실제 인식으로, 의타기를 논리적으로 추론한 것으로 파악하고, 의타기성의 무용성을 주장한다. 형식적인 측면에서 그는 유식사상을 이론적 근거에 의한 비판과 경전적 근거를 통해 비판한다. 후대에 그의 비판은 중관학파와 유식학파 사이의 '공·유' 논쟁으로 발전한다.

짠드라끼르띠는 『입중론』에서 유식사상 비판에 앞서 『십지경』과 『중론』

을 실체론의 비판에 대한 근거라고 주장한다. 그는 생·멸 중도를 바탕으로 법무아에 대해 논증하는 과정에서 원리적 측면에서 발생을 주장하는 일파로 유식학파를 비판한다. 유식사상에 대한 비판은 법무아 논증의 한 사례로 생·멸 중도의 관점에서 이숙식, 외계 비실재론 그리고 자증분에 대한 것이다. 즉 유식사상은 알라야식과 관련된 것이라고 할 수 있다.

짠드라끼르띠가 인식실재론의 비판에 집중함에 따라 필자는 대론자의 주장으로서 유식학파의 알라야식과 그 성격을 검토한다. 짠드라끼르띠의 비판이 유식학파의 교의 체계와 맞물려 있기 때문이다. 「현전지」 제45-47게의 논의에서 드러난 유식설은 두 가지 특징을 갖는다. 첫째, 유식은 곧 알라야식이며, 이는 의타기성에 근거한다. 둘째, 삼성설로서 변계소집성의 부정하고 원성실성의 긍정하려는 유식설이다. 의타기성은 망분별의 의지처로서 잡염의 근거이면서 망분별을 지멸하는 의지처로서 청정의 근거다. 이러한 유식설에 대한 비판이 『입중론』「현전지」에서 이루어지는데, 짠드라끼르띠의 주된 표적은 삼성설 중에서 유식성으로서의 의타기성이라고 할 수 있다.

기존의 연구는 유식사상에 대한 비판에 있어서 짠드라끼르띠와 바비베까의 차이점과 공통점을 면밀하게 비교하지 않는다. 자립논증파와 귀류논증파라는 이름에서 드러나는 두 논사의 가장 큰 차이는 언어와 논리에서 비롯된다. 유식사상 비판에서는 이러한 차이 이외에도 두 논사의 유식학파에 대한 비판적 태도와 유식사상에 대한 공통적인 이해가 드러난다.

필자는 『입중론』「현전지」를 통해 짠드라끼르띠와 바비베까의 차이점과 공통점을 세 가지로 정리하려고 한다. 첫째, 이론적 논거의 공통점과 차이점이다. 바비베까의 주된 주제는 의타기성이다. 그는 의타기성의 무용성을 통해 유식삼성설을 변계소집과 원성실, 즉 이제설로 해석한다. 또한 유식삼성설과 별도로 외계 비실재론을 비판하며, 논리식에 의한 증명을 선택한다. 이에 반해 짠드라끼르띠는 단·상 중도를 근거로 이숙식으로서 알라야식을 비판하고, 귀류적인 형식으로 외계 비실재론으로서 유식무경을 비판한다. 그는 인식주관과 대상의 무자성을 바탕으로 근, 경 그리고 식의 상호의존적 관계에 의한 인식의 성립을 주장한다. 이는 인식의 성립에 대한 이론으로 SN IV, 106경에 나타나는 초기불교의 삼사화합설에 근거한다.

둘째, 경전적 논거의 공통점과 차이점이다. 바비베까는 『십지경』의 12지 연기관을 통해 유심의 목적을 외경의 부정으로 해석할 수 없다고 주장한다. 짠드라끼르띠도 『십지경』의 '유심'의 의미를 객관적 사실의 부재(유식)로 해석하지 않는다. 『십지경』 해석에 있어서 짠드라끼르띠의 특징은 '삼계유심'의 문맥적 의미만을 확인하지 않는다는 점이다. 그는 『십지경』에서 유전문과 환멸문의 연기를 인용하여 식의 발생과 연기의 관계를 설명한다. 이는 마치 외계 비실재론의 비판을 위해 인식성립의 조건으로서 제시한 상호의존적 관계처럼 인식만이 실재한다는 주장을 비판하는 것이다.

또한 경전적 논거에 의한 비판으로 『입능가경』을 인용한다. 짠드라끼르띠가 『입능가경』을 인용하고 있는 것은 『십지경』 인용과 그 흐름을 함께한다. 이미 『입능가경』을 인용하는 경전적 논거는 바비베까가 『반야등론』에서 제시한 것이다. 바비베까는 형식적인 측면에서 『반야등론』 각 품의 마지막에 의의를 밝히고 관련된 경전을 인용한다. 내용적인 측면에서 유식학파의 경전적 논거로서 『입능가경』을 비판하고, 유심과 유식의 차이에 대한 경전의 문맥을 분명히 제시한다. 그는 『반야등론』에서 『입능가경』 이외에도 반야부에 속하는 경전들과 『십지경』 그리고 보적부에 속하는 경전 등을 인용한다. 특히 주목할 점은 『중론』 「열반품」 제24게와 관련한 『반야등론』 「열반품」에서 『입능가경』 「삼만육천일체법집품」 제191게와 제144게 그리고 「무상품」 제14게를 통해 유식삼성설을 비판한다는 점이다. 짠드라끼르띠는 『입능가경』을 통해 『십지경』의 유심에 대한 해석의 정당성을 제시하고, 동시에 유식설을 불요의설로 설명한다. 그는 『입중론』의 요의·불요의에 관한 논의를 위해 『입능가경』 「삼만육천일체법집품」 제123게, 제138게의 주석, 제139게, 「무상품」 제33게, 「게송품」 제86게와 제91게를 인용한다. 이는 모두 유식학파의 주장과 관련한 논의이며, 짠드라끼르띠의 유식사상 비판에 나타나고 있는 요의·불요의 관한 주요한 논거로서 활용된다.

셋째, 이제설에 의한 비판의 공통점과 차이점이다. 짠드라끼르띠는 『입중론』에서 타생 비판과 이제설을 소개한다. 유식사상 비판으로 연결되는 타생 비판은 중관학파의 이제관으로 의타기성을 비판하는 것이다. 더 나아가 그는 이제설을 요의설·불요의설에 관한 논의로 확대한다. 그는 유식사상을 붓다 교설의 방편적 측면인 '불요의설'로 보고, 불요의의 교설을 세속제의 언설제에 속하는 것으로 해석함으로써 '붓다 교법의 형식'을 강조한 나가르주나의 이제관을 유식사상 비판에 적용한다. 물론 그가 교상판석에 의한 구분을 최초로 시도한 것은 아니다. 교상판석은 바비베까의 『중관심론』 「입유가행진실결택장」 제113게에 나타나기 때문이다. 따라서 그는 바비베까의 연속선상에서 유식학파를 중관학파 하위의 종의로 평가한다고 할 수 있다.

유식사상 비판은 유식학파와 중관학파의 공성에 대한 해석의 차이에서 기인한다. 두 학파는 언어의 작용과 기능에 대한 기본적 입장이 다르기 때문이다. 그러나 중관적 사유와 유식적 논리는 동등한 대승불교의 사상운동이고, 해탈이나 열반과 같은 궁극의 목표나 그 목표에 도달하기 위한 수행 역시 보살사상에서 벗어나는 것은 아니다. 다만 학파적 입장 차이는 중관적 사유에서 유식적 논리로 발전하는 과정에서 열반과 수행도에 대한 통찰을 시대적 정황에 알맞게 적용한 것이라고 할 수 있다.

짠드라끼르띠의 유식사상 비판과 그 사상사적 특징은 유식학파와 중관학파의 교섭을 시도하는 점이다. 나가르주나의 사상이 초기 유식학파의 사상 형성에 미친 영향을 간과할 수 없다는 점에서 중관학파에 의한 교섭은 두 학파의 사상적 공유 지대를 확인하는 의미를 갖는다. 유식학파의 궁극적 주장과 나가르주나의 입장은 생사의 부정과 열반의 긍정을 매개하는 삼성설과 삼무성설에서 일치한다. 삼무성의 삼성은 나가르주나에서 출발한 것이기 때문이다. 중관학파와 유식학파가 공유하는 이론적 지반은 『해심밀경』의 요의설·불요의설의 구분에 따라 삼상 또는 삼성설을 요의설로 제시하는 배경을 통해서 확인할 수 있다. 『해심밀경』에서는 중관학파의 전통적인 주장인 무자성의 가르침을 완전히 부정적으로 이해하는 수행자들의 허무주의적 견해를 치유하기 위해 의타기상과 원성실상의 존재를 설한다. 유식학파는 무자성의 가르침을 불요의설로 인정하지만 무자성설을 바탕으로 삼성설을 세운 것이라고 할 수 있다.

나가르주나의 입장을 따르는 짠드라끼르띠는 『입중론』에서 생·멸 중도의 실상에 대한 자각을 법무아 혹은 연기를 아는 지혜로 표현한다. 그는 법무아 논의의 과정에서 유식학파와 나가르주나 사이의 일치점을 지적한다. 이는 불요의설로 해석되는 유식학파의 주장을 붓다의 방편교설로 인정하는 교섭의 과정에서 드러나는 짠드라끼르띠의 유식사상 비판의 특징이라고 할 수 있다.

참고문헌

1) 인용원전(약호 포함)

dBu ma la 'jug bai 'grel 'bshed ces bya ba. NO. 3870(Sde dge edition)

dBu ma'i snying po. NO. 3855(Sde dge edition)

Shes rab sgron ma'i rgya cher 'grel pa. NO. 3859(Sde dge edition)

dBu ma'i rtsa ba'i 'grel pa shes rab sgron ma. NO. 3853(Sde dge edition)

Tshad ma kun las btus pa. NO. 4203(Sde dge edition)

Tshad ma kun las btus pa'i 'grel pa. NO. 4204(Sde dge edition)

dBu ma'i sning po'i 'grel pa rtog ge 'bar ba. NO. 5256(Peking edition)

dMigs pa brtag pa'i 'grel pa. NO. 4206(Sde dge edition)

AKBh: *Abhidharmakośabhāṣya.* Ed. P. Pradhan. Tibetan Sanskrit Work Series 8. Patna. 1967.

BoBh: *Bodhisattvabhūmi.* 高橋晃一. 『『菩薩地』「真實義品」から「攝抉擇分中菩薩地」への思想展開』. THE SANKIBO PRESS. TOKYO: 2005.

DBh: *Daśabhūmikasūtra.* Ed. Johannea Rahder J.-B. ISTAS. Leuven. 1926.

dGongrab: *dBu ma dgong pa rab gsal.* Tsong kha pa. Gelugpa Student' Welfare Committee. 2004.

Laṅk: *Laṅkāvatārasūtra.* Ed. Bunyu Nanjio. kyoto. 1923.

MA: *Madhyamakāvatāra.* Louis de la Vallée Poussin. *Madhyamakāvatāra Par Candrakīrti.* Bibliotheca Buddhica IX. 1912.

MABh: *Madhyamakāvatārabhāṣya.* Louis de la Vallée Poussin. *Madhyamakāvatāra Par Candrakīrti.* Bibliotheca Buddhica IX. 1912.

MMK: *Mūlamadhyamakakārikās.* Louis de la Vallée Poussin. *Mūlamadhyamakakārikās de Nāgārjuna avec la Prasannapadā Commentaire de Candrakīrti.* Bibliotheca Buddhica IX. 1903.

MN: Majjhima Nikāya. Ed. Trenchner & Mrs. Rhys Davids. PTS. 1888-1925.

MS: *Mahāyānasaṃgraha.* 長尾雅人『攝大乘論 和譯と注解』(上・下). 講談社. 東京: 1982.

MVBh: *Madhyanatavibhaga-bhāsya*. Ed. Nagao Gadjin. Suzuki research foundation. Tokyo. 1964.

PS: *Pramāṇasamuccaya. Dignāga's Pramāṇasamuccaya ChapterI*. Ed. Ernst Steinkellner. "www.oeaw.ac.at/ias/Mat/dignaga_PS_1.pdf". 2005.

SN: *Saṃyutta Nikāya*. Ed. Feer. PTS. 1917-30.

SNS: *Saṃdhinirmocanasūtra*. Ed. Étienne Lamotte. 1935.

『대비바사론』. 『대정장』 27.

『아비달마구사론』. 『대정장』 29.

『섭대승론』. 『대정장』 31.

『현양성교론』. 『대정장』 31.

『대승성업론』. 『대정장』 31.

『유식이십론』. 『대정장』 31.

『유식삼십론』. 『대정장』 31.

『이부종륜론』. 『대정장』 49.

『성유식론』. 『대정장』 31.

『成唯識論了義燈』. 『續藏經』 78.

2) 단행본 및 논문류

강성용

2004　「"Pramana"와 "Pratyaksa"에 대하여」. 『인도철학』 제16집: 129-148.

金星喆

1999　『梵·藏·漢 對譯 廻諍論』. 서울: 경서원.

1999a　『百論·十二門論』. 서울: 경서원.

2001　『中論』. 서울: 경서원.

2006　『중관사상』. 서울: 민족사.

金成哲

2008　『섭대승론 증상혜학분 연구』. 서울: 씨아이알.

2010　「알라야식의 기원에 관한 최근의 논의」. 『불교학연구』 제26집: 7-46.

2010a　「종성의 본질에 대한 유가행파와 여래장 사상의 해석」. 『불교학리뷰』 제10집: 35-68.

2011　「유가행파의 "여래장" 개념 해석 2」. 『인도철학』 제32집: 193-219.

2016　「『십지경』 '삼계유심'구에 대한 유가행파와 중관학파의 해석」. 『한

국불교학』 제78집: 271-297.

金成哲 외

2010 『무성석 섭대승론 소지의분 역주』. 서울: 씨아이알.

김정근

2011 『찬드라끼르띠의 쁘라산나빠다1, 2, 3, 4』. 서울: 푸른가람.

김재권

2008 「『중변분별론』에 있어서 삼성설의 구조적 특징」. 『인도철학』 제25집: 101-119.

2009 「초기유가행파의 존재론의 형태와 그 의의」. 『인도철학』 제27집: 283-313.

2010 「유식사상에서 삼성설과 알라야식의 통합과정과 그 의의」. 『2010 불교학연구회 춘계학술대회 발표집』: 109-114.

김치온

1999 「청변과 호법의 공유논쟁」. 『한국불교학』 제25집: 479-503.

김현구

2010 「짠드라끼르띠의 이제관」. 『범한철학』 제57집: 137-161.

2012 「중관학파의 학파적 특징과 티베트에서의 전개」. 『보조사상』 37집: 331-370.

2015 「분별(vikalpa)에 관한 인지언어학적 접근」. 『불교학보』 제71집: 107-134.

2016 「무이(advaya)의 중도적 의미」. 『불교학보』 제74집: 41-71.

2016a 「승조의 상즉관에 대한 인도 중관학파적 리뷰」. 『동아시아불교문화』 제25집: 227-258.

2017 「『중론』「시간에 관한 고찰」의 철학적 확장성에 대한 탐구」. 『불교학보』 제78집: 33-59.

2017a "The Consistencies between Candrakīrti and Bhāviveka—Regarding the Interpretation of the Three-fold World as *Cittamātra* in *Daśabhūmikasūtra*." 『불교학보』 제79집: 33-59.

권오민

2003 『아비달마불교』. 서울: 민족사.

1994 『유부아비달마와 경량부철학의 연구』. 서울: 경서원.

권덕주

1990 『大唐西域記』. 서울: 우리출판사.

남수영

2004 「인도불교에서 중관학파 공사상의 철학적 의미에 대한 연구」. 『보조사상』 제21집: 183-191.

노양진

2004 『논리적 사고의 길』. 광주: 전남대학교 출판부.

2010 「그림자 개념에 관하여」. 『범한철학』 제59집: 379-400.

문을식

2004 『용수의 중도사상』. 서울: 여래.

박건주

2010 『능가경 역주』. 서울: 운주사.

박인성

1996 『쁘라산나빠다』. 서울: 민음사.

2000 『유식삼십송석』. 서울: 민족사.

2005 『중과 변을 구별하기』. 대전: 주민출판사.

박은정

2010 『불교철학의 보물꾸러미』. 경주: 티벳장경연구소.

박창환

2009 「법칭(法稱)(Dharmakirti)의 감각지각(indriyapratyaksa)론은 과연 경량부(經量部)적인가?」. 『인도철학』 제27집: 5-51.

2010 「구사논주 세친의 극미(paramanu) 식체론 비판과 그 인식론적 함의」. 『불교학리뷰』 제8집: 221-292.

2011 「구사논주 세친과 『능가경』」. 『인도철학』 제32집: 251-293.

박창환 외

2012 『마음과 철학: 불교편』, 서울: 서울대학교출판문화원.

백명성 외

1998 『고승전 외』. 서울: 동국역경원.

안성두

2003 「유가사지론에 있어 "128종 수면(anusaya)"설의 성립과 그 특징」. 『인도철학』 제14집: 63-88.

2004 「유식성 개념의 유래에 대한 최근의 논의의 검토」. 『불교연구』 제20집: 159-181.

2005 「유식문헌에서의 삼성설의 유형과 그 해석」. 『인도철학』 제19집: 61-90.

2007 「인도불교 초기 유식문헌에서의 언어와 실재의 관계」. 『인도철학』 제23집: 199-239.

2011 『보성론』. 서울: 소명출판.

이중표

2004 『아함의 중도체계』. 서울: 불광출판부.

2009 「『중론』의 팔불과 연기」. 『불교학연구』 제22집: 7-40.

2010 『현대와 불교사상』. 광주: 전남대학교출판부.

이태승

1993 「『二諦分別論에 있어서 유가행파 批判에 대하여」. 『인도철학』 제3집: 179-204.

1994 「후기중관파(後期中觀派)의 정의에 대하여」. 『한국불교학』 제19집: 317-334.

1996 「즈냐나가르바의 二諦說에 대하여」. 『인도철학』 제6집: 135-174.

2004 「求法僧이 본 인도불교의 小乘部派와 大乘」. 『밀교학보』 제6집: 105-122.

2006 「求法僧의 기록에 나타나는 印度 佛教家」. 『밀교학보』 제8집: 81-109.

2010 「『타트바상그라하』에 나타나는 3종의 形象說批判」. 『불교연구』 제32집: 39-63.

2012 『샨타라크쉬타의 중관사상』. 서울: 불교시대사.

이현옥

1996 『청변의 공사상 연구』. 서울: 동국대학교 대학원 불교학과 박사학위 논문.

우제선

2006 『요가행자의 증지』. 서울: 무우수.

최로덴

2006 『입보리행론譯註』. 여수: 하얀연꽃.

윤희조

2010 「찬드라키르티의 이제설과 언어관」. 『인도철학』 제29집: 293-327.

가지야마 유이치

1995 「중관사상의 역사와 문헌」. 『中觀思想』. 윤종갑 역. Edited by 히라가와 아키라 外, 16-109. 서울: 경서원.

2007 『공 입문』. 金成哲 역. 서울: 동국대학교출판부.

가지야마 유이치·우에야마 슌페이
1989 『공의 논리』. 정호영 역. 서울: 민족사.
가츠라 쇼류
1992 「디그나가의 인식론과 논리학」. 『인도불교의 인식과 논리』. 전치수 역. Edited by 가지야마 유이치 外, 111-156. 서울: 민족사.
구도 시게키
2005 「중관과 유식」. 『唯識思想』. 이만 역. Edited by 히라가와 아키라 外, 270-299. 서울: 경서원.
깔루빠하나, D. J.
1992 『불교철학』, 최유진 역, 서울: 천지.
1994 『나가르주나』, 박인성 역. 서울: 장경각.
1996 『불교철학사』. 김종욱 역. 서울: 시공사.
나가오 가진
2006 『중관과 유식』. 김수아 역. 서울: 동국대학교출판부.
나카무라 하지메
2010 『용수의 중관사상』. 남수영 역. 용인: 여래
다카사키 지키도
1984 「대승 경전 발달사」. 『대승불교개설』. 파주: 김영사.
다케무라 마키오
2006 『유식의 구조』. 정승석 역. 서울: 민족사.
드용, J. W.
2004 『현대불교학 연구사』. 강종원 역. 서울: 동국대학교 출판사.
라모트, 에띠엔
2006 『인도불교사 I·II』. 호진 역. 서울: 시공사.
2008 『반야경의 십팔공법』. 김형희 역. 서울: 경서원.
마츠모토 시로
2008 『티베트 불교철학』. 이태승 외 역. 서울: 불교시대사.
메, 쟈끄
2000 『중관학 연구』. 김형희 역. 서울: 경서원.

메이시, 조애너
2004 『불교와 일반시스템 이론』. 이중표 역. 서울: 불교시대사.

뿔리간들라, R.
1991 『인도철학』. 이지수 역. 서울: 민족사.

사사키 겐쥰
2016 『불교 시간론』 황정일 역. 서울: 씨아이알.

사이구사 미쓰요시
1993 『세친의 삶과 사상』. 송인숙 역. 서울: 불교시대사.

스구로 신조
2005 「유식설의 체계성립」. 『唯識思想』. 이만 역. Edited by 히라가와 아키라 外, 112-155. 서울: 경서원.

슈미트하우젠, 램버트
2006 「「성문지」에서의 선정수행과 해탈경험」. 『불교학리뷰』 1호. 안성두 역: 125-159.

우리우주 유신
1995 「중관파의 형성」. 『中觀思想』. 윤종갑 역. Edited by 히라가와 아키라 外, 110-145. 서울: 경서원.

야마구치 즈이호·야자키 쇼켄
1995 『티베트불교사』. 이호근·안영길 역. 서울: 민족사.

야스이 고사이
1989 『中觀思想研究』. 김성환 역. 서울: 홍법원.

오키 가즈후미
2005 「무상유식과 유상유식」. 『唯識思想』. 이만 역. Edited by 히라가와 아키라 外, 232-269. 서울: 경서원.

와쓰지 데쓰로우
1993 『원시불교의 실천철학』. 안승준 역. 서울: 불교시대사.

윌리암스, P.·앤서니 트라이브
2011 『인도불교사상』. 안성두 역. 서울: 씨아이알.

요꼬야마 고우이쯔
2005 「세친의 식전변」. 『唯識思想』. 이만 역. Edited by 히라가와 아키라 外,

156-193. 서울: 경서원.

타치가와 무사시

1995 「귀류논증파」. 『中觀思想』. 윤종갑 역. Edited by 히라가와 아키라 外, 146-179. 경서원.

쿤, 토마스 S.

1997 『과학혁명의 구조』. 김명자 역. 서울: 까치글방.

핫도리 마사아키

1993 『인식과 초월』. 이만 역. 서울: 민족사.

히라가와 아키라

1989 『인도불교의 역사 (상), (하)』. 서울: 민족사.

효도 가즈오

2011 『유식불교, 『유식이십론』을 읽다』. 김명우·이상우 역. 서울: 예문서원.

廖本聖

2005 「至尊. 法幢吉祥賢著 《宗義建立》 之譯注研究」. 『正觀: 佛學研究雜誌」 32. 正觀雜誌社.

月稱

1975 『入中論釋』. 法尊 譯. 臺灣: 方廣文化事業有限公司.

葉阿月

1970 『唯識思想の研究』. 東京: 國書刊行會.

上田昇

1987 「プラサンガと奇蹟-他生否定論論考」. 『仏教文化』 第20号: 41-68.

1994 『チァンドラキルティ著『四百論注』第1-8章和譯』. 東京: 山喜房仏書林.

瓜生津隆眞

1965 「中觀仏教におけるボサツ道の展開ーチァンドラキルティの中觀學說への一視点」. 『鈴木學術財團年報』 第1号: 63-77.

瓜生津隆眞·中沢 中

2012 『全訳 チャンドラキールティ 入中論』. 浦安: 起心書房.

江島惠教

1980 「中觀學派における對論の意義ー特にチァンドラキルティの場合」. 『佛教思想史』 第3号: 146-177.

1980a 『中觀思想の展開』. 東京: 春秋社.

1990 「Bhāvaviveka/Bhāviveka/Bhavya」. 『印度學佛教學研究』 第38卷 第2号: 99-106.

小川一乘

1964 『空性思想の研究I』. 京都: 文榮堂.

1988 『空性思想の研究II』. 京都: 文榮堂.

2004 『小川一乘佛教思想論集』. 京都: 法藏館.

金澤豊

2005 「『入中論』第六章の研究」. 『龍谷大学大学院文学研究科紀要』 第27號: 168-189.

2007 「『入中論』における『十地經』の引用」. 『印度學佛教學研究』 第55卷 第2號: 88-91.

片野道雄・ツルティム・ケサン

1998 『ツォンカパ中觀哲學の研究II』. 京都: 文榮堂.

梶山雄一

1953 「中觀哲學の論理形態」. 『哲學研究』 第415号: 20-60.

1953a 「中觀哲學の論理形態」. 『哲學研究』 第416号: 28-51.

桂紹隆

1969 「ダルマキールティにおける自己認識の理論」. 『南都仏教』 第23號: 1-44.

岸根敏幸

1995 「チヤンドラキ-ルティの唯識學說批判:特にア-ラヤ識・唯識無境を巡つて」. 『佛教學』 第37号: 75-94.

2001 『チャンドラキ-ルティの中觀思想』. 東京: 大東出版社.

計良龍成

2009 「Kamalaśīlaの了義解釋」. 『印度學佛教學研究』 第58卷 第1號: 133-138.

高橋晃一

2005 『『菩薩地』「眞實義品」から「攝抉擇分中菩薩地」への思想展開』. TOKYO: THE SANKIBO PRESS.

竹村牧男

1995 『唯識三性設の研究』. 東京: 春秋社.

1995a 「陳那と三性說-宇井說との關聯において」. 『印度學佛教學研究』 第27卷 第1号: 226-229.

丹治照義

1979 「中觀思想における覚りの問題」. 『日本佛教學會年報』 弟44号: 109-125.

ツルティム・ケサソ・高田順仁

1996　『ツォンカパ中觀哲學の研究I』. 京都: 文榮堂.

ツルティム・ケサソ・藤仲孝司

2002　『ツォンカパ中觀哲學の研究V』. 京都: 文榮堂.

長尾雅人

1982　『攝大乘論 和譯と注解』(上・下). 東京: 講談社.

勝呂信靜

1990　『初期唯識思想の研究』. 東京: 春秋社.

奥住毅

1968　「『淨明句』第1章おける淸弁・月称の論爭」. 『印度學佛教學硏究』 第17卷 第1号: 136-137.

1973　「空性の論証-チァンドラキリティのプラサンガ・アーパッティ」. 『二松學舍大學論集』 第47号: 163-185.

1973　「プラサンガ・ヴァーキャ論証性-チァンドラキリティのプラサンギガ弁証」. 『鈴木學術財團年報』 第9号: 52-68.

1973　「『中論』の論述形態としてのプラサンガ・アーパッティ」. 『中村元博士還曆記念論文集インド思想と佛教』: 365-378.

1998　『中論註釋書の研究』. 東京: 大藏出版.

1973　「空性の論証-チァンドラキリティのプラサンガ・アーパッティ」. 『二松學舍大學論集』. 第47号: 163-185.

立川武藏

1994　『中論の思想』. 京都: 法藏館.

福田洋一

1999　「ツォンカパおける緣起と空の存在論」. 『とんぱ』 第3号: 43-67.

古坂紘一

1983　「西藏文『般若燈論』の引用經典並にコソコーダソス」. 『大阪教育大學紀要』 第32卷 第1號: 25-36.

1989　「『般若燈論』における『入楞伽經』等の採用事情』(1)」. 『大阪教育大學紀要』 第38卷 第1號: 37-48.

1991　「『般若燈論』における『入楞伽經』等の採用事情』(2)」. 『大阪教育大學紀要』 第38卷 第1號: 139-151.

安井廣濟

1970　『中観思想の研究』. 京都: 法藏館.

山口益

1941　『佛教における無と有對論』. 東京: 山喜房佛書林(Re 1975).

1972　「竜樹造『七十空性偈』に對する文獻學的研究」. 『山口益佛教文學集』 上. 東京: 春秋社.

結城令聞

1986　『世親唯識の研究』. 東京: 大藏出版.

東方學院關西地區教室

2001　『チャンドラキルティのディグナーガ認識論批判』. 京都: 法藏館.

Ames, William

1982　"The Notion of Svabhāva in the Thought of Candrakīrti". *Journal of Indian Philosophy* 10: 161–172.

2003　"Bhāvaviveka's Own View of His Difference with Buddhapalita". *The Svātanrika-Prāsaṅgika Distinction.* Edited by Georges B. J. Dreyfus and Sara L. M. McClintock, 41-66. Somerville: Wisdom.

Arnold, Dan

2001　"How to Do Things with Candrakīrti: A Comparative Study in Anti-Skepticism". *Philosophy East and West* 51. 2: 247–279.

2003　"Candrakīrti on Dignāga on Svalakṣaṇa". *Journal of the International Association of Buddhist Studies* 26. 2: 139–174.

2005　*Buddhists, Brahmins, and Belief: Epistemology in South Asian Philosophy of Religion.* New York: Columbia University Press.

2010　"Self-Awareness and Related Doctrines of Buddhists Following Dignāga: Philosophical Characterizations of Some of the Main Issues". *Journal of Indian Philosophy* 38: 323-378.

Bell, Charles

2000　*Religion of Tibet.* Delhi: Motilal Banarsidass Publishers.

Chattooadhyaya, A.

1999　*ATĪŚA and TIBET.* Delhi: Motilal Banarsidass Publishers.

Cox, Collett

1995 *Disputed Dharmas: Early Buddhist Theories on Existence. An Annotated Translation of the Section on Factors Dissociated from Thought from Saṅghabhadra's Nyāyānusāra.* Studia Philologica Buddhica: Monograph Series 11. Tokyo: The International Institute for Buddhist Studies.

Dhammajoti, K. L.

2015 *Sarvāstivāda Abhidharma.* Hong Kong; The Buddha-Dharma Centre of Hong Kong. 5th Ed

Dreyfus, Georges B. J. and Sara L. M. McClintock

2003 *The Svātanrika-Prāsaṅgika Distinction.* Somerville: Wisdom.

Duerlinger, James

1984 "Candrakīrti's Denial of the Self". *Philosophy East and West* 34. 3: 261-272.

Eckel, Malcolm David

2008 *Bhaviveka and His Buddhist Opponents:* Harvard University.

Erb, Felix, trans.

1997 *Śūnyatāsaptativṛtti: Candrakīrti's Kommentar zu den "Siebzig Versen über die Leerheit" des Nāgārjuna. Kārikās 1-14.* Stuttgart: Franz Steiner Verlag.

Fenner, Peter G.

1983 "Candrakīrti's Refutation of Buddhist Idealism". *Philosophy East and West* 33. 3: 251-262.

1990 *The Ontology of the Middle Way.* Kiuwer Academic pulishers.

Garfield, Jay

2009 "Vasubandhu's tri-svabhāvanirdesa (Treatise on the Three Natures)" Buddhist philosophy: essential readings: William Edelglass & Jay Garfield (eds). Oxford University Press.

2011 "Taking Conventional Truth Seriously: Authority Regarding Deceptive Reality." *In Moonshadows: Conventional Truth in Buddhist Philosophy.* Edited by The Cowherds, 23-38. New York: Oxford University Press.

Geshe Lhundup Sopa & Jeffrey Hopkins

1976 *Practice and Theory of Tibetan Buddhism.* Santa Barbara: Grove Press.

Hall, C. Bruce

1986 "The Meaning of Vijnapti in Vasubandhu's Concept of Mind" Journal of the International Association of Buddhist Studies, Vol (9).

Huntington Jr, C. W. & Geshe Namgyal Wangchen

1989 *The Emptiness of Emptiness*. Delhi: Motilal Banarsidass Publishers.

Huntington Jr, C. W.

1983 "The System of the Two Truths in the *Prasannapadā and the Madhyamakāvatāra*". *Journal of Indian Philosophy* 11: 77-107.

2009 "Candrakirti's *Madhyamakāvatārabhāṣya* 6.86-97: A Madhyamaka Critique of Vijñānavāda Views of Consciousness" Buddhist philosophy: essential readings: William Edelglass & Jay Garfield (eds). Oxford University Press.

Inada, Kenneth k.

1993 *Nagarjuna*. Delhi: Sri Satguru Publications.

Lamotte, Étienne

1936 *Karmasiddhi-prakaraṇa. Le Traité de l'Acte de Vasubandhu*. Imprimerie Sainte Catherine. Bruges: 1936.

1988 *Karmasiddhi Prakarana*, English trans. Leo M. Pruden 1988.

Jamieson, R. C.

2001 *Nagarjuna's* Verses. Delhi: D. K. Printworld.

Kellner, Birgit

2010 "Self-Awareness in Dignāga's Pramāṇasamuccaya and -vṛtti: A Close Reading". *Journal of Indian Philosophy* 38: 203-231.

2011 "Self-awareness (svasaṃvedana) and Infinite Regresses: A Comparison of Arguments by Dignāga and Dharmakīrti". *Journal of Indian Philosophy* 39: 411-426.

Klein, Anne

1995 *Path to the Middle*. Delhi: Sri Satguru Publications.

Kragh, Ulrich Timme

2006 *Early Buddhist theories of action and result: a study of Karmaphalasambandha Candrakirti's Prasannapada, verses 17.1-20*. Wien: Arbeitskreis für tibetische und buddhistische Studien, Universität Wien.

Li Xuezhu

2014 "Madhyamakāvatāra-kārikā Chapter 6". *Journal of Indian Philosophy* may.

Lindtner, C.

1992 "The Lankavatarasutra in Early Indian Madhyamaka Literature". *Asiatische Studien/Etudes asiatigues* 46-1: 244-279.

Lopez, Donald S.

1987 *A Study of Svātanrika*. Ithaca: Snow Lion.

Newland, Guy

1992 *The Two Truths*. Ithaca: Snow Lion.

Moriyama, Shinya

2010 "On Self-Awareness in the Sautrāntika Epistemology". *Journal of Indian Philosophy* 38-3: 261-277.

Obermiller, E.

1999 *The History of Buddhism in India and Tibet by Bu Ston*. Olson, Robert F.

1977 "Candrakirti's critique of Vijñānavāda". *Philosophy East and West* 24. 4: 405-411.

Padhye, A. M.

1998 *The Frameworks of Nagarjuna's Philosophy*. Delhi: Sri Satguru Publications.

Padmakara Translation Group.

2004 *Introduction to the Middle Way-Chandrakirti's madhyamakavatara with Commentary Jamgön Mipham*. Delhi: Shechen Publications.

Park, Changhwan

2012 *Vasubandhu, Śrīlāta, and the Sautrāntika Theory of Seeds*. Universität Wien, Arbeitskreis für Tibetische und Buddhistische Studien.

Priestley, Leonard C. D. C.

1999 *pudgalavada buddhism*: University of Toronto, Centre for South Asian Studies.

Ramanan, K. Venkata

2002 *Nagarjuna's Philosophy*. Delhi: Motilal Banarsidass Publishers.

Roerich, George N.

1976 *The Blue Annals*. Delhi: Motilal Banarsidass Publishers.

Ruegg, David Seyfort

2010 "The Svātantrika-Prāsaṅgika Distinction in the History of Madhyamaka Thought". *In The Buddhist Philosophy of the Middle Way: Essays on Indian and Tibetan Madhyamaka*. Edited by David Seyfort Ruegg, 159–194. Boston: Wisdom Publications.

Saito Akira

2010 "Nagarjuna's Influence on the Formation of the Early Yogacara Thoughts: From the Mulamadhyamakakarika to the Bodhisattvabhumi". *Journal of Indian and Buddhist studies* 58. 3: 1212-1218.

Santina, Peter D.

2008 *Madhyamaka Schools in India*. Delhi: Motilal Banarsidass Publisher.

Silk, Jonathan

2000 "The Yogācāra Bhikṣu" *Wisdom, Compassion, and the Search for Understanding: The Buddhist Studies Legacy of Gadjin M. Nagao*. Hawaii: University of Hawaii Press.

Siderits, Mark

2011 "Is Everything Connected to Everything Else? What the Gopīs Kno"". In *Moonshadows: Conventional Truth in Buddhist Philosophy*. Edited by The Cowherds, 167-180. New York: Oxford University Press.

Schmithausen, Lambert

1976 "On the Problem of the Relation of Spiritual Practice and Philosophical Theory in Buddhism". *German Scholars on India* vol. II: 235-250.

Sherburne, Richard

2003 *The Complete Works of ATĪŚA*. Delhi: Aditya Prakashan.

Sponberg, Alan

1982 "THE TRISVABHAVA DOCTRINE IN INDIA & CHINA: A Study of Three Exegetical Models".『龍谷大學佛教文化研究所紀要』No. 21: 97-119.

Steinkeller, Ernst

2009 *Sanskrit manuscripts in China*. China Tibetology Publishing House Beijing.

Suzuki, D. T.

1930 *Studies in the Laṅkāvatāra Sūtra*. Delhi: Motilal Banarsidass Publishers.

Tauscher, Helmut

1981 *Candrakīrti-Madhyamakāvatāra und Madhyamakāvatārabhāṣyam (Kapitel VI, Vers 166-226).* Vienna: Arbeitskreis für Tibetische und Buddhistische Studien Universität.

Tillemans, Tom J. F.

2000 *Dharmakīrti's Pramāṇavārttika. An annotated translation of the fourth chapter (parārthānumāna). Volume 1 (k. 1-148).* WINE: Österreichischen Akademie der Wissenschaften.

2008 *Materials for the Study of Aryadeva, Dharmapala and Chandrakirti.* Delhi: Motilal Banarsidass Publishers.

Takasaki jikido

1982 "Sources of the Laṅkāvatārasūtra and its postion in Mahāyāna Buddhism": *In Indological and Buddhist Studies.* Volume in honour of Professor J. W. de Jong on his sixtieth birthday. Edited by L. A. Hercus, 545-568. Canberra: Faculty of Asian Studies.

Vose, Kevin A.

2009 *Resurrecting Candrakirti.* Somerville: Wisdom.

Westerhoff, Jan.

2009 *Nagarjuna's Madhyamaka,* Oxford: Oxford University Press.

Wood, Thomas. E.

1995 *Nagarjunian Disputation.* Delhi: Sri Satguru Publications.

Williams, P.

1998 *The Reflexive nature of awareness.* Curzon press.

Wilson, Joe

1980 *Chandrakirti's Sevenfold Reasoning: Meditation on the Selflessness of Persons.* Dharmasala, India: LTWA.

Kajiyama Yuichi

1965 "Controversy between the sākāra- and nirākāra-vādins of the yogācāra school－some materials". *Journal of Indian Buddhist Studies* 14. 1: 418-29. (Reprinted in Studies in Buddhist Philosophy: Selected Papers, ed. 389-400)

DZongsar Jamyang Khentse

2003 *Introduction to the Middle Way.* Delhi: Khentse foundation.

dKon mchog 'jigs med dban po

2008 *Grub mtha' rnam bzag rin chen phren ba.* Dharmasala, India: TCRPC.

Thon mi sam bho ta

2008 *lung ston pa rtsa ba sum cu pa.* Dharmasala, India: TCRPC.

Tsepak Rigzin

2008 *Tibetan-English Dictionary of Buddhist Terminology.* Dharmasala, India: LTWA.

Tsong kha pa

2006 *dBu ma tsa ba'i tshig le'ur byas pa shes rab ces bya ba'i rnam bshad rigs pa'i rgya mtsho.* Gelugpa student's welfare committee.

『입중론』「현전지」 연구

초판인쇄 2018년 3월 15일
초판발행 2018년 3월 30일
초 판 2쇄 2022년 4월 25일

저 자 김현구
펴 낸 이 김성배
펴 낸 곳 도서출판 씨아이알

책임편집 최장미
디 자 인 김나리, 윤미경
제작책임 김문갑

등록번호 제2-3285호
등 록 일 2001년 3월 19일
주 소 (04626) 서울특별시 중구 필동로8길 43(예장동 1-151)
전화번호 02-2275-8603(대표)
팩스번호 02-2265-9394
홈페이지 www.circom.co.kr

I S B N 979-11-5610-397-4 93220
정 가 18,000원